刻板印象研究丛书

刻板印象威胁研究

主编/佐　斌

温芳芳　佐　斌/著

華中師範大學出版社

新出图证(鄂)字10号
图书在版编目(CIP)数据

刻板印象威胁研究/温芳芳,佐斌　著.—武汉:华中师范大学出版社,2020.12
(刻板印象研究丛书)
ISBN 978-7-5622-9230-2

Ⅰ.①刻…　Ⅱ.①温…　②佐…　Ⅲ.①社会心理学—研究　Ⅳ.①C912.6

中国版本图书馆CIP数据核字(2020)第242901号

刻板印象威胁研究
温芳芳　佐　斌　著

责任编辑:苏　睿　　**责任校对**:骆　宏　　**封面设计**:胡　灿
编辑室:综合编辑室　　**电话**:027-67867370
出版发行:华中师范大学出版社
社址:湖北省武汉市珞喻路152号　　**邮编**:430079
电话:027-67863426/3280(发行部)
传真:027-67863291
网址:http://press.ccnu.edu.cn　　**电子信箱**:press@mail.ccnu.edu.cn
印刷:湖北新华印务有限公司　　**督印**:刘　敏
字数:282千字　　**印张**:15.25
开本:710mm×1000mm　1/16
版次:2021年4月第1版　　**印次**:2021年4月第1次印刷
定价:65.00元

欢迎上网查询、购书

刻板印象：个人社会互动的认知基础

——"刻板印象研究丛书"总序

佐　斌

作为社会中人，对他人进行认识与评价是个人最为基本的心理活动。不了解人，我们就无法和他人进行有效互动。在社会心理学领域，人际互动是一个核心的问题，人际影响的第一结果就是形成了关于人的印象。我们对别人的印象既是我们对他人认识的结果，也是我们认识他人的线索或工具。社会生活中需要接触的人那么多，我们需要把人分为不同的类型。当我们试图依据一定的标准对人进行分类的时候，刻板印象（stereotype）就产生了。分类是否恰当，很大程度上影响着我们的互动策略及效果。因此，基于人群分类的刻板印象，对于个人的社会互动和自我发展具有十分重要的意义，也成为社会心理学家研究的经典主题。

"刻板印象"这一术语最初是由新闻记者李普曼（Walter Lippmann，1922）在《公众舆论》一书中提出的。他认为刻板印象是他人在我们头脑中的图像（pictures in our heads），是对于人之世界的地图（map of world），是对现实群体的一种内部的与精神的表征（representation）。这些"头脑中的图像"意味着我们认为群体成员有些相像，区别不明显，他借用印刷术语"刻板"予以说明和分析。李普曼认为刻板印象往往是那些事实上不正确的、非理性的、刻板固执的态度与偏见，但是这样的知识结构也是有用的。

刻板印象概念提出之后，社会心理学关于刻板印象的研究随着态度研究的被重视而兴起，对刻板印象的定义也始终被置于社会认知的领域。作为解释社会知觉与印象形成过程的重要的操作性构念，刻板印象一直是社会认知领域的研究热点。人们认为，刻板印象是由人们对于某些社会群组的知识、观念和期望所构成的认知结构（Macrae 等，1996）。而作为一种社会认知图式，刻板印象是有关某一群体成员的特征及其原因的比较固定的观念或想法（Fiske，2004）。

早期的刻板印象研究主要关注对刻板印象的概念界定以及对不同群体的刻板印象内容的测量与描述。关于刻板印象的内容描述，在社会心理学中研究最多的是国民和民族刻板印象，发端于美国普林斯顿大学并成为该校的传统。卡茨和布雷利（Katz、Braly，1933）等对100名普林斯顿大学的学生进行调查，让他们在自己提出的84个形容词中找出最适合阿拉伯人[①]、美国白人、美国黑人[②]、德国人、犹太人[③]、意大利人、英国人、爱尔兰人、日本人、中国人、土耳其人等的词汇，获得他们对于这10个国家或民族成员所具有的刻板印象。研究发现这些大学生对各国国民及民族的看法颇为一致。1951年和1967年，社会心理学者们又重复做了Katz和Braly的调查研究，测试对象仍为普林斯顿大学的学生。结果表明，1933年、1951年和1967年获得的描述被试的形容词虽然有了一些变化，但只是形容词先后次序略有不同，总体变化不大。因此这三十多年间普林斯顿的大学生们对这些群体的刻板印象没有什么大的改变，而可能发生的变化主要是受到国际政治关系的变化等社会因素的影响。

类似普林斯顿大学的刻板印象调查的研究非常之多。在经历了很多年的内容描述研究之后，20世纪六七十年代的刻板印象研究陷入低谷。有人认为，一些关于不同群体的印象内容的研究比较零散。Brigham（1971）指出，对于以种族刻板印象为代表的刻板印象研究存在悬而未决的诸多问题，基本概念也还存在争议，表现出对刻板印象这一主题的研究前景的悲观态度。

然而，新兴的认知心理学为迷茫时期的刻板印象研究提供了新的生机。20世纪70年代初，由于认知心理学的影响，刻板印象研究的重心开始从内容向加工转移，主要集中在作为一种认知结构的刻板印象是如何发生的，它又如何影响后续的信息加工及群体成员之间的知觉和行为。到20世纪80年代，认知视角广泛应用于考察人们如何知觉、记忆和思考他人和社会事件等社会心理学的研究中，形成了社会认

---

① “阿拉伯人”并不是严格意义上的民族或种族，更多地侧重强调使用阿拉伯语、信奉伊斯兰教的文化共同体。在西方关于社会心理学的研究中，对于阿拉伯人的刻板印象与偏见一直是重要的研究问题之一。

② “黑人”与“白人”作为特定的种族分类，在国外尤其是美国的国民或民族刻板印象研究中，一直是重要的研究对象。早期关于黑人的研究使用negro（尼格罗人），后来为避免歧视而采用the black。英文ethnic stereotype译为民族刻板印象，有时也指种族刻板印象。本书中的“黑人”为种族意义上的使用。

③ 犹太人是一个广泛分布于世界各国的民族，这里强调的是信奉犹太教的文化共同体。历史上曾多次出现过针对犹太人的大规模迫害，对犹太人的刻板印象（如聪明但狡猾）也是刻板印象领域的一个重要议题。

知这一新的概念和研究领域。社会认知角度并没有像以往一样过多关注刻板印象的内容，而更多将兴趣集中在刻板印象形成与演化的认知过程及影响因素的探究。

随着理论的不断发展和研究的持续深入，社会心理学研究者们逐渐认识到人们的社会信息加工过程也是由内隐的无意识层面和外显的意识层面组成，由此，内隐刻板印象的概念浮出水面。1995 年，Greenwald 和 Banaji 通过一系列研究表明，许多社会行为以内隐和无意识的方式进行加工或操作。他们将内隐刻板印象界定为“调节某一社会类别成员的属性的不能内省辨别（或不能准确辨别）的过去经验的痕迹”，倡导对内隐社会认知进行外显层面上的再认，鼓励采用新的和间接的测量方法如反应时法、投射测验和启动效应等，这些观点很快在学术界得到了广泛的认同。在过去的十几年中，大量证据表明内隐刻板印象在人们的判断和行为中的影响，一些社会认知的间接测量方法已被大量使用。近十年来，刻板印象的研究视角进一步拓展，逐渐从认知加工的角度演变到认知神经科学的角度。

“物以类聚，人以群分。”居住在同一个地区、从事同一种职业、属于同一个种族，人总会有一些共同的特征，因此，刻板印象一般说来还是有道理的。典型的刻板印象具有这些特征：首先，刻板印象是对人和群体的简单化分类。例如，按照性别、种族、年龄或职业形成的关于某类人的固定印象对人群进行分类，认为某一人群与某些特征和行为密切联系。其次，分类为同一群体的成员在印象与特征上具有同质性或一致性。再次，刻板印象是人的一种大脑自动化加工的心理过程，往往是快速而自发完成的。最后，刻板印象的内容与评价对象的实际情形既有一定的一致性，但是也会和社会中的认知个人的实际情形有偏差。

刻板印象无处不在。刻板印象相对稳定但也并非一成不变。刻板印象对社会认知既有积极作用，也有消极影响，因为刻板印象是一种图式，而图式是对信息的复杂组合进行加工的方式。安德森指出，刻板印象的积极方面是它能帮助我们认识客体，做出判断、理解事物以及处理其他情境中面临的问题，它能使我们有效对待广大而复杂的世界向我们提出的信息加工要求，它能帮助我们对来自外界的群体进行抽取和归类。但是，刻板印象往往导致人们对于信息加工的来源不是很谨慎，容易受到统计误差的影响。事实上，刻板印象在人们的社会互动中常常是起作用的，特别是面对陌生人的时候，刻板印象几乎是必需的，它节省我们的精力，避免陷入“信息之海”。同时刻板印象也可能是导致错误的社会认知根源，因为刻板印象有时候也是不准确的，人们经常忽视同一群体中成员之间的个别差异。

尽管刻板印象内容的研究因为认知取向而弱化，但是进入 21 世纪前后，关于刻板印象内容的探讨再次成为社会心理学的热点。只不过这一次研究者们更加集中于发现与建构刻板印象的内容维度和理论模型，而不是像以往一样简单获得对刻板印象进行描述的形容词。刻板印象内容模型（stereotype content model，SCM）以及社会认知的“大二”（Big Two）模型，成为国外刻板印象新的研究亮点。

由于刻板印象的具体内容即目标群体的主要特征随着评价者、评价对象、评价时间和情景的不同而变化，社会心理学一直局限于对某些对象群体的特征进行描述，回避对于刻板印象的内容分析和心理结构研究。由Fiske等人（1999）提出的刻板印象内容模型，它以热情（warmth）和能力（competence）为基础建立了二维模型，明确提出热情（友好、善良、温暖等）和能力（胜任、才能和聪明等）两个维度决定外群体印象、大多数刻板印象是混合的、群体社会地位可以预测刻板印象、刻板印象中普遍存在内群体偏好以及外群体贬抑四个假设（Fiske、Cuddy、Glick、Xu，2002）。

SCM在全球17个国家和地区（涉及不同的意识形态和不同的文化传统）得到了验证，显现出SCM具有很好的文化普适性和群际关系预测性。目前，有关SCM模型研究已经扩展到诸多群体，例如在老年群体、亚裔美国人群体、移民群体、同性恋群体、女性群体、黑人群体、精神疾病群体、亚裔群体、欧洲国民群体的研究中都得到很好的验证。Cuddy、Fiske和Glick（2007）进一步将SCM与群际情绪、行为反应相结合，开创性地形成了群际情绪—刻板印象—行为趋向系统模型（behaviors from intergroup affect and stereotypes map，BIAS Map）。这一系统模型是对SCM有价值的延伸，同时二者的有机结合进一步促进了刻板印象内群体与群体间研究的整合性。

SCM区别于以往的单纯性刻板印象理论，提出了识别不同群体与不同偏见评价的刻板印象、态度和行为框架，这种有效细分克服了以往的单一化模式，对于防止和干预各种不同形态的偏见和歧视开启了新的大门。SCM和BIAS Map强调热情和能力是群体刻板印象的核心，它们是引发不同行为的起源，进而形塑了不同的情感与行为反应类型。无论从理论构建还是实证研究而言，SCM以及BIAS Map都为进一步深化与扩展刻板印象研究奠定了很好的基础，也为深入了解人们的社会互动提供了新的思路和研究课题。

近年来，Fiske等人将SCM拓展到社会认知领域，提出社会认知的两个基本维度是能力和热情，并在社会判断、社会知觉、印象形成和印象管理等不同领域得到实验验证（Abele、Cuddy、Judd、Yzerbyt，2008；Cuddy、Fiske、Glick，2008；Fiske、Cuddy、Glick，2007；张庆、王美芳，2011）。根据SCM两维结构假设，群体可分为高能力高热情（high-competence and high-warmth，HCHW）、高能力低热情（high-competence but low-warmth，HCLW）、低能力高热情（low-competence but high-warmth，LCHW）和低能力低热情（low-competence and low-warmth，LCLW）四类。而 SCM 的另一个假设认为刻板印象多是混合的，即大多数群体被评价为高能力但不热情友好（HCLW）或者高热情但缺乏能力（LCHW）。对不同文化样本的实证研究结果验证了混合刻板印象假设，这也引发了社会心理学者对能力与热情两维度之间关系的研究。

Yzerbyt 等人（2005）最早明确提出刻板印象中的能力与热情之间存在一种类似于补偿的负向关系。Judd 等人（2005）通过实验验证了社会知觉中存在能力与热情的补偿关系，并根据实验证据指出补偿不仅发生在对群体的知觉中，而且发生在对个体的知觉中。这一观点与以往研究中的晕轮效应（halo effect）是不一致的，引起了心理学界的广泛关注。通过总结能力与热情关系的研究，Kervyn 等人（2009）提出了补偿效应（compensation effect）这一概念，指出能力与热情之间存在补偿效应。随之出现了大量与补偿效应有关的理论和实证研究，并在印象形成和印象管理等领域得到广泛应用。

热情与能力两维度的刻板印象内容模型，为心理学家进一步探寻社会认知的核心内容及维度结构奠定了基础。Fiske、Cuddy 和 Glick（2007）搜集了来自社会心理学实验研究、民意调查和跨文化比较研究等多方面的证据后指出，社会认知的两个基本维度是热情和能力，即在人际认知和群际认知中，人们都会根据这两个维度对他人做出评价。欧洲的心理学家也在社会认知领域进行了大量研究，他们采用与热情和能力内涵一致的亲和性（communion）和能动性（agency）命名，亲和性是指个体通过关心他人而努力使自己成为某个更大的社会单元中的一员，能动性是指个体争取实现个性化和扩张自我存在（Abele、Wojciszke，2007）。他们组织相关领域的专家学者召开专题会议，并在两期 *Social Psychology* 杂志上刊登了专题报告，探讨社会认知内容的“大二”模型的研究进展（Abele、Wojciszke，2013）。

我国学者也一直关注着基于刻板印象的社会认知“大二”模型的发展，除了对热情与能力刻板印象内容模型进行介绍，也有学者发现两维度模型对中国大陆群体也具有很好的预测作用（程婕婷、管健、王新建，2012；管键、程婕婷，2011）。还有研究者对社会认知中两维度的晕轮效应、补偿效应和热情优先效应等关系进行了初步探讨（代涛涛、佐斌、温芳芳，2014；张庆、王美芳，2011；Bi、Ybarra、Zhao，2013）。总之，社会认知内容的“大二”模型在国内外都得到了广泛的证实和应用。

刻板印象是社会心理学传统研究以及当代社会认知研究的一个重要领域，是理解人的社会性偏向（social bias）的基础。刻板印象、偏见（prejudice）和歧视(discrimination)，构成了社会性偏向的三个紧密关联的主题。由于社会性偏向是一个普遍存在的复杂心理现象，社会心理学者倾向于对三个概念进行区分并探讨它们之间的关系：刻板印象属于社会认知偏向，偏见是以刻板印象为基础对评价对象的情感反应偏向，而歧视则是基于刻板印象和偏见的行为偏向（佐斌、张阳阳、赵菊、王娟，2006）。由此，刻板印象自然就成为理解人们的社会性偏向的一个基本问题或前提性问题，其研究成果也相对较多。对于刻板印象的研究，自然也会大力推动有关偏见和歧视的心理学研究，为社会心理学的知识应用提供相应的理论基础。

作为我国刻板印象研究的主要探索者，我们团队一直围绕刻板印象这一主题开展理论思考和实证研究。2004—2005 年，我在普林斯顿大学心理学系做富布莱特访问学者，Fiske 是我的合作教授，我和 Fiske 有直接的合作交流，对于刻板印象内容模型及社会认知维度的研究进行了深入学习和理解。回国后，我撰写了关于刻板印象内容模型的文献综述，并和团队成员开始了刻板印象的大量实证研究。在这近十年的时间里，我们团队发表了有关刻板印象的文章 30 多篇，涉及刻板印象的内容模型、主要类型的刻板印象研究、刻板印象激活的心理加工机制、性别与面孔吸引力、反刻板印象的评价演化、交叉分类对刻板印象的影响等。

在对刻板印象研究的过程中，我越来越被刻板印象的丰富和深邃所吸引。每一次讨论刻板印象的具体研究问题，都会让我兴奋和痴迷。其中，热情和能力及它们之间的关系，一直是我最为关注的。当我思考自己对刻板印象研究能够有什么样的贡献这一问题时，热情和能力的关系及其相互作用机制立即出现在我的脑海中，还有各种各样的刻板印象如性别刻板印象、年龄刻板印象、国民刻板印象以及职业刻板印象等也都被一一激活了，还有反刻板印象、群体交叉分类对刻板印象的影响、自我刻板印象、刻板印象威胁、刻板印象与偏见等概念和问题，也一一涌上心头。

“刻板印象研究丛书”是对我们社会心理学团队有关刻板印象研究成果的记录与梳理，算是为刻板印象研究的同行们提供系统性的原创研究文献。本丛书由 7 本研究专著组成：《刻板印象内容与形态》《男性化与女性化：面孔吸引力研究》《个体建构视角下的刻板印象激活》《刻板印象威胁研究》《反刻板印象的演化与评价》《刻板印象的认知加工机制》《群体交叉分类对刻板印象的影响》。

《刻板印象内容与形态》对刻板印象的研究理论和方法以及主要类型进行了介绍和阐述，对刻板印象的主要内容进行了梳理，针对不同形态的刻板印象进行了内容维度、认知加工机制及影响因素的实证研究。全书内容分为三个部分：第一部分评述了有关刻板印象研究的基本理论，包括刻板印象研究的演化及作用、刻板印象研究的主要理论取向及比较，总结了刻板印象影响因素的相关研究成果，特别是针对刻板印象内容模型和社会认知内容的“大二”模型进行了深入分析与系统总结，论述了刻板印象的热情与能力这两个基本维度的性质及其复杂关系和调节因素。第二部分是刻板印象的主要测量与实验方法，结合实际研究介绍了刻板印象的外显测量方法、内隐测量方法、情感错误归因程序、刻板印象解释偏差。第三部分为三种形态的刻板印象研究成果，分类报告了性别刻板印象、年龄刻板印象、国民与民族刻板印象的原创性实证研究结果与理论分析。这一部分是该书的主体内容，通过这一部分的研究呈现与论述，可以领略到刻板印象领域丰富的研究内容和多样化的方法与特色。

《男性化与女性化：面孔吸引力研究》基于性别刻板印象和“美即是好”的外貌刻板印象背景，以男性化和女性化为线索，针对面孔吸引力的测量方法、理论基础、影响因素、社会文化意义及应用进展进行了系统深入的梳理和探讨，进一步丰富与拓展了面孔感知的研究，并为进化心理、社会认知心理的相关理论提供了一定的实证支撑，为性别刻板印象和外貌刻板印象的研究提供了理论和方法启示。该书首先对美的内涵、面孔吸引力的界定、研究方法和理论基础以及面孔吸引力与健康、择偶、工作、合作和决策的社会文化意义及认知神经机制进行了回顾。其次，对男性化与女性化、性别角色与性别刻板印象以及对面孔吸引力的影响进行了简要的介绍和探讨。然后，基于男性化与女性化的视角，分别从目标刺激（如平均化与对称性、年龄、种族、注视方向、面部表情、头部朝向、红色效应及肤色和健康度等）、加工情境（如长短期关系类型、环境艰苦程度、同性竞争与配偶质量提升、社会比较等）和知觉者（女性生理周期、自身吸引力、性欲和情侣身份）三个社会认知的核心要素的角度，对面孔吸引力认知和评价进行了系统深入的研究。最后，对研究的主要发现加以总结，并对未来面孔吸引力的进一步研究方向进行了展望。

《个体建构视角下的刻板印象激活》以个体建构研究为理论切入点，通过逻辑上逐步深入且环环相扣的四项研究探讨了个体建构视角下的刻板印象激活。首先提出并验证了更具生态效度的刻板印象激活的两阶段理论模型：完整的刻板印象激活过程应包括社会类别激活和刻板印象信息激活两个阶段，两个阶段之间是相互分离的，即二者是两个相互关联但又相对独立的过程，面孔知觉加工过程对刻板印象信息的激活有显著的影响。同时界定了广义的刻板印象激活和狭义的刻板印象激活两个概念，广义上的刻板印象激活是指包括社会分类和刻板印象信息激活两个阶段的刻板印象激活，狭义的刻板印象激活仅是指社会分类之后的刻板印象信息激活阶段，现有的关于刻板印象激活的研究都是在探讨狭义的刻板印象激活。在此基础之上探讨了面孔表情、种族类别等突显信息和明确的对应社会分类（对应社会分类是指和某一刻板印象信息相对应的社会分类）对刻板印象激活的影响，以及对应社会分类和刻板印象信息激活之间的非线性关系。最后，基于高时间分辨率的ERP技术实时测量了刻板印象激活两阶段模型的时间进程，从神经机制层面验证和支持了刻板印象激活的两阶段模型。

《刻板印象威胁研究》围绕刻板印象威胁的理论和实证研究进行了系统阐述。首先，对刻板印象威胁研究的历史与现状、理论基础、不同类型刻板印象威胁效应及其新进展进行了全面梳理，对老年刻板印象威胁、男性身份威胁、社会认同威胁进行了深入分析。其次，对性别刻板印象威胁效应、流动儿童刻板印象威胁效应及其影响因素进行了实证研究，拓展了刻板印象威胁研究的范围和内容。再次，对刻板印象威胁的机制与后果进行了实证研究，揭示了自尊、控制感、主观幸福感、社会支持等对刻板印象威胁的作用。最后，进一步研究了自我肯定、反刻板印象、自我—环境调节匹配等方式对刻板印象威胁的干预效果，对刻板印象威胁的未来研究方向进行了展望。

《反刻板印象的演化与评价》围绕不同程度的反刻板印象对评价的影响这一科学问题，首先通过元分析、调查访谈和理论探讨等方式建构反性别刻板印象评价的“爬坡—坠崖”模型，并采用多种方法从面孔、行为和特质等多角度对该模型进行检验，揭示了反性别刻板印象与人际和自我评价之间的关系。随后，从评价他人和评价自我两个角度出发探讨了模型的加工机制，明确了信息加工过程中的归因机制和自我防御机制，进一步支撑了“爬坡—坠崖”模型，并为理解自我性别认同的本质和性别刻板印象维护提供了新的理论诠释。最后，通过对反性别刻板印象影响人际评价过程的描述，以及对其内在心理机制的深入剖析，为控制或消除反性别刻板印象在人际和群际互动中产生的消极后果提供了有效的对策，同时为不同性别的个体营造一个公平的评价环境提供了理论指导和建议。

《刻板印象的认知加工机制》围绕刻板印象的前因后果以及认知加工的心理过程进行了系统的梳理和探讨。首先，对刻板印象的影响因素进行了系统考察，如评价者的自我卷入、观点采择和情绪情感等因素，评价对象的熟悉性和突显性等，评价情境与刻板印象内容的一致性等对刻板印象的影响。其次，对刻板印象影响其他心理过程的机制进行了探讨，如刻板印象威胁效应、刻板印象对人际沟通中语言偏向的影响、刻板印象对印象形成与评价的影响等。最后，对刻板印象的心理加工和神经机制进行研究，如刻板印象的激活、提取和使用的内隐心理过程等，形成关于刻板印象的认知加工机制的整合理论，为降低和消除刻板印象的消极作用提供了认知的理论和实证基础。

《群体交叉分类对刻板印象的影响》以分类这一群体认知和印象评价的重要依据为切入点，聚焦于交叉分类对刻板印象的影响这一社会心理学的科学问题，将自我研究与群体研究相结合，提出了具有创新性的自我激活模型，并探明了其行为学规律和神经机制。该书首先在文献分析和前期研究基础上提出自我激活模型来解释交叉分类对刻板印象的影响，该模型认为评价交叉分类目标的印象时，个体的认知和动机被激活并发挥作用。在认知层面，自我与交叉分类信息的一致性影响对目标对象的评价；在动机层面，评价意图会激活评价者自我概念中的能力和热情维度并调节对目标的印象评价。然后，作者通过内隐和外显测量方法从单维、两维和多维等角度考察自然属性和社会属性的交叉分类对刻板印象的影响，分析自我的作用。最后，该书采用认知神经科学技术探查了交叉分类激活个体自我的脑机制。在此基础上，分别采用社会认知实验范式和虚拟现实等方法探索和验证了刻板印象评价时交叉分类与自我信息匹配的认知加工机制和刻板印象评价意图激活自我的机制，为理解群际关系和群际互动提供了新的观点和理论。

刻板印象是一个丰富的研究领域，值得探索的科学问题众多。“刻板印象研究丛书”未能回答关于刻板印象研究的大部分问题，只是涉及我们研究团队所关注的几个重要问题。而且，我们的研究无论从问题选择还是方法应用都具有一定的局限性。因此，我期待更多的社会心理学学者关注刻板印象这一主题，加入刻板印象的研究队伍，对我们的研究成果提出宝贵的批评意见，共同为揭示刻板印象的心理规律作出贡献。

目　录

第一篇　刻板印象威胁研究理论与进展

1　刻板印象威胁研究的历史与现状 …… 3

1.1　刻板印象威胁概念的界定 …… 3

1.2　刻板印象威胁的引发因素和操纵方法 …… 4

1.3　刻板印象威胁的心理机制和后果 …… 6

1.4　刻板印象威胁效应的干预 …… 8

1.5　刻板印象威胁研究展望 …… 10

2　刻板印象威胁的理论基础 …… 12

2.1　刻板任务参与过程模型 …… 12

2.2　刻板印象威胁的动机体验模型 …… 13

2.3　综合威胁理论 …… 16

2.4　群际接触和威胁的时间整合模型 …… 17

3　不同种类的刻板印象威胁及其心理机制 …… 20

3.1　性别刻板印象威胁 …… 21

3.2　种族刻板印象威胁 …… 24

3.3　年龄刻板印象威胁 …… 26

3.4　流动群体刻板印象威胁 …… 27

3.5　未来研究展望 …… 28

4　老年刻板印象威胁及其研究操纵 …… 30

4.1　老年刻板印象威胁的概念和特点 …… 30

4.2　老年刻板印象威胁的影响 …… 32

4.3　老年刻板印象威胁的研究操纵 …… 34

4.4　老年刻板印象威胁的干预研究 …… 36

4.5　老年刻板印象威胁未来研究方向 …… 39

5　男性身份威胁 …… 42
5.1　不确定的男性身份 …… 42
5.2　男性身份不确定性的操作与测量 …… 44
5.3　不确定的男性身份理论 …… 45
5.4　不确定的男性身份相关研究 …… 46
5.5　男性身份威胁的评价与展望 …… 47
6　社会认同威胁 …… 49
6.1　社会认同威胁的本质 …… 49
6.2　社会认同威胁的应对反应 …… 52
6.3　社会认同威胁对个体影响的效价与时效性 …… 54
6.4　社会认同威胁对组织与群体的影响 …… 56
6.5　社会认同威胁研究展望 …… 57
第二篇　刻板印象威胁效应及影响因素
7　女性刻板印象威胁 …… 59
7.1　性别刻板印象威胁 …… 59
7.2　女性性别刻板印象威胁：基于元分析的检验 …… 61
7.3　性别刻板印象威胁对女性的影响及调节因素 …… 64
7.4　女性刻板印象威胁效应分析 …… 66
8　女性驾驶刻板印象威胁研究 …… 68
8.1　驾驶表现的影响因素 …… 69
8.2　研究方法和程序 …… 72
8.3　结果与分析 …… 75
8.4　刻板印象威胁对女性驾驶的影响 …… 76
9　性别刻板印象威胁对初中男生阅读的影响 …… 79
9.1　性别刻板印象威胁对学习表现的影响 …… 80
9.2　内隐性别—阅读刻板印象的存在 …… 81
9.3　性别刻板印象威胁对初中男生阅读表现上的影响 …… 83
9.4　阅读领域性别刻板印象的存在及其影响 …… 85
10　性别刻板印象威胁对初中男生语文成绩的影响 …… 87
10.1　学业表现的性别差异 …… 87
10.2　刻板印象威胁与学科教育 …… 88

10.3 初中生性别—语文刻板印象 …………………………………………… 89
10.4 性别刻板印象威胁对男生语文成绩的影响 ……………………………… 94
10.5 性别—语文刻板印象威胁的存在及效应 ………………………………… 98
11 主观社会阶层对流动儿童刻板印象威胁的影响……………………………… 100
11.1 流动儿童刻板印象威胁、主观社会阶层与控制感的关系………………… 100
11.2 研究方法……………………………………………………………………… 101
11.3 研究结果……………………………………………………………………… 102
11.4 讨论与展望…………………………………………………………………… 105

第三篇 刻板印象威胁的机制与后果研究

12 刻板印象威胁与流动儿童学业成绩……………………………………………… 107
12.1 刻板印象威胁与流动儿童学业成绩的关系……………………………… 107
12.2 学业情绪的中介作用………………………………………………………… 109
12.3 控制感的调节作用…………………………………………………………… 110
12.4 研究目的与假设……………………………………………………………… 111
12.5 流动儿童刻板印象威胁对学业成绩的影响机制………………………… 111
12.6 刻板印象威胁对流动儿童学业成绩的影响机制分析…………………… 113
12.7 对教育实践的启示…………………………………………………………… 116
13 刻板印象威胁与流动儿童主观幸福感的关系 ……………………………… 117
13.1 刻板印象威胁与主观幸福感………………………………………………… 117
13.2 刻板印象威胁对流动儿童主观幸福感的影响……………………………… 119
13.3 刻板印象威胁影响流动儿童主观幸福感机制分析………………………… 123
14 刻板印象威胁对学校认同的影响……………………………………………… 127
14.1 流动儿童的教育问题………………………………………………………… 127
14.2 刻板印象威胁、学校认同与社会支持的关系……………………………… 129
14.3 研究设计与方法……………………………………………………………… 132
14.4 研究结果……………………………………………………………………… 133
14.5 社会支持在刻板印象威胁影响学校认同中的作用………………………… 136
15 刻板印象威胁和流动儿童无望感……………………………………………… 138
15.1 刻板印象威胁和无望感……………………………………………………… 138
15.2 刻板印象威胁影响流动儿童无望感的机制研究…………………………… 141
15.3 自尊和控制感在刻板印象威胁影响无望感中的作用……………………… 143

第四篇　刻板印象威胁的干预与展望

16　女性方向感刻板印象威胁的干预 …… 148
16.1　方向感与刻板印象威胁 …… 148
16.2　基于真实地图的女性方向感的刻板印象威胁研究 …… 149
16.3　女性方向感刻板印象威胁干预分析 …… 155
17　自我肯定对刻板印象威胁的干预 …… 157
17.1　自我肯定与刻板印象威胁的研究回顾 …… 157
17.2　研究目的与方法 …… 161
17.3　自我肯定对刻板印象威胁效应的作用分析 …… 162
18　反性别刻板印象对刻板印象威胁的干预 …… 165
18.1　反性别刻板印象对刻板印象威胁的减缓作用 …… 165
18.2　研究目的与方法 …… 166
18.3　研究结果 …… 167
18.4　反刻板印象对性别—语文刻板印象威胁的干预作用 …… 168
19　自我—环境调节匹配对刻板印象威胁的干预 …… 170
19.1　自我—环境调节匹配减少刻板印象威胁的研究回顾 …… 170
19.2　合作和竞争情境减少刻板印象威胁效应 …… 174
19.3　调节匹配减少竞争情境中刻板印象威胁 …… 178
19.4　自我—环境调节匹配对刻板印象威胁的作用分析 …… 182
20　刻板印象威胁研究展望 …… 185
20.1　刻板印象威胁研究尚存在的问题 …… 185
20.2　刻板印象威胁研究的启示 …… 187
20.3　刻板印象威胁的未来研究方向 …… 188
参考文献 …… 191
后　　记 …… 225

第一篇　刻板印象威胁研究理论与进展

当被污名的群体发现他们正处于一种能用负面刻板印象来解释其行为的情境中时，个体会激发出与其群体身份有关的负面刻板印象，进而导致个体处于一种行为表现和心理愿望分离的状态。这种情境性困境被称为刻板印象威胁（stereotype threat），它是教育心理学、社会心理学和组织心理学等领域中一个重要的研究课题。因此，对刻板印象威胁的研究现状与进展进行梳理十分必要，这可为后续的研究提供参考或者新思路。

以往关于刻板印象威胁的研究多集中于行为层面，如学业成绩、记忆任务等，目前也有针对个体心理层面影响的研究，如归属感、幸福感等。一系列的研究证明了刻板印象威胁会对个体某领域中的行为表现带来消极的影响，如认知活动（Kray，Galinsky，Thompson，2002）、学业成就（Singh，Kumar，Patel，Tiwari，2017）、金融决策（Carr，Steele，2010）、高尔夫投球（Stone，Lynch，Sjomeling，1999）、安全驾驶（Yeung，von Hippel，2008）、老年人的记忆任务（Mazerolle，Regner，Morisset，Rigalleau，Huguet，2012）、智力测验（Pavlova，Weber，Simoes，Sokolov，2014）和操作广度任务（Jordano，Touron，2017）等。同样，关于什么因素导致出现这种刻板印象威胁的问题，也已有很多学者对此进行了探讨并在实验室中得到了验证，如性别、年龄、自我意识水平（即污名意识）、自我监控能力、自尊水平（如自我效能感）、归因倾向（内外）、领域认同、种族认同、人际互动等都会影响刻板印象威胁的出现。此外，对于刻板印象威胁效应下的心理机制探究也有了许多的研究成果，如额外压力、个体对自我价值的维护、刻板印象激活等心理机制。

鉴于对刻板印象威胁的多方面研究，如影响因素、心理机制和引发后果等，学者们相应地提出了许多有效的干预措施，如引导目标群体去重建一个不具有威胁性的潜在情境，提供给目标群体应对威胁的方法，改变环境去降低威胁本身等方式来提高个体的行为表现。

目前，关于刻板印象威胁的研究大致分为三类：第一类是性别刻板印象威胁；第二类是种族刻板印象威胁；第三类是年龄刻板印象威胁。此外，本篇还对流动群体刻板印象威胁也进行了梳理。而刻板印象威胁只是社会认同威胁中的一个特例，是社会认同威胁在刻板印象领域的体现，所以本篇对社会认同威胁的新进展也进行了详细介绍。

本篇主要介绍刻板印象威胁研究现状与进展，共包括 6 章：第 1 章重点介绍了刻板印象威胁效应研究的历史和现状，第 2 章介绍了刻板印象威胁的理论基础，第 3 章重点介绍了不同类型的刻板印象效应及心理机制，第 4 章对老年刻板印象威胁及其研究操作进行了梳理，第 5 章阐释了岌岌可危的男性身份威胁，第 6 章则重点介绍了社会认同威胁研究的新进展。

1　刻板印象威胁研究的历史与现状

刻板印象威胁描述了这样一种情境，当个体感知到情境中有关其所属群体消极刻板印象存在时，个体会担心自己的行为表现有验证这一消极刻板印象的风险（Steele，Aronson，1995），这种刻板印象威胁对刻板化个体的消极影响称为刻板印象威胁效应（stereotype threat effect）。研究发现，即便是 7 岁至 11 岁的儿童就已经能和成人一样感知并描述刻板印象威胁（Wegmann，2017）。目前，相关的研究结果已经广泛用于解释认知能力上的种族差异、数学测验中的性别差异及职业领域中性别比例失调现象对少数者的影响等。刻板印象威胁对个体行为表现产生的负面影响也已经在多个领域得到证实，如认知活动（Kray，Galinsky，Thompson，2002）、金融决策（Carr，Steele，2010）、高尔夫投球（Stone，Lynch，Sjomeling，1999）、下棋（Stafford，Tom，2018）、安全驾驶（Yeung，von Hippel，2008）、运动（Smith，Martiny，2018）和老年记忆任务（Mazerolle 等，2017）等领域。过去的研究大部分都聚焦于刻板印象威胁对个体学业成绩的影响，目前已有研究者开始探讨不同情境中刻板印象威胁对个体认同、幸福感以及归属感所造成的影响（Steven，Spenser，Christine，Paul，Davies，2016）。

本章将首先对刻板印象概念进行界定，总结概括引发刻板印象威胁的因素、在实验室中验证刻板印象威胁效应存在的一般方法以及在现场实验研究中对刻板印象威胁效应验证的主要进展；其次探讨刻板印象威胁影响个体行为表现背后的心理机制及其造成的心理后果；最后对干预和应对刻板印象威胁带来的消极影响的措施进行阐述。

1.1　刻板印象威胁概念的界定

刻板印象的概念最早于 1992 年由新闻工作者李普曼（Walter Lippmann）在其著作《公众舆论》中首次提出，他借用印刷术语“stereotype”来代指人类在知觉事物之前存在的一个“预先观念”(preconception)，这个预先观念很大程度上影响甚至决定了个体对人与事的知觉。刻板印象是一种特定的社会认知图式，指人们对某一社会群体成员的特征及这些特征形成原因的概括而固定的观念和看法（Gilbert，Fiske，Lindzey，1998)。后来，刻板印象威胁的概念首次被提出用来解释美国白人和黑人在学业测验上的成绩差异。

目前，关于刻板印象威胁的界定主要存在三种观点：

(1) 以“自我”为核心。Steele 和 Aronson (1995) 最早将刻板印象威胁界定为个体担心自我行为表现会证实其所属群体的消极刻板印象的风险。一些研究者的定义中也强调了“自我”的观点（Croizet，Claire，1998；Kray，Thompson，Galinsky，2001)。

(2) 以“群体”为核心。Bosson，Haymovitz 和 Pinel (2004) 认为，当“任务的表现可能证实群体的消极刻板印象”时，刻板印象威胁就产生了（Schmader，Johns，2003)。

(3) 以“情绪”为核心。Aronson 和 Inzlicht (2004) 认为，刻板印象威胁是“当某人处于内群体刻板化为缺乏能力的领域进行表现时感觉到的焦虑情绪”。

这些界定的微妙差异可能引起对刻板印象威胁机制和干预考察的侧重不同。因此，对核心概念的界定进行梳理显得尤为必要。目前学界普遍采用第一种观点，本节内容也立足于“自我”角度展开论述。

1.2 刻板印象威胁的引发因素和操纵方法

引发刻板威胁的因素以及相关的操纵方法是刻板威胁领域研究最为重要的主题之一。目标群体有很大可能性不能意识到刻板印象威胁的影响因素（Steele，1997；Steele，Spencer，Aronson，2002)，但有研究证明内隐和外显线索都能够引起刻板印象威胁效应（McGlone，Aronson，Kobrynowicz，2006)，这些线索通过不同的心理机制同时对个体的行为表现分别产生独立的消极影响（Stone，McWhinnie，2008)。我们将从情境线索、集体表征和个人特质三方面来介绍刻板印象威胁的影响因素。

1.2.1 情境线索——任务和环境

刻板印象威胁是一种情境性的体验，个体并不会持续地体验这种消极的情绪(Steele，1997)。只有当被试对刻板印象有所意识，刻板印象威胁效应才可能发生。而在实验室中，研究者通常通过操纵指导语对测验任务进行特定的描述来凸显刻板印象威胁对行为表现的影响。比如在指导语中告诉被试该测验具有或不具有诊断性时会对目标个体的行为表现产生不同的影响，或者操纵主试和被试具有相同的性别或种族特征，甚至即便只是让被试对自己的种族做介绍也能触发刻板印象威胁（Lyons，Simms，Begolli，Richland，2018）。而在现场实验研究中，在刻板印象领域中一个简单的测验任务就能引起刻板印象威胁，因为被试不良行为表现本身就会使他们处于一种能证实该刻板印象的危险之中。

1.2.2 集体表征——对目标群体的认知图式

刻板印象是一种由图式引起的社会认知偏差。消极的刻板印象指向外群体容易形成偏见，破坏人际交往；而指向内部则产生刻板印象威胁效应（俞国良，2010）。因此，对群体整体的认知图式也是引起刻板印象威胁的一个重要影响因素，如领域认同和群体认同等。

领域认同是指个体对特定领域成就的重视程度（Stroessner，Good，Webster，2008）。领域认同的强度影响个体对威胁的易感性（Shih，Ambady，Richeson，Fujita，Gray，2002）。在实验室研究中，高认同者更易受到刻板印象的威胁（Aronson，Lustina，Good，Keough，Steele，Brown，1999）。

群体认同的强度也会影响刻板印象威胁效应。群体认同即民族、性别等群体身份对个体自我定义的重要性（Schmader，2002）。高群体认同者由于在任何情境中都会把自己与内群体紧密地联系在一起，有更强烈的动机来保持内群体的积极形象，因此当面临群体认同威胁时，他们为了保护和维持内群体的社会认同，在心理和行为策略方面则投入更多，会经历更大的威胁（阮小林，2009）。

1.2.3 个人特质——易感性

个体差异作为中介变量会调节刻板印象威胁对个体行为表现的影响（Steven 等，2016）。自尊水平可以影响个体对威胁情境的知觉水平，进而影响刻板印象对相关任务的威胁效应。自尊是个体基于自我评价产生和形成的一种自重、自爱，并要求受到他人、群体和社会尊重的情绪体验，是对自我的评价与接纳。人有自我提升的一般趋势，对那些自尊水平更高的人来说这种趋势尤其强。具有较高自尊水平的人更可能展现自己更加正面的形象，并且更准确感知积极评价而非负面评价（张宝山，2014）。但对于学业成就较低的学生，当其受到的刻板印象威胁增强时，高自尊水平将使其任务表现更差（Wang，Yu，Pedram，Chen，2018）。

自我监控水平也会调节个体的表现。刻板印象威胁效应并不会扩展到每一个人，高自我监控者对刻板印象威胁有较好的复原力。尽管威胁情境都会激活高、低监控者的消极刻板印象，但是高自我监控者表现出的是无畏，加之具有更强的自我调节能力，因而能以更好的表现应对刻板印象威胁（Inzlicht，Aronson，Good，McKay，2006）。

1.3 刻板印象威胁的心理机制和后果

刻板印象威胁效应的出现已经被一系列实验研究所证实，然而关于它对目标群体成员行为表现影响的背后心理机制的探讨仍然不深入，只有深入探究背后的心理机制，才能为减少或避免刻板印象威胁所带来的消极结果，提出有效的干预和应对措施。同样，只有深入了解刻板印象威胁所带来的后果，才能有效避免或利用其所带来的影响。

1.3.1 刻板印象威胁的心理机制

该部分我们将集中关注刻板印象威胁对个体行为表现产生影响时的心理机制，分别从额外压力、对自我价值的维护和刻板印象的激活三个层面来阐述。

1.3.1.1 额外压力导致行为表现下降

遭遇刻板印象威胁的个体会有不去证实关于他的社会身份的消极刻板印象（Vandello，Bosson，Cohen，Burnaford，Weaver，2008）或者至少避免去证实消极刻板印象的动机（Chalabaev，Major，Sarrazin，Cury，2012；Stahl，Van Laar，Ellemers，2012）。这种具有不去证实或避免去证实消极刻板印象的动机的个体比那些未遭受刻板印象威胁的个体承受更多额外负担，而这种压力则会通过三种主要的心理机制来产生对个体行为表现的影响：纯粹效应、工作记忆容量的损耗和有意识的自动加工过程。

（1）纯粹效应

其个体有不去证实关于他所属群体的消极刻板印象的动机，但这种动机本身却会导致其行为表现的下降。这种纯粹效应（mere effect）能够解释刻板印象威胁对行为表现的影响（Harkins，2006；Jamison，Harkins，2007）。受到刻板印象威胁的个体有不去证实刻板印象的动机，所以会有想要表现得更好的动机。从 Zajonc（1995）的内驱力理论中社会助长的角度来看，这种动机对于给定任务具有增强优势反应的作用。在容易任务中，优势反应能够被增强，也就是说来自刻板印象的这种额外动机倾向于产生更好的行为表现（Ben-Zeev，Fein，Inzlicht，2005）；相反，在困难任务中，这种优势反应的增强却会损坏个体的行为表现。

(2) 工作记忆容量的损耗

有研究者提出了综合过程模型（integrated process model)，根据此模型，当一种消极的刻板印象与个体的行为表现相关联时，会引发一种生理应激反应过程和一种自我监控进程，这两种进程都会使个体努力去抑制消极思维和感受，从而消耗工作记忆容量，降低个体的行为表现（Schmader，Johns，Forbes，2008；Régner，Smeding，Gimmig，Thinus-Blanc，Monteil，Huguet，2010)。

(3) 对自动化加工过程的有意识注意

并不是所有的行为表现都要求有效的加工和注意力的控制。比如对熟练掌握的技能来说，它并不是通过过多工作记忆而表现良好，相反，有意识的注意会损害个体的行为表现。在受刻板印象威胁的情况下，专业的高尔夫球手投球运动的行为表现会受到损害，那是因为注意力集中到了程序性加工过程中而不是工作记忆上，而当专业的高尔夫球手同时进行两个任务时，其消耗了工作记忆容量，却提高了投球成绩（Beilock，Jellison，Rydell，McConnell，Carr，2006)。换言之，刻板印象威胁通过使个体提高他对自己行为表现的意识和对失败的警惕意识的自我监控进程而损坏自动化行为，导致行为受意识控制加工，而不是无意识自动加工。

1.3.1.2 对自我价值的维护

一些情况下，目标群体保护他们的自我价值会使行为表现下降。他们会通过不去表现（Stone，2002)，或通过报告压力或者其他的理由（Keller，2002)，又或是采取不去回答问题的自我妨碍策略（Davies，Spencer，Quinn，Gerhardstein，2002）来解释行为表现下降。自我妨碍策略通过对不良表现的解释来达到自我保护的目的(比如缺乏努力)，以至于不能真实地反映个体的能力。目标群体也会通过减少努力来降低对自己的期望价值（Cadinu，Maass，Frigerio，Impagliazzo，Latinotti，2003)。

1.3.1.3 刻板印象的激活

研究表明个体特定的行为表现是启动效应引起的结果，当一个刻板印象被激活时，与该刻板印象相一致的行为会随着激活状态变为自动化行为（Dijksterhuis，Spencer，Quinn，Gerhardstein，1998)。只有激活与刻板印象相关的社会身份时，个体才会对刻板印象威胁产生易感性。由所属群体直接相关的刻板印象导致表现上升的现象被称为“刻板印象提升”，比如在数学成绩上，当男性激活了关于“女性数学能力低于男性”的刻板印象时，男性的数学成绩比未激活时会提高，这就是一种刻板印象提升（Davies，Spencer，Quinn，Gerhardstein，2002)。

1.3.2 刻板印象威胁造成的后果

刻板印象威胁所造成的最直接后果就是个体在特定任务中的行为表现下降或上升，这种后果已经得到了广泛的关注。研究发现，刻板印象威胁所造成的后果不单单存在于行为表现层面，还存在于心理层面，如会降低个体对自己行为表现的评估（Tellhed，Adolfsson，2017），导致更低的自我效能感和更强烈的焦虑（Sunny，Taasoobshirazi，Clark，Marchand，2017）。这种心理层面的影响对个体和群体来说有着持久而深远的影响。

遭遇刻板印象威胁的个体会有一定的反应，而这些反应在目标群体保护自身完整性上可能会有短期适用性，但是在长期中会增加特定身份的不认同，导致个体在相关领域归属感的降低，最终甚至会导致个体离开相关领域，如 Meador 和 Audrey（2018）对 STEM（科学、技术、工程、数学）领域人员留存问题的研究。此外，归属的不确定性可能会进一步损害健康（Cohen，2004），有时候某些刻板威胁甚至会导致一些直接损害健康的行为。同样，有研究发现刻板印象威胁还会导致个体自控能力的降低，并反过来增加个体的攻击性和不健康的饮食行为（Inzlicht，Kang，2010）。

1.4 刻板印象威胁效应的干预

刻板印象威胁所带来的消极后果不仅是具有短暂效应，因此，为个体提供实用的方法去应对可能出现的刻板印象威胁是一件非常重要的事情。

概括而言，可采用以下三种方式来减少或避免刻板印象威胁所带来的消极影响：第一种方式是引导目标群体去重建一个不具有威胁性的潜在情境，第二种方式是提供目标群体应对威胁的方法，第三种方式是直接改变环境去降低威胁本身。

1.4.1 认知重建策略

认知重建策略能够降低刻板印象威胁效应，该策略不是客观地改变测验环境而是引导被试去知觉到更低的威胁。这种刻板印象威胁知觉的降低体现在行为表现的提高上。

认知重建策略的一种方式是改变对测验的描述，当被试被告知该测验不具有诊断性或者不体现个体差异时，个体的行为表现会得到有效提高。在实验室研究甚至现场研究中，这都是一种简单而有效的操纵刻板印象威胁的方式。另一种方式是通过改变被试对威胁的认知来重构个体的经验，引导被试重估焦虑（Johns，Inzlicht，

Schmader，2008）或错误觉醒（Ben-Zeev 等，2005）来恢复个体在低威胁情境下的行为表现。被试也会被鼓励去重构被威胁的身份，也就是把被刻板化身份的特征与个体的积极能力相联系（Kray，Galinsky，Thompson，2002）。

1.4.2 自我应对措施

威胁的总体水平很高时，采用应对措施就不会影响目标群体在特定任务上的行为表现。比如告诉被试一种抑制焦虑思维的策略（Logel，Iserman，Davies，Quinn，Spencer，2009）或训练对测验问题的易感性，那么被试在回答问题时将直接占用长时记忆从而不损耗工作记忆（Beilock，Rydell，McConnell，2007）。告诉被试刻板印象是不合理的，使其把焦虑的产生归于担心验证刻板印象，也能部分恢复被试个体的行为表现（Johns，Schmader，Martens，2005）。自我肯定也能有效降低潜在的刻板印象威胁效应。在进行一个高威胁测验前，引导被试肯定自己的重要价值或重要品质，这种自我肯定能恢复个体的自我完整性，最终提高个体的行为表现（Steele，1988）。还有一种方式是通过与非刻板化群体共享特征来扩展被威胁的身份特征（Rosenthal，Crisp，2006），引导被试在多种规则和多重身份的基础上认清自我概念（Gresky，Ten，Laura，Lord，McIntyre，2005），或者通过填充的方式列举自己的个性品质来降低或避免刻板印象威胁效应（Ambady，Paik，Steele，Qwen-Smith，Mitchell，2004）。将智力看作随时间不断增长的心理特质也是一种减少或避免刻板印象威胁效应的重要方法。

正念训练是最近引起心理学家重视的一种应对措施。研究已经发现正念训练可以减轻工作记忆的负担。一个简单的 5 分钟的正念训练就能消除传统刻板印象威胁的效应（Weger，Hooper，Meier，Hopthrow，2012）。

1.4.3 建立认同安全环境

虽然对目标群体的干预措施会减少甚至消除刻板印象威胁对行为表现的消极影响，但是威胁性环境却仍然存在。改变引起刻板印象威胁的环境本身是一种根本性措施，可以通过建立一种认同安全环境来降低或避免刻板印象威胁效应。

一种方法就是使被污名化的社会身份对完成特定任务测验的个体而言不是一种影响行为表现的障碍（Davies，Spencer，Steele，2005）。可以通过改变人际环境来创造一种认同安全的环境，比如通过促进与少数民族成员进行积极接触的方法来实现行为表现的恢复（Walton，Logel，Peach，Spencer，Zanna，2014），也可以通过提供目标群体成员中的成功榜样来实现（Shaffer，Marx，Prislin，2013），或者让目标群体中的成员来指导施测（McGlone，Aronson，Kobrynowicz，2006）。

1.5 刻板印象威胁研究展望

内隐和外显线索都可以引起刻板印象威胁，表明刻板印象可能存在于任何一个给定的环境中。在实验室中，大部分研究者为了减少或避免刻板印象威胁，一般会操纵指导语来告诉被试该测验不具诊断性或不显示个体差异。刻板印象威胁通过多种机制来降低行为表现，在高威胁测验中，额外压力通过增强优势反应来降低行为表现，但在困难任务如学业测验中却不是如此，刻板印象威胁会损害用来解决困难问题的工作记忆容量，从而影响个体的行为表现；刻板印象威胁可以引导个体对自动化技能产生有意识注意来损害个体行为表现。个体为了保护自我完整性而采取自我妨碍等策略也会导致个体行为表现的下降。

刻板印象威胁带来的后果并不仅仅是行为层面，除此之外，还会对心理层面带来一定的消极影响，如归属不确定性，最终导致退出特定消极刻板印象领域，长期将会损害个体的幸福感。社会心理干预措施可以有效降低刻板印象威胁效应所带来的消极影响。指导目标群体把威胁性环境重构为非威胁性环境，提供一种应对威胁的方法或者通过改变环境来减少威胁本身。当然，目标群体也可以自己采取一些积极的方法。可以通过对应对困难问题的练习，减少在测验情境下的对工作记忆的损耗（Beilock，Rydel，McConnell，2007）；在测验中，当目标群体感到焦虑时，他们可以用自我肯定或中立性思维来替代那些抑制性思维（Logel 等，2009）；也有证据表明一些目标群体会发展自己的策略来应对刻板印象威胁。一种策略就是“情境分离”（Nussbaum，Steele，2007），个体会暂时性地与行为反馈所体现出的自我价值分离，这种做法可以使个体在该领域中停留更久而不会进一步地伤害自我价值，最终退出特定消极刻板印象领域。

在心理机制方面，我们虽然知道了一些心理变量是刻板印象威胁产生影响的中介因素，但是并不清楚它们的影响程度，下一步需要对影响程度的大小进行研究，从而能更有效地提出干预和应对措施。有研究者甚至建议社会科学家将验证刻板印象威胁的一系列测验程序运用到医学研究中，在医学领域，这种想法最初只能在高度控制的低风险研究中应用，类比于社会科学研究中的实验室研究；当医学研究者取得了满意的效果，并在小型临床试验进行了进一步的研究，类比于现场研究；最后，医学干预会在有代表性的大型临床试验中被验证（Steven 等，2016）。

下一步的研究中，我们应当注意到各个应对措施间的内在联系以及心理机制背后心理变量的中介作用，比如自我肯定在多个研究中被证明能减少刻板印象威胁，但在人们期待的恢复个体归属感上面却无明显效果（Sherman，Hartson，Binning，Purdie-Vaughns，Garcia，2013）。进一步探索有效的刻板印象威胁效应的干预方法将成为未来研究的重要方向。

2 刻板印象威胁的理论基础

刻板印象威胁是一种特定类型的社会认同威胁。社会认同理论（social identity theory）认为，人们会努力保持对所属群体的积极看法（Tajfel，Turner，1986）。当这些积极看法受到挑战时，就会产生威胁感。这种威胁可以在不同环境中以不同的方式出现，并产生消极影响。当这种威胁是基于能力刻板印象产生时，即人们害怕验证消极刻板印象，这种威胁就被称为“刻板印象威胁”（stereotype threat，ST）(Steele，Aronson，1995；Steele，1997)。目前，已有大量关于刻板印象威胁的研究发现，刻板印象威胁会影响个体在各个领域的表现，并探讨了其中的发生机制；也有学者在这些研究的基础上提出了不同的关于刻板印象威胁的理论模型。本章内容将对四种重要的刻板印象威胁相关理论模型进行介绍：刻板任务参与过程模型、刻板印象威胁的动机体验模型、综合威胁理论以及群际接触和威胁的时间整合模型。

2.1 刻板任务参与过程模型

刻板任务参与过程（the stereotyped task engagement process，STEP）（Smith，2004）将刻板印象威胁与成就目标理论相结合，用来解释在刻板领域刻板印象威胁如何降低个体表现（模型图如图 2-1 所示）。表现—回避目标（performance avoidance goal）是指个体希望避免证实消极能力的目标，通常对学习和动机有消极影响(Elliot，Shell，Henry，Maier，2005)。

该模型指出，情境中的消极刻板印象信息会导致个体在参与刻板化活动时采用表现—回避目标。表现—回避目标受到多种个体特征差异变量的调节。如以预防为中心（prevention focus）的个体为避免损失而努力，并试图避免损失（Molden，Lee，Higgins，2008)，因而更可能采用表现—回避目标；以提升为中心（promotion focus）的个体则会积极提升任务表现，不大可能采用表现—回避目标。而能力相关的消极刻板印象威胁会诱导个体采用表现—回避目标，从而导致一系列消极任务行为。STEP 表明，依赖于表现—回避目标的个体倾向于采用自我调节策略（Pintrich，2000）。在考虑刻板印象威胁的行为过程（如努力、自我妨碍、学习策略等）之前，这类个体会尽量降低表现不佳的风险。

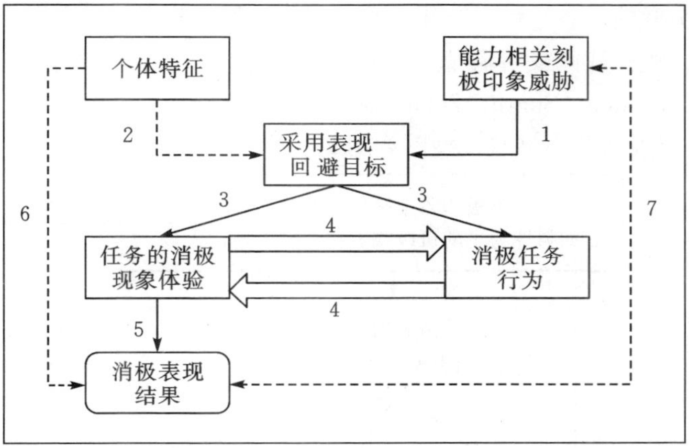

注：实线代表直接效应，虚线代表调节或间接效应。

图 2-1　刻板任务参与过程模型（Smith，2004）

表现—回避目标也会影响个体的现象体验。这里的现象体验主要指主观感受（如兴趣感、焦虑感、自我效能感和自信程度）和生理活动（如心血管活动），而这些现象体验又与消极行为之间会相互影响，最终现象体验会导致消极表现结果。此外，一些个体特征和刻板印象威胁也会影响个体的最终表现，而个体的表现结果与刻板印象威胁之间会相互影响，也就是说，刻板印象威胁会导致消极表现，而消极表现会进一步验证消极刻板印象。

根据刻板印象与个体自身的相关程度，刻板印象威胁会导致个体采用不同成就目标。刻板印象威胁会引发表现—回避目标，而无效的刻板印象威胁则会引发表现—趋近目标（performance approach goal），也就是说，不同的刻板印象威胁信息会引发不同的成就目标。Elliot 和 McGregor（1999）发现，心理学专业学生在选择题考试和短论文测验中的成绩表现就与两种类型的成就目标相关：表现—回避目标消极预测成绩表现，而表现—趋近目标积极预测成绩表现。

2.2　刻板印象威胁的动机体验模型

Thoman，Smith，Brown，Chase 和 Lee（2013）在回顾了刻板印象威胁与动机

(motivation)、归属感（belonging）以及情境兴趣（situational interest）的相关研究后，提出了刻板印象威胁的动机体验模型（the motivational experiences model of stereotype threat）。这一模型认为，个体具有积极主动性，而动机则是与归属感、情境兴趣等相互关联的动态过程。个体在遭遇刻板印象威胁后，会主要调节这一过程，如选择成就（回避）取向或者调节（兴趣或归属感）动机，并考虑个体行为如何影响活动参与（Sansone，Smith，2000；Sansone，Thoman，2005），包括领域认同、职业/教育意向以及行为发展（模型图如图 2-2 所示）。

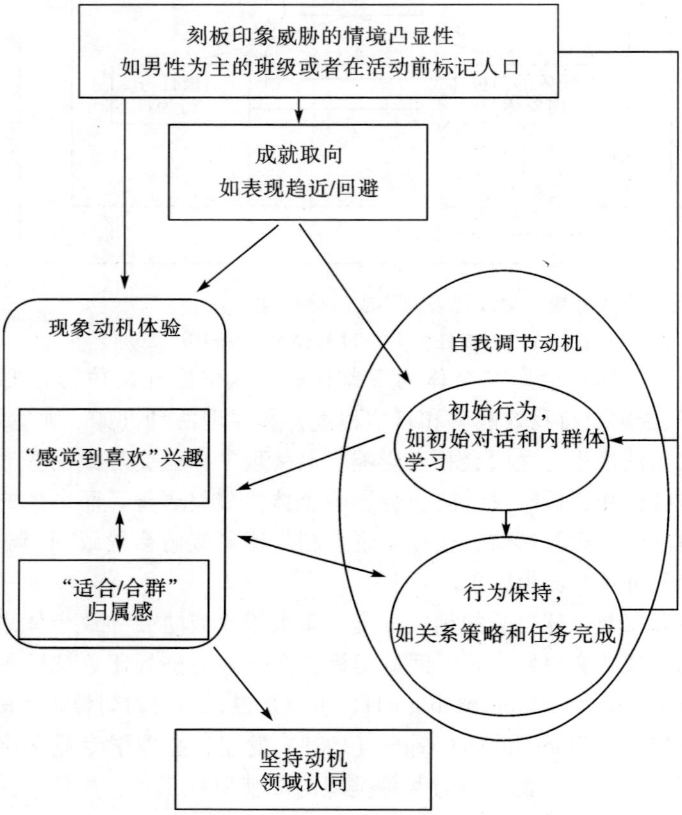

注：双线表示直接动机效应；单线表示个体受到刻板印象威胁后，通过感知到的情境限制做出调节动机选择的间接效应；图中这些动机性体验之间的双向箭头代表了在活动参与过程中兴趣体验和归属感之间的潜在的相互关系（Thoman，Smith，Brown，Chase，Lee，2013）。

图 2-2　刻板印象威胁的动机体验模型

当个体开始一项刻板印象活动时，刻板印象的凸显性就会被各种线索触发，如让被试在测试前报告人口学信息，或者以一种刻板方式描述任务（Huguet，Regner，2009）。一些环境因素（如测试环境的布置）或者他人（主试或者其他参与者）的行为等都可以引发刻板印象威胁。如果是参与长期被认为是消极刻板印象的活动，甚至不需要任何线索就可以内隐地激活刻板印象威胁。这一模型认为，对个体动机体验重要的不是引发威胁的因素，而是从心理上引发刻板印象威胁的线索。

刻板印象威胁一旦被引发，就会影响个体的学习方式和任务参与体验。首先，刻板印象威胁会影响个体的成就取向、在任务过程中的动机体验、初始任务行为以及任务参与过程中调节动机体验的行为。成就取向是指在任务开始前设定的成就目标。成就取向与任务结果相关，包括表现、效能、学习、努力和职业动机（Meece，Anderman，Anderman，2006；Shim，Ryan，Anderson，2008）。一旦确定成就目标，个体就会开始任务相关行为，包括任务本身以及参与任务的具有社会背景的个体内部和人际交往，并产生相应的动机体验。其次，动机体验有兴趣和归属感两个组成部分。兴趣体验是通过目标、情境和行为之间持续交互产生的一个动态过程，包括认知和情感成分（Sansone，Smith，2000）。兴趣体验可以集中个体注意力、促进并利用资源来持续参与、促进知识和技能的发展，并帮助个体克服沮丧的感觉（Thoman，Smith，Silvia，2011），保持兴趣对于长期坚持某一任务或活动是必要的（Sansone，Thoman，Smith，2010）。归属感代表了个体在活动或领域中感知到的社会联结，关键在于个体在这一环境中是否有“合群”感。归属感可以预测成就、成就动机和行为、兴趣以及长期坚持等。兴趣和归属感在大多数情境下呈正相关（Anderman，Kaplan，2008），如果刻板印象威胁影响了其中一个变量，都会间接影响到另一个变量。当刻板印象威胁通过直接或间接途径影响个体的兴趣体验或归属感时，个体会尝试提高兴趣或归属感的策略。另外，动机体验（兴趣和归属感）会影响个体是否坚持参与任务或活动，以及对任务或活动所在领域的认同感。

刻板印象威胁会影响个体调节兴趣体验。当个体必须坚持某项无聊活动时，个体会尝试各种策略来提升兴趣（Wolters，1998），如改变活动方式或改变活动环境。最常采用的策略有三种：第一，将活动转化为游戏或在活动中添加创意（Wolters，1998；Sansone，Morgan，1992）。由于受到刻板印象威胁，个体会担心人们对其将活动进行转化的看法。研究发现，STEM 领域的女性认为很难通过努力在同伴中脱颖而出并证明她们适合 STEM 领域（Seymour，Hewitt，1997），因此，如果在活动中增加创意，使其脱颖而出，受到威胁的个体很可能会减少创造性动机，以避免偏离刻板印象。第二，在活动中寻找有趣但与活动任务不相关的信息。以在线学习为例，研究发现，学生通过点击相关链接可以提高兴趣，但与之后的表现呈负相关（Sansone，Smith，Thoman，MacNamara，2012）。受到威胁的学生由于害怕证实消极刻板印象，更不愿意点击与学习任务相关的链接，以免由于表现不佳而证实刻板印象，此时，搜索不相关的有趣信息成了很好的替代方式，但从长期看，不利于学生的表现以及未来的领域认同和参与。第三，改变活动环境以提升兴趣。研究发现，与人合作可以增强兴趣（Sansone，Morgan，1992）。但受到刻板印象威胁的个体很难顺利与他人进行合作，他人也会尽量避免与其接触，有时不良接触甚至会加深刻板印象威胁。

刻板印象威胁会影响个体调节归属感。第一，受到刻板印象威胁的个体为了调节其归属感，很可能会将自己与所属群体拉开距离或者与消极刻板印象特征分离。例如，科学专业的女性为了维持归属感，会选择剥离自身的女性特征，成为“女汉子”。个体也可以选择不认同或者远离刻板印象威胁领域（Woodcock，Hernandez，Estrada，Schultz，2012）。第二，个体可以通过对他人表现出更友好的态度，如赞扬他人（Leary，Kelly，2009）来调节归属感。但受到刻板印象威胁的个体由于受到消极评价，会体验到排斥感，对他人的防御心理会加深（Förster，Higgins，Werth，2004），因此很难以这种方式与他人交往。

刻板印象威胁会影响个体调节成就取向。增加个体的成就取向能够促进个体使用提升兴趣和归属感的策略。Sansone 等人（1992）认为，如果给学生提供一个很好的理由来完成刻板领域的任务，学生更可能使用策略来提升兴趣。调节成就取向有很多方式，但对于受到威胁的学生来说，相比于不断提醒自己活动的重要性（最常见的方式，但这样做会凸显刻板印象威胁，激发出表现—回避目标，降低兴趣和表现），采用以目标为导向的自我谈话方式更有效。

刻板印象威胁的动机体验模型将受威胁个体的动机体验置于自我调节的框架中，以更动态的方式展示了个体在受到威胁后自我调节的动态过程，有助于研究者更系统地进行刻板印象威胁研究，但这一模型提出的文献主要基于学业领域，因而更适用于学业领域的刻板印象威胁，其普适性还有待进一步研究。

2.3 综合威胁理论

综合威胁理论（integrated threat theory，ITT）（Stephan，Stephan，2000）是基于威胁的心理层面提出的。这一理论将各种类型的心理威胁作为偏见的主要驱动因素，如现实威胁会影响群体的幸福感、生存或经济状况，而象征性威胁会影响内群体价值观。不同类型的威胁与更消极的刻板印象以及对群体的态度相关（Riek，Mania，Gaertner，2006）。

威胁是依赖于群际关系存在的，群际接触（contact）的数量和质量会形成实际和感知到的威胁，因此接触在消极态度的形成过程中至关重要。与外群体消极的接触体验会让内群体成员感知到威胁（Aberson，2015），接触越消极，感知到的威胁感更强。

综合威胁理论在解释外群体偏见时将威胁分为四种：现实威胁、象征性威胁、群际焦虑和消极刻板印象（Stephan，Ybarra，Martínez，Schwarzwald，Tur-Kaspa，1998）。现实威胁是指主观感知到的、会对内群体的存在构成消极影响的威胁，包括真实存在的威胁和个体感知到的威胁，通常由资源竞争产生。象征性威胁与内群体的世界观相关，持有不同观点的外群体会对内群体造成威胁。群际焦虑产生于群际互动，是指在互动过程中对消极结果的预期，从而产生焦虑，这种威胁感会导致内群体成员更加不喜欢外群体成员，尤其是在内外群体间接触有限或者出现威胁情境的时候，更容易导致对外群体的消极态度。消极刻板印象是对内群体的潜在威胁，因为它们会在互动过程中会产生消极后果，这些刻板印象形成了对外群体成员行为的预期。这四种威胁都会影响个体对待外群体的态度，但综合威胁理论认为群际焦虑和消极刻板印象能更好地预测偏见。Stephan 等人（1998）研究了西班牙和以色列移民群体，结果发现群际焦虑和消极刻板印象与人们对移民群体的偏见更加相关。

此外，威胁可能作为接触—偏见关系中的中介变量起作用，也可能是接触的结果。Hewstone，Tausch 和 Roy（2009）发现，在印度—穆斯林接触与偏见的关系中，现实威胁的中介作用在印度教徒中更大；象征性威胁在穆斯林中的中介作用更强。Al Ramiah，Hewstone，Little 和 Lang（2013）研究发现，象征性威胁和现实威胁都会通过在接触对偏见的影响中起中介作用，但这种中介作用只存在于少数群体中。

2.4 群际接触和威胁的时间整合模型

群际接触和威胁的时间整合模型（the temporally integrated model of intergroup contact and threat，TIMICAT）是由 Abrams 和 Eller（2016）在综合威胁模型的基础上提出的。这一模型在威胁和接触关系中加入了时间变量，认为接触和威胁都可以随着时间的推移而变化或相互关联（模型图如图 2-3 所示）。

威胁	没有威胁	过去威胁	持续威胁	离散单一威胁	多重威胁	只有未来威胁
积极或消极接触		如历史威胁	如长期消极的法律地位	如新的经济制裁或者身体攻击等	如系统恐怖袭击	如未来移民政策的变化
没有接触(如隔离或忽视)	地理上分离的区域	亚马逊区域曾经交战部落	17世纪北美移民侵占土著土地	不同帮派成员间一次性的打架	对美国计生诊所的暴力袭击	北欧小村庄(不)可能接收大量难民
过去接触(如过去的战争)	共产主义时代的国家	二战时的犹太人和天主教徒	南北朝鲜	在体育比赛中遇到以前同学	1977年以前的以色列和埃及	夏令营学习开始前的男孩子们
持续接触(如在同一区域生活/工作)	氛围和谐公司里的同事	两个部门合并之后的同事	拉丁美洲的混血儿和土著居民	大学里的留学生	以色列和巴勒斯坦在加沙地区的冲突	不同部门的大学雇员
离散单一接触(群际与单一个体接触)	国外高官的访问	推倒柏林墙后东德和西德的首次接触	共主产义时期东德访问西德	人类学家研究土著部落	墨西哥人的示威游行	哥伦布首次抵达拉丁美洲
多重接触(如群际多次接触)	男子学校和女子学校每周一次的联合课程	德国的天主教徒和犹太人	墨西哥跨国公司的雇员和美国同事	德国的天主教徒和犹太人：攻击会堂	印度强暴妇女现象	未来排名影响大学目前的地位
只有未来接触(群际)	国际交换生去交换国家	日本人去美国	古巴人去美国	在性别歧视言论之后男子学校和女子学校未来的接触	南北朝鲜	北欧小村庄将会接受难民

图 2-3　群际接触和威胁的时间整合模型（Abrams，Eller，2016）

这一模型建立在接触和威胁情境分类的基础之上。接触具有时间成分，它为偏见提供了一个背景（没有接触、过去接触、离散单一接触、多重接触、持续接触、只有未来接触）。在不同的接触环境下，威胁在每个方面的作用可能会非常不同。威胁也具有时间成分，偏见可能产生于无威胁背景、离散单一威胁背景、持续威胁背景、多重威胁背景或只有未来威胁的背景下。

该模型显示两个要点：一方面，威胁或接触在每个时间因素上都会对偏见产生影响。图 2-3 中从左到右每个箭头都增加了威胁的总和，从上到下每个箭头都增加了接触的总和。接触有积极和消极效价，如果每一种接触都是积极的，那么被标记的时间越多越好；反之，则越少越好。另一方面，接触和威胁对偏见的总体影响会因时间因素的显著变化而中断。由于存在多种随机因素，相对稳定的接触和威胁的影响会逐渐减弱，而高强度的、新的接触和威胁可能直接影响偏见。例如，随着时间变化，接触可能会很稳定并且可预测，在这个背景下，威胁的波动和变化可能对偏见产生更大的作用；也可能随着时间变化，威胁很稳定，那么接触的变化可能对偏见产生更大的影响。这一要点在不同类型的威胁和接触之间有着细微差别，而且，当威胁和接触非常稳定或多变时，情况会更简单或更复杂。

TIMICAT 模型将威胁和接触分为没有、过去、持续、离散、多重和未来六种，并将其置于时间框架中。需要指出的是，接触和威胁不一定要在同一时间框架内运行，也不一定只在一个时间框架中起作用。以接触为例，过去没有接触为当下接触提供一个背景，当下接触可能是离散的，如不同帮派间打架；也可能是持续的，如多文化共存的美国。一些特别的事件可能会改变持续稳定的接触，如艾滋病病毒的流行使得病人被贴上标签，暗示当前和未来不宜与这些人密切接触。此外，人们也会想象未来接触，如战争时期，北欧一些小村庄的人们会想象有大量难民来村里避难。同样，威胁也适用于这样的事件观点。

威胁和接触的相对力、速度和方向不同，可能对偏见的程度和目标产生不同影响。不同的时间组合可能产生不同大小和方向的影响。例如，在低威胁和积极持续接触的背景下，一个凸显的直接或间接的消极接触经历会引起对外群体的重新评估，导致偏见的激增（Paolini，Harwood，Rubin，Husnu，Joyce，Hewstone，2014）。此外，当代事件也可能会改变对过去接触或过去威胁的解读。比如，在曝出负面丑闻后，人们会改变对某一个受欢迎的国家高级官员的看法。

在时间框架内，接触和威胁的相互影响会在特异性（specificity）上进一步分化。接触和威胁除了质量、频率和效价外，还可以被描述为是个人、群际或两者皆有的。此外，威胁和接触既可能是一般的也可能是特定的（如威胁的一个方面）。如果要预测什么样的接触和威胁在预防或减少偏见中最具影响力，就必须明确说明这些特定因素的作用。

一些研究为这一模型提供了证据。Eller（2002）调查了 708 名德国高中生所属班级之间的关系。从时间序列上看，这些班级没有或只有很低的过去接触，但分班（德国通常基于学生的外语偏好或者其他课程偏好分班）之后会伴随持续的接触。研究发现，高质量的接触能减少消极刻板印象和群体焦虑，并且导致更积极的一般外群体评价. 此外，被感知的群际冲突（历史威胁）会导致更消极的刻板印象和外群体评价。对英法大学生和墨西哥裔美国大学生的研究也得到了类似的结果（Eller，Abrams，2003，2004）。

此外，威胁可以独立影响偏见，威胁—偏见的关系也可以添加到接触—偏见的关系中，威胁也可以与接触发生相互作用而影响偏见。Abrams 和 Houston（2006）在 7.7 伦敦爆炸案前后进行了调查。事件发生之前，穆斯林对大多数人构成了某种程度的象征性威胁，但几乎没有现实或直接威胁；事件发生之后，与穆斯林接触的人被要求保持警惕。也就是说，威胁水平上升了，这种变化会降低群际接触从而影响偏见水平。研究者将恐怖事件定义为客观现实威胁，与象征性威胁相对应。结果发现，客观威胁可以直接影响偏见。也就是说，威胁可以作为独立变量影响偏见，也可以将接触作为中介或调节变量起作用，或者作为中介或调节变量在接触—偏见关系中起作用。

3　不同种类的刻板印象威胁及其心理机制

刻板印象威胁这一概念由Steele和Aronson（1995）最早提出，是一种情境性困境，人们害怕自己会验证所属群体的消极刻板印象。Steele和Aronson研究发现，当告知黑人被试文字推理测验是用来评定智力的时候，他们的成绩表现会明显下降。相反，当没有告知其这项测验是用来评定智力的时候，他们的表现则和白人被试一样（Steele，Aronson，1995）。这表明一些看似较小的消极社会刻板印象带来的影响可能随着时间的推移而不断扩大，对我们的行为表现造成严重的干扰、阻碍（Pennington等，2015）。随着研究不断地深入，刻板印象威胁的种类也逐渐增多，如多威胁框架（Shapiro和Neuberg，2007）通过威胁目标（群体和自我）和威胁源（群体内和群体外）确定了六种不同的刻板印象威胁。当经历以“群体”作为目标的威胁时，个体倾向认为不好的表现将会验证所属群体的消极刻板印象；当经历以“自我”为目标的威胁时，个体倾向于认为不好的表现将会被他人认为是自己“特有的品质”。这些困扰给处于威胁中的个体带来极大的影响，而且这些消极作用一般都很持久（Flore，Wicherts，2015）。

已有研究发现，很多因素都会影响刻板印象威胁，如群体认同（group identity）、领域认同（domain identity）（Shih，Ambady，Richeson，Fujita，Gray，2002）等。群体认同是指民族、性别等群体身份对个体自我定义的重要性（Schmader，2002）。当个体对所在群体具有的消极刻板印象的认同程度越大，他便会对威胁感更加敏感。例如，当女性对自己的性别认同水平很高时，她们在数学测验中的表现会比男生更差；当她们对自己的性别认同很低时，在数学测验中的表现会和男性一样。也有研究发现，当启动亚裔女性的种族认同时，会提高她们在数学测验中的表现；当启动亚裔女性的性别认同时，则会降低她们在数学测验上的表现（Shih，Pittinsky，Ambady，1999）。领域认同，是指对和自己相关的一些领域的重视程度。例如，那些受到亚裔人积极的数学刻板印象威胁时，如果他们对数学领域很认同，那么他们的表现会大幅度下降（Aronson，Lustina，Good，Keough，

Steele, Brown, 1999)。在一个领域的研究中，当“有色学生”对学术有着很强的认同时，他们则会更可能中途退出学习（Osborne, Walker, 2006)。这些和自我有着高相关的领域，更容易启动个体的领域认同，当受到威胁时，他们的表现会有所下降。

二十多年来，社会心理学家对刻板印象威胁机制的探讨已经有了大量发现，如焦虑（Chung, Ehrhart, Ehrhart, Hattrup, Solamon, 2010)、自我效能感(Bandura, 1986; Maddux, 1993)、工作记忆下降（Schmader, Johns, 2003)、认知负荷（Croizet, Després, Gauzins, Huguet, Leyens, Méot, 2004)、消极的想法(Schmader, Johns, 2003)、自我设防（Stone, 2002)、唤醒（Blascovich, Spencer, Quinn, Steele, 2001）等。不同群体内的人可能经历过不同的威胁，不同的威胁又可能来自不同的过程、机制（Shapiro, Neuberg, 2007; Shapiro, 2011; Shapiro, 2012)。一种刻板印象威胁可能伴随着多种机制，如受威胁的被试组数学表现成绩下降，可能是因为焦虑、低预期、工作记忆下降等。

通过对以往大量研究的回顾，本章将已有的刻板印象威胁分为以下四类：性别刻板印象威胁、种族刻板印象威胁、年龄刻板印象威胁和流动群体刻板印象威胁。接下来，将通过对这四种刻板印象威胁所带来消极影响的机制进行分析、总结，综述每种刻板印象威胁所包含的各种心理机制和影响因素。

3.1 性别刻板印象威胁

3.1.1 概念

性别刻板印象，指人们对男性或女性在行为、人格特征等方面的期望、要求和笼统的看法（刘晅，佐斌，2006)。根据刻板印象威胁的定义，性别刻板印象威胁(gender stereotype threat）是指人们担心会验证自己所属性别群体（男性或女性）的消极刻板印象。这种消极刻板印象不单单存在于女性中（这本就是一种刻板印象），在男性中也存在很多的消极刻板印象，如在情绪任务中，当男性被告知他们没有女性对情绪信息加工速度快时，他们的表现便会明显下降（Leyens, Desert, Croizet, Darcis, 2000)。总的来说，性别刻板印象威胁之所以存在，其根本原因是男性和女性在生理、心理、社会分工等方面存在很大差异，因此他们在不同的领域可能表现出不同的优劣势，经过长期的发展，进而形成了积极或消极的刻板印象，消极的刻板印象会引起相应的威胁感。

3.1.2 心理机制

对性别刻板印象威胁最初的研究发现：在数学测验中，当告知女性被试该测验是存在性别差异的时候，她们的威胁感会增高，成绩表现明显下降（Spencer，Steele，Quinn，1999）。随后，大批国内外的学者对性别刻板印象威胁进行了大量的研究，并进一步探讨了其心理机制。

3.1.2.1 焦虑

Spencer 等人（1999）的研究发现，焦虑水平并没有预测女性在数学测验上的表现。但是，Mrazek 等人（2011）研究发现，焦虑和分心是刻板印象威胁对女性数学能力产生影响的两个重要因素。Laurin（2013）的研究也发现，自我报告的躯体性焦虑部分解释女性刻板印象威胁对机能表现的影响。综上所述，焦虑并不完全是性别刻板印象威胁的心理机制，也许是各个实验测量的方法不一致，导致结果相差很远；也可能是焦虑在其他方向的刻板印象威胁中有着重要的中介作用，如种族刻板印象威胁（Chung 等，2010）。

3.1.2.2 期望

期望是性别刻板印象威胁的一个重要心理机制。Cadinu 等人（2003）研究发现，和那些受到积极刻板印象或者没有受到刻板印象威胁的女性相比，受到性别刻板印象威胁的女性解决的数学问题更少。其中，表现期望部分解释了这种影响。这表明一些消极的信息、消极的刻板印象和低期望之间有着很大关联，进而影响了女性在数学测验中的成绩表现。后来，研究者发现，消极的刻板印象并不仅仅会导致低期望。当个体以自我作为受威胁的目标时，他们会表现出较高的期望，但是这种期望会在很大程度上提高他们的焦虑水平，进而导致成绩表现下降（Crisp，Mein-Woei，2007）。当个体受到消极的性别刻板印象威胁时，便会产生或低或高的期望，这都会严重影响他们在任务上的表现。

3.1.2.3 工作记忆

Schmader 和 Johns（2003）认为，个体对表现的评价情况的认知也许会降低工作记忆，因为那些和刻板印象相关的一些想法消耗了认知资源。因此，他们进行了一系列实验来证明自己的猜想。研究发现，威胁组的女性解决出更少的数学题，工作记忆在其中起着重要的中介作用。后来，Rydell 等人（2009）也发现，当女性被告知她们的数学表现将会被评价时，测验成绩便会显著下降。其中，工作记忆的容量降低是重要的预测指标，即工作记忆是这种性别刻板印象威胁的关键心理机制。

3.1.2.4 消极想法

研究者让女性被试在一项困难的数学测验开始时列出她们此刻的想法。结果发现，当她们知道该测试成绩会得到评价时，表现会有所下降。而且，和控制组相比，那些处于性别刻板印象威胁下的女性被试列出了更多的消极想法，这些消极想法在刻板印象威胁和表现下降之间起着中介作用（Schmader，Johns，2003）。这些消极想法可能消耗了个体的大量认知资源，进而导致工作记忆下降，数学测验成绩也因此下降。综上所述，消极想法也是性别刻板印象威胁的一个重要的心理机制。

3.1.2.5 唤醒

研究者采用功能性核磁共振技术考察了有无威胁条件下女性在数学练习中的脑区活动，结果发现性别刻板印象威胁增强了与消极信息加工有关的腹侧前扣带回皮层的活动（Krendl，Richeson，Kelley，Heatherton，2008；阮小林等，2009）。这说明，当个体处于性别刻板印象威胁之下时，便会唤醒一系列生理的指标，个体更容易感知到消极信息和消极情绪，进而影响表现。

3.1.2.6 动机

Jamieson 和 Harkins（2012）发现，动机对女性在数学测验中的表现有着重要的作用。受到性别刻板印象威胁的女性会有很强烈的否认消极刻板印象的动机，但是却表现得更加不好，因为她们比控制组中的女性更可能使用不正确的解题策略，而不是那些传统解决问题的方法。

3.1.2.7 心不在焉

心不在焉（mind wandering）是一种典型的注意力不集中的例子。它指个体的心思、想法集中于和目前并不相关的一些活动、事情上，即“走神”“出神”。研究发现，在测验过程中，女性被试更可能因受到刻板印象威胁而心不在焉，进而成绩表现不如他人（Lu 等，2015）。

3.1.2.8 社会认同

社会认同指个体将自己归于那些有价值的群体。已有研究发现，高社会认同的个体一般会有更高的自尊（Abrams，Hogg，1988；Hogg，Abrams，1990）。在一些游戏方面，特别那些适合男性玩的游戏，对女性来说会有很大的刻板印象威胁，导致她们表现不好。后来有研究者进一步探究发现，社会认同高的女性在玩男性游戏时表现并不会有显著下降，即社会认同降低了性别刻板印象威胁（Linda，Kaye，Charlotte，Pennington，2016）。

3.1.2.9 性别认同

性别认同指个体对自己性别的主观认同程度。Vermeulen 等人（2016）研究发现，对女性存在性别刻板印象威胁的游戏中，如果女性被试对自己的性别越认同，她们所受威胁就越大，表现就越差；反之，如果她们对自己的性别越不认同，她们所受威胁就越少，表现就越好。之前在数学测验的研究中也得出相同的结果(Schmader，2002)。

3.2 种族刻板印象威胁

3.2.1 概念

在传统上，种族又称为人种，是在体质形态上具有某些共同遗传特征的人群；种族是一种生命科学现象，它主要是自然科学，特别是生物科学研究的对象（林耀华，1997；高兵，2012)。韦氏词典中，其中对种族的一条解释是人类的主要生物学划分，即用肤色、头发、身体结构等的差异加以区分的人群（庞中英，1996)。在本书中，涉及的所有关于种族的实验研究皆以肤色界定，即分为黄种人、黑种人和白种人。因此，种族刻板印象威胁指个体害怕验证自己所属的种族群体的消极刻板印象。从根本上来说，这种威胁的产生和种族歧视之间有很大关系。

3.2.2 心理机制

对种族刻板印象威胁的最初研究者是 Steele 和 Aronson（1995)，他们发现，当告知黑人被试文字推理测验是用来评定智力的时候，他们表现成绩会明显下降。相反，当他们没有被告知这项测验是用来评定智力的时候，他们的表现和白人被试一样。白人在某些领域中也会存在消极的刻板印象，如当任务和运动有关时，他们会受到“相比黑人，白人更不擅长运动”消极刻板印象的影响，进而导致表现下降(Stone，Lynch，Sjomeling，Darley，1999)。心理学家对种族刻板印象威胁很感兴趣，很多关于刻板印象威胁的实验都会涉及种族这个特殊群体，因此对种族刻板印象威胁的心理机制也有了一些探索。

3.2.2.1 工作记忆受损

心理学家对工作记忆这一心理机制进行了很多研究，根据 Schmader 等人(2008) 提出的综合过程模型（integrated process model）可以看出，工作记忆在整个刻板印象威胁的机制中处于核心位置。一系列的其他因素可能消耗我们的认知资源，导致工作记忆下降，进而影响个体在某些任务上的表现。

在 Blascovich，Spencer，Quinn 和 Steele（2001）的研究中，威胁组黑人被试的血压持续升高（林志群，2012）。同时，其他研究者进一步考察焦虑对处于种族刻板印象威胁下的个体的影响，以问卷形式专门测量被试的焦虑水平。结果发现，焦虑可以解释黑人和白人之间学业成绩的大部分差异（Osborne，2001；高兵，2012）。这表明黑人被试在实验中会出现严重的焦虑，为了抑制这种焦虑水平，他们需要大量的认知资源进行控制，以达到稳定的状态。这样做的后果则会导致工作记忆受损(impaired working memory)，影响任务表现。

3.2.2.2 焦虑和自我效能感

Chung 等人（2010）研究发现，自我报告的焦虑水平和自我效能感在种族刻板印象威胁对非裔美国人的升职考试表现的影响中起着重要的中介作用，其中，自我效能感是指自己对能够完成某件事情的主观判断。这表明焦虑水平越低、自我效能感越高，即使受到了种族刻板印象威胁，任务表现也不会很差。但是，另外一些研究发现，自我效能感并不能解释非裔美国人在认知能力上的表现（Mayer，Hanges，2003）

3.2.2.3 领域认同

领域认同是指个体对特定领域成就的重视程度。在 Aronson 等人（1999）对白人处在种族刻板印象威胁下表现有所下降的研究发现，领域认同有部分中介效应，即个体对领域的认同程度越高，受到的威胁便会越大，任务表现便会越差。

3.2.2.4 不认同

Aronson 等人（2002）认为，刻板印象威胁效应的机制，除了焦虑或其他因素导致的工作记忆受损以外，另外一种就是不认同（disidentification)。例如，学生借助与学业成就的心理脱离，以应对特定学科的刻板印象威胁及较差的表现（高兵，2012)。这可以说是一种逃避行为，当个体在某个领域难以取得成功时，为了能够维护自己的自尊，便倾向于表现出减少深入了解、学习的行为。这样做会导致个体在该领域的表现急剧下降，不能改变那种消极的刻板印象。对于受到种族刻板印象威胁的个体，当他们认为自己无法改变糟糕的结果时，他们便会主动减少对该任务的投入，甚至直接放弃，以免验证某种消极刻板印象。最后的结果就是，在这种种族刻板印象威胁下，他们的表现与没有受到威胁的人相比更糟糕。

3.3 年龄刻板印象威胁

3.3.1 概念

关于年龄刻板印象威胁已经有许多调查研究，主要存在于老年人中。由于年龄越来越大，老年人的认知能力，包括记忆、学习、推理等，以及体能都会有所下降（Cuddy，Fiske，2002；Brubaker，Naveh-Benjamin，2018）。研究表明，老年人在认知和体能等任务上的表现会下降（Thomas，Dubois，2011）。老年人会面临这种认知能力的下降，一些老年人下降的程度很低。消极的刻板印象导致老年人在做一些和认知功能有关的事情时会缺少自信，或是说老年人容易受到年龄刻板印象的威胁，担心自己会验证某种消极刻板印象。研究发现，同样受到年龄刻板印象的威胁，年纪较大的职员会比年轻职员更容易产生离职倾向，因为年轻职员会将年龄威胁视为一种挑战性的压力（Hippel，Kalokerinos，2019）。Lamont 等人（2015）的一项元分析也发现，当老年人的任务是基于刻板印象时，他们对年龄刻板印象威胁会更加敏感，更容易受到伤害；而当任务是基于事实的时候，老年人的表现会和其他年轻人一样好。

3.3.2 心理机制

虽然之前关于其他方面的刻板印象威胁机制大多涉及焦虑等，但是在年龄刻板印象威胁上的研究并没有发现这种较为普遍的心理机制，而是一些其他方面的原因。

3.3.2.1 记忆策略

Hess 等人（2003）对老年人的一项记忆表现的研究发现，处于年龄刻板印象威胁下的老年人在记忆测验的表现要低于年轻人。同时，他们发现这种刻板印象威胁会影响老年人的记忆策略，进而会导致老年人在记忆任务上的表现下降。在执行任务时，当个体不具有广泛的经验时，会制定一个适当的策略并实施它，这需要与工作记忆相关的执行功能。因此，老年人可能在策略使用上消耗了工作记忆的认知资源，导致在接下来的记忆任务中表现下降。但是，研究者发现工作记忆并不能够解释年龄刻板印象威胁和记忆表现之间的关系（Hess，Auman，Colcombe，Rahhal，2003；Thomas 等，2009）。

3.3.2.2 教育水平

Thomas 等人（2009）发现，教育水平对年龄刻板印象威胁的影响起着重要的中介作用。在记忆测验中，对于受过高等水平教育的老年人来说，处于威胁组要比非威胁组回忆的数量更少。但是，对于教育水平很低的人来说，受到年龄刻板印象威胁和没有受到年龄刻板印象威胁相比，在回忆测验中的表现并没有明显差异。那些受过高等教育的人会更加看重自己的认知能力，因此对他们受到的威胁会更加敏感，导致表现急剧下降。

3.3.2.3 工作记忆容量

工作记忆容量越大，工作效率、质量就会越高，反之则会越低。Lambert 等人（2016）的研究发现，与没有受到年龄刻板印象威胁的人相比，那些受到威胁的老年人工作记忆容量更小，在驾驶任务中刹车反应时更长，即表现要比那些没有受到威胁的老年人更差。

3.4 流动群体刻板印象威胁

3.4.1 概念

对于许多流动群体来说，当地人会对他们抱有消极的刻板印象，即认为他们不会有好的表现。这些负面的刻板印象会产生威胁，进而影响大多流动人员的学习或者工作表现，这就是流动群体刻板印象威胁。以往研究已经发现，在很多国家，有流动背景的孩子在成绩测验上的得分要低于没有流动背景的孩子，他们会选择更早离开学校（经济合作与发展组织，Organization for Economic Co-operation and Development，OECD，2010）。虽然这种威胁对成年人也会有所影响，但对未毕业的青少年影响更大。流动人员的第一代子女在能力测验上的得分要显著低于那些非流动人员的子女；他们的第二代子女得分要比第一代有所提高，但仍然不如那些非流动人员的子女（OECD，2010）。虽然语言问题、社会经济状况在其中影响很大，但并不是全部，流动群体刻板印象威胁也存在。

3.4.2 心理机制

3.4.2.1 群体认同

群体认同对人的影响很大，包括积极方面和消极方面。群体认同之所以重要，是因为其所带来的心理后果。当个体对自己所属群体非常认同时，那么当面对一些消极的刻板印象时，就会受到刻板印象威胁。研究表明，流动群体中的个体如果对自己的群体十分认同时，他们更可能受到流动群体刻板印象威胁（Appel，Weber，

Kronberger，2015）。然而，一些其他研究结果却与此相反：流动群体中的个体对自己群体越不认同，则越有可能受到刻板印象威胁（Appel，2012）。可见，对于群体认同的作用有待进一步探究。

3.4.2.2 文化认同

文化认同也是影响移民生活的重要因素。文化认同是指移民对移居到的地方文化的认同，强度不一。之前有研究同时测试了文化认同和群体认同对移民受刻板印象威胁的影响，发现移民对目前居住地的文化越认同，他们在认知能力测验上表现得就越好，而且这一效应独立于群体认同，即不管群体认同如何，文化认同都在发挥影响（Silvana，Markus，Nicole，2015）。

3.5 未来研究展望

以往关于刻板印象威胁的研究大多集中于性别刻板印象威胁，对种族刻板印象威胁、年龄刻板印象威胁及流动群体刻板印象威胁的研究相比之下还不完整，特别是缺乏对这些刻板印象威胁心理机制的探究。从性别刻板印象威胁的心理机制来看，很符合 Schmader 等人（2008）提出的综合过程模型。该模型将生理、动机、情绪和认知等进行了有机的整合，解释了刻板印象威胁会损害个体在认知和社会任务、感觉运动任务中的成绩，很具有代表性。其中核心的认知能力是对个体完成任务有重要影响的工作记忆，其他可能消耗认知资源的过程都会对其产生消极影响，进而导致个体表现下降。但是，认知资源这一概念仍然处于理论阶段，界定模糊，难以测量，因此对于关于认知资源的一些说法仍然需要进一步完善。并且，研究也需进一步厘清是否存在威胁感直接降低了工作记忆或者自信水平下降，导致工作记忆没有完全发挥出来的可能。

研究发现一些性别刻板印象威胁的心理机制并不完全适用于其他刻板印象威胁，说明刻板印象威胁的心理机制并不具有普遍性。换句话说，综合过程模型仅仅是从不同任务类型对心理机制的综合探讨，而没有包含不同领域方面的刻板印象威胁的心理机制的区别。但也可能是对于其他方面的刻板印象威胁研究过少，所以没有体现出和性别刻板印象威胁一致的心理机制。

刻板印象威胁存在于每个人的生活之中，几乎任何个体、群体都会有一种或多种消极刻板印象，在某些情境下给他们自身带来威胁感、消极的影响。对于不同种类的刻板印象威胁的心理机制的探讨是十分有必要的，我们能够通过其心理机制进一步地了解刻板印象威胁产生的原因，进而能够更好地预防、避免这种威胁发生。通过对以往大量研究的回顾，为后续的研究带来一些新的思考。

第一，研究范围。研究者不应该过多集中于对性别等刻板印象威胁的研究，仍需要涉及地域刻板印象威胁、经济地位刻板印象威胁、民族刻板印象威胁等，甚至要涉及生活中的方方面面，如经验、阅历刻板印象威胁、出身刻板印象威胁等。性别刻板印象威胁的心理机制的研究已经十分透彻，因此研究者应该对其他方面刻板印象威胁的心理机制进行系统、多角度的探究。

第二，研究方法。以往的研究大多采用实验室研究，缺乏生态效应。但是，现实生活中的研究确实有很多额外变量无法控制，很难得到一致性的结果。为了解决这种困境，采用虚拟现实技术是很有必要的。除此之外，一些其他技术，如事件相关电位和功能性核磁共振等，也可以应用到对刻板印象威胁的心理机制的研究中。

第三，刻板印象威胁的积极影响及其心理机制的研究。目前，大多数研究都是刻板印象所带来的消极影响，但刻板印象威胁也可能存在积极影响，如女司机很容易受到性别刻板印象威胁，那么她们在驾驶的过程中可能会更加谨慎。Shih 等人(2002) 在利用与数学有关的种族刻板印象（如亚洲人数学表现优于白种人）来探讨刻板印象对亚洲人的积极影响研究发现，亚裔学生在实验组中的表现比控制组要好。这一研究显示，虽然刻板印象对某一群体而言意味着威胁，但也暗含着积极的期望，威胁承受者可能会表现更佳（管健，2011）。因此，研究者可以不要仅局限于对刻板印象威胁所带来的消极影响的研究，还应该探讨其积极影响及其心理机制，这有可能是降低个体、群体消极刻板印象威胁的重要手段。

4 老年刻板印象威胁及其研究操纵

种族或民族、性别和年龄作为社会认知的三大分类线索，一直以来都是刻板印象威胁领域关注的焦点。相比种族或民族与性别刻板印象威胁，与年龄有关的老年刻板印象威胁（aging stereotype threat）却没有得到同等程度的重视（Barber, 2017）。随着老龄化时代的到来，上至国家养老体系规划，下至家庭老少关系平衡，老年问题越发凸显。我国是全球老龄化速度最快的国家之一（傅宏、陈庆荣、王港，2017），到 2017 年底我国内地 60 岁及以上的老年人为 2.4 亿，占总人口的 17.3%。与老龄化相伴随的老年刻板印象威胁作为一种社会认知因素给老年人带来的影响是不容忽视的，它会降低老年人的生活质量，阻碍部分老年人成功老化的进程等。例如，国内关于与老年刻板印象威胁紧密相关的老年刻板印象的研究发现，大学生在外显层面上对年轻人和老年人的刻板印象和态度不存在差异，但在内隐层面上却对老年人存在明显的消极刻板印象和态度（佐斌、温芳芳、朱晓芳，2007；连淑芳，2004；任娜、佐斌、汪国驹、侯飞翔，2012），这种内隐老年刻板印象存在年龄差异，年轻人的内隐老化态度明显低于老年人的内隐老化态度，并且与老年人的认知老化高相关（周丽清，2007），而老化态度的改变会对记忆作业产生影响，其影响机制主要与自身有关的态度、记忆自我效能和情绪等的改变有关（李川云、吴振云，2001；贺庆利、余林、马建苓，2013）。可见，在中国文化背景下，与老年刻板印象威胁紧密相关的老年刻板印象和态度普遍存在。因此，加大对老年刻板印象威胁的关注非常必要，并且在中国开展老年刻板印象威胁的研究也十分迫切，对改善“老年歧视”现象和帮助解决某些人口老龄化问题具有重要的理论和现实指导意义。

4.1 老年刻板印象威胁的概念和特点

4.1.1 老年刻板印象威胁的概念

老年刻板印象指人们对老年人这一特定社会群体所持有的观念与预期（Levy,

Ashman, Dror, 1999—2000)。从刻板印象内容模型的热情与能力两维度来看，老年人通常被认为是高热情、低能力的群体，是被同情和忽视的人群（佐斌，张阳阳，赵菊，王娟，2006；Cuddy，Norton，Fiske，2005），而消极老年刻板印象容易导致老年刻板印象威胁的产生，从而损害个体在相关领域的表现，因此“老年刻板印象”跟“老年刻板印象威胁”两个概念之间具有一定的共生性和相关性。与自我实现的预言相似，刻板化个体在遭遇刻板印象威胁之后，其行为表现会验证其所属群体的消极刻板印象（管健，柴民权，2011；张宝山，袁菲，徐靓鸽，2014；Lamont，Swift，Abrams，2015；Steele，Aronson，1995；Wen，Zuo，Wu，Dong，Wang，2016）。刻板印象威胁表现在老年群体中就是老年刻板印象威胁。

4.1.2 老年刻板印象威胁的特点

目前关于刻板印象威胁的研究，多聚焦于种族或民族（高兵，2012）、性别（杨青、李巧云，2017；Kinias，Sim，2016）、年龄（赵凤青、李娟、张宝山，2015；Lamont 等，2015）、职业（Ihme，Möller，2015）、学科（宋淑娟、刘华山，2014；Finnigan，Corker，2016）、社会阶层（莫琼琼、贺雯，2014）和流动人口（Appel，Weber，Kronberger，2015）等领域。老年人是年龄刻板印象威胁的主要关注对象，与其他领域相比具有独特性，是刻板印象威胁类属中非常特殊的一类。老年刻板印象威胁的特殊性主要体现在以下三个方面：

第一，累积性。老年刻板印象的形成是长期内化的结果，个体在童年期就开始内化老年人的刻板印象并一直持续到老年期。随着自身年龄增长而不断深化的老年刻板印象，使个体在毕生发展过程中逐渐形成了对老年人的固化认识。当个体步入或即将步入老年阶段时，对老年人的固化认识即老年刻板印象就会引发老年刻板印象威胁效应，这种效应会作用于个体自身（Levy，2009）。

第二，共通性。在社会认知中，种族或民族、性别和年龄作为三种主要的社会分类线索，只有老年（年龄）是每个人最终都会获得的社会标签（排除意外死亡情况）(North，Fisk，2012)。科学技术特别是医学的发展，虽然可能使个体的性别类型由天生转化为人为，个体单一的种族或民族身份也可以借由各个国家和民族间的融合交流，如通婚，转化为“混血”身份。而年龄却是难以逆转的并且各年龄阶段之间是不可跨越的，所有个体都会按照一定的先后次序来获得相应的年龄身份直至“老年”。

第三，连续性。种族或民族、性别、职业、学科等的划分更多是一种“二分”变量，而对老年人的划分却是基于年龄这一种“连续”变量（Lamont 等，2015）。例如，人口老龄化的国际通行标准是指当一个国家或地区 65 岁及以上人口占总人口比例超过 7%或 60 岁及以上人口占总人口比例超过 10%。我国的人口统计以 60 岁为老年人的起点，而不少西方国家却将 65 岁作为老年人的起点，老年阶段起点的划分与国家的老龄化程度以及经济发展状况有关。

除以上三方面外，最近有研究者从多重威胁框架（multi-threat framework）理论的角度来解释老年刻板印象威胁，认为它是一种自我概念威胁（self-concept threat）而不是一种群体声誉威胁（group-reputation threat）（Barber，2017）。

4.2 老年刻板印象威胁的影响

老年刻板印象威胁源于老年刻板印象的存在，老年刻板印象的内容有积极和消极两个方面（贺庆利等，2013）。在积极层面上，老年人通常被认为是有智慧的、幸福的等；在消极层面上，老年人则被认为是健忘的、虚弱的等。目前，针对老年刻板印象威胁的研究主要集中在认知老化尤其是记忆老化上，除此之外还有部分研究关注老年人在驾驶领域与工作领域中的威胁表现。

4.2.1 记忆表现中的老年刻板印象威胁

健忘、痴呆等老年刻板印象所引发的威胁会影响到老年人的记忆表现。如在自由回忆测验中，遭受老年刻板印象威胁的老年人与不受该威胁的老年人相比，测验成绩更差（Hess，Auman，Colcombe，Rahhal，2003）；相比于编码阶段前的威胁，提取阶段前的威胁对老年人的记忆成绩影响更大（Krendl，Ambady，Kensinger，2015）。有研究者采用“记得/知道”范式（Remember/Know paradigm，R-K 范式）研究了老年刻板印象威胁对老年人的两种（熟悉性与回想）再认记忆提取方式的影响，结果发现，遭受到老年刻板印象威胁后，老年人更倾向于采取熟悉性而不是回想提取方式，即老年人对记忆材料进行了“回忆不起细节”的简单再认，缺乏生动丰富的细节回忆（Mazerolle，Regner，Rigalleau，Huguet，2015）。研究还发现，如果老年人在正式参加记忆测验前强调要在接下来的测验中避免出现错误再认时，与不受威胁的老年人相比，遭受威胁的老年人有更少的错误认知，这可能是由于预先警告引发老年人产生了损失厌恶的情绪并倾向于采用预防定向策略，因此其判断标准变得更加保守，从而降低了错误认知（Barber，Mather，2013；Wong，Gallo，2016）。采用预防定向策略（如强调“忘记将失去金钱”）会降低老年人的记忆成绩，而采用促进定向策略（如强调“记得将获得金钱奖励”）却能在一定程度上提升老年人的记忆表现（Barber，Mather，2013）。除此之外，研究还发现在记忆策略的使用上，无论是采用印象形成策略还是识记策略，老年人的记忆表现都没有显著差异，但都不如年轻人好。其中，对老年刻板印象威胁的感知在年龄和记忆成绩之间起中介作用（Chasteen，Bhattacharyya，Horhota，Tam，Hasher，2005），这与Hess等人（2003）的研究发现相似，即老年刻板印象威胁影响记忆策略的使用，而记忆策略反过来部分中介了威胁对记忆成绩的影响。对于空间记忆来说，老年人的记忆成绩比年轻人更差，对威胁的感知能否调节年龄和空间记忆任务表现之间的关系，则依赖于测量空间记忆能力的任务类型（即难易程度）（Meneghetti，Muffato，Suitner，Beni，Borella，2015）。

老年刻板印象威胁对记忆表现的影响也会受到记忆领域认同度、记忆任务投入成本、受教育水平及老化自我概念等一系列因素的作用。例如，研究发现老年人对记忆领域的认同度越高，记忆成绩越差；对记忆任务投入成本越大，对老年刻板印象威胁越敏感（Hess等，2003）。但也有研究得出了不一致的结论，即投入成本大小对记忆成绩并无调节作用（Hess，Hinson，2006）。此外，受教育水平更高的老年人更容易受老年刻板印象威胁的影响（Hess，Hinson，Hodges，2009）。积极的老化自我概念能够调节老年刻板印象威胁效应，呈现积极老年刻板印象能够提高那些具有消极老化自我概念的老年人的记忆表现（Fernández-Ballesteros，Bustillos，Huici，2015）。

4.2.2 驾驶行为和工作参与中的老年刻板印象威胁

除认知记忆表现外，老年刻板印象威胁对老年人的驾驶行为也有消极影响。例如，研究者采用内隐联想测验（IAT）发现，年轻人和老年人都对老年司机持有消极的刻板印象（Lambert，Seegmiller，Stefanucci，Watson，2013），老年司机被认为是过于谨慎的、驾驶不太舒适的、不够安全的以及危险的（Joanisse，Gagnon，Voloaca，2012）。实验室模拟也发现威胁组的老年被试与对照组的老年被试相比，会出现更多驾驶错误尤其是超速违规行为，同时受到领域认同的调节（Joanisse，Gagnon，Voloaca，2013）。也有研究发现老年刻板印象威胁能够导致老年司机的自我调节能力下降，而这是通过执行控制资源的消耗和工作记忆容量的超负荷来实现的（Brelet等，2016）。老年刻板印象威胁也会导致工作记忆容量下降，使老年人的刹车反应时和滑行距离变长（Lambert等，2016）。总体而言，老年驾驶不仅关乎老年人自身的生命安全，更是一种影响社会公共安全的重要因素，因此有必要对此进行深入研究和探讨。

与驾驶行为相似，老年人在工作参与中也会受到老年刻板印象威胁的制约。人口老龄化尤其是劳动人口的老龄化势必会造成适龄劳动力比重下降，从而导致劳动生产率降低。在组织管理领域中，老年员工与年轻员工相比具有一定的独特优势，即随着年龄增长与实践经验的不断积累，老年员工在应对紧急事件时会展现出更多的智慧，表现更加沉稳，做事更具条理性。但同时，在组织雇佣中却会出现老龄歧视现象，无论是考虑组织的最大利益、长期或短期效益还是单位的职位高低，人们都倾向于雇佣年轻人（Abrams，Swift，Drury，2016）。受老年刻板印象威胁的老年员工与年轻员工相比，有更消极的工作态度，职业心理健康更差，辞职/退休意图更加强烈（Hippel，Kalokerinos，Henry，2013；von Hippel，Kalokerinos，Haanterä，Zacher，2018）。Kulik，Perera 和 Cregan（2016）的研究也发现，那些在工作领域中遭受老年刻板印象威胁的成熟员工（大于等于 45 岁）在一年之后会有更强的辞职意图。

4.3 老年刻板印象威胁的研究操纵

老年刻板印象威胁的研究有着相对固定的实验范式：先通过操纵老年刻板印象威胁情境来激发老年刻板印象威胁，然后完成相关的测验任务，最后测量相应的任务表现。除此之外，为了提高实验的严谨性，有的研究者还会增加操纵有效性检验环节来检验威胁是否产生。老年刻板印象威胁的操纵方式可分为外显（explicit）操纵和内隐（implicit）操纵两种，其中外显操纵又分为凸显（blatant）线索和微妙（subtler）线索启动两种（Armstrong，Gallant，Li，Patel，Wong，2017），操纵内容又可分为基于事实（fact-based）和基于刻板印象（stereotype-based）两种（Lambert 等，2016）（见图 4-1）。

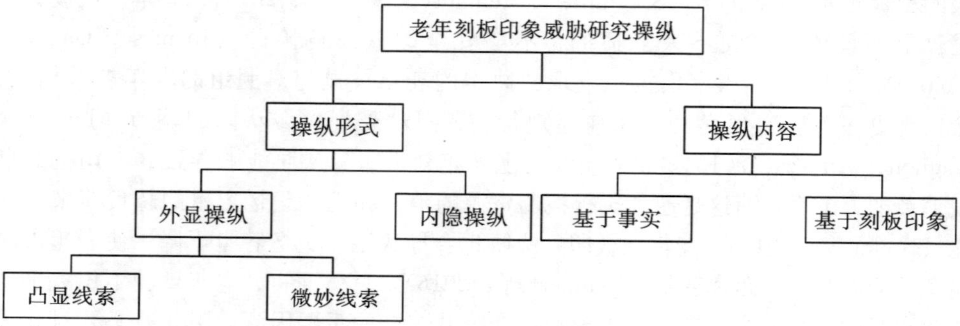

图 4-1 老年刻板印象威胁的研究操纵

4.3.1 外显操纵与内隐操纵

外显操纵即阈上启动，是让个体意识到相关消极老年刻板印象的激活。外显操纵又分为凸显线索操纵和微妙线索操纵两种。凸显线索操纵是让被试读一段虚构的新闻报道。如有一个具体操纵是，先将编写的消极刻板印象信息印在报纸的专栏中，然后将该专栏剪下复印在白纸上，最后在正式测验前要求被试阅读白纸上的内容来进行老年刻板印象威胁操纵（Hess 等，2003）。该操纵方式提高了信息真实性，增加了研究的生态效度，具有很好的操纵效果。许多研究者都采用了这一操纵方式（Barber，Lee，2015；Barber，Mather，2013；Barber，Mather，2013；Fernández-Ballesteros 等，2015；Jordano，Touron，2017；Zhang，Lin，Gao，Zawisza，Kang，Chen，2017）。

微妙线索操纵也分为两种：一种是通过指导语直接操纵，直接告诉被试测验具有诊断性目的，例如，用“记忆能力会随着年龄的增长而衰退”（Wong，Gallo，2016）；“最近的研究表明，与年轻人相比，老年人的记忆表现更差”（Fernández-Ballesteros 等，2015）；“该测验的目的是考察年龄差异”（Hess 等，2009）；“有证据表明老年司机是十分糟糕的”（Lambert 等，2016）等指导语来操纵。另外一种是通过设置相关背景线索来间接操纵，例如，用“年轻人将会与你们（即老年人）同时参加该测验”（Kang，Chasteen，2009；Mazerolle，Régner，Morisset，Rigalleau，Huguet，2012；Mazerolle 等，2015）等来设置环境。不管是直接操纵还是间接操纵，都在被试的意识范畴之中。

内隐操纵即阈下启动，是使个体在意识层面上意识不到相关消极刻板印象的激活，但存在于潜意识之中。具体操纵方法为：先在电脑屏幕的中央呈现一个探测刺激“+”（1000ms），然后在电脑屏幕的随机位置呈现一个单词（即目标刺激），如消极老年刻板印象词，呈现时间在 17ms 至 50ms 间（由预实验中被试的视觉处理能力而定），再呈现由无意义的辅音字符串组成的掩蔽刺激（250ms），最后让被试用按键判断刚才出现的词是真词还是假词（Krendl 等，2015）。这种内隐操纵方式可以激活个体潜意识中的消极老年刻板印象。

有研究发现外显和内隐两种操纵方式产生的效应大小是有差异的（Hess 等，2004）；但是一项元分析却发现，不论被试是否意识到相关的刻板印象，其产生的威胁效应大小是没有差异的（Meisner，2012）。之所以不能得出一致的结论，可能是因为能够引发老年刻板印象威胁的线索是多样的，有的显而易见，有的比较隐蔽。

4.3.2 基于事实和基于刻板印象内容的操纵

基于事实内容的操纵是指通过“科学研究发现或大量研究证明……”这样一种

表述方式来直接告知被试，老年人确实在某些领域表现欠佳或不如年轻人，强调“事实的重要性”。例如，“大量研究证明，记忆能力对绝大多数人来说会随着年龄而衰退，比如老年人能记住的信息更少、需要更多的时间去记忆或在回忆和再认时有更大的困难……”（Zhang 等，2017）。这种内容操纵方式因为增加了信度从而消除了刻板印象的模糊边界，元分析也发现这种基于事实内容的操纵对结果的影响总体较小（$d=0.09$）（Lamont 等，2015）。

基于刻板印象内容的操纵是指通过“大家普遍认为老年人或社会上普遍流行的关于老年人的观点认为……”这样一种表述方式来直接告诉被试，对老年人的某些看法只是广大人民群众普遍存在的一种观念和预期，是否被证实还不清楚，强调“这只是一种老年刻板印象”。例如，“老年人群体通常被刻板化为一个差司机……”（Lambert 等，2016）。与基于事实内容的操纵相比，基于刻板印象内容的操纵所产生的影响结果更大一些，因为这种操纵引发了个体对内容信息更大的模糊性和不确定性从而占用了个体更多的认知资源（Lamont 等，2015），而认知资源的减少将会导致行为表现下降，这是一种纯度更高的内容操纵。

4.3.3 老年刻板印象威胁研究的操纵检验

为了增加老年刻板印象威胁实验研究的效度，在对自变量进行人为操纵后，有的研究者会进行操纵检验。例如，Hess 等人（2003）在操纵老年刻板印象威胁后，紧接着让被试完成一个刻板印象激活评估测验任务（stereotype activation assessment task）来评估老年刻板印象激活的程度，以此来检验老年刻板印象威胁的激活。在一项考察老年人驾驶能力的实验中，实验最后采用自我报告法（7 点李克特量表），让被试回答“如果我在模拟驾驶中失败了，实验者就会相信老年人的驾驶能力是不如年轻人的”这一问题来检验老年刻板印象威胁的激活，若威胁组与控制组有显著差异且威胁组的分数高于控制组，则证明威胁的操纵是有效的（Brelet 等，2016）。也可以采用“老年员工刻板印象威胁量表”（共 5 题）来检验威胁的产生及其程度大小，如“一些同事会因为我的年龄而认为我不能够胜任我的职业”（Hippel 等，2013），这是一种更为直接的操纵检验。虽然增加操纵检验这一环节更具科学性，但是在实际的研究中并不都包含操纵检验这一步，更多是通过比较实验数据的差异性来证明操纵的有效性。

4.4 老年刻板印象威胁的干预研究

老年刻板印象威胁给老年人带来的消极影响是多方面的，有效的干预能够在一定程度上减轻甚至消除威胁的负面影响，因此对威胁的干预具有非常重要的意义。老年刻板印象威胁效应与老年人自身的应对能力有关，由于个体差异的存在，不同的老年人在面对同样威胁时可能会有不同的表现（Phibbs，Hooker，2017）。老年刻板印象威胁产生的根本原因在于老年刻板印象的存在，而老年刻板印象不仅包括老年人的自我刻板化印象，也包括年轻人对老年人的刻板印象（Hess，Hinson，Statham，2004），并且受外在社会环境因素影响而不断得到强化（Levy，2009）。老年人的个人特征和外在社会环境因素都可能影响老年刻板印象威胁效应（贺庆利等，2013），有效的干预措施除了从老年人自身出发外，也应该减少那些能够引发老年刻板印象威胁的外在社会环境线索。概括而言，主要可以通过认知改变、群体认同、代际接触、老龄自我实现与个性化、媒体宣传五种途径对老年刻板印象威胁加以干预。

4.4.1 认知改变

出于维护良好感觉和自尊的需求，当积极刻板印象身份被激活时，消极刻板印象身份就会受到抑制（赵凤青等，2015）。研究发现，在某种刻板印象威胁情境中启动积极老年刻板印象，如强调老年人经验丰富、做事明智等可以减弱或消除消极老年刻板印象对相关领域任务表现的消极影响（Levy，Leifheit-Limson，2009），因此启动或积极引导老年刻板印象的认知改变，可以在一定程度上降低老年刻板印象威胁所带来的消极影响。老化自我知觉也是影响老年刻板印象威胁一个因素，有研究发现在威胁组和对照组条件下，对老化有着更好知觉的被试比那些有着消极知觉的被试有更好的记忆表现（Fernández-Ballesteros 等，2015）。但也有研究者指出，消极老化自我知觉对老年刻板印象威胁的影响较小（$d=0.16$），因为老化过程包含更多其他因素，老年刻板印象只是影响老化过程的一个很小的影响因素。但是老年人是否知觉到年龄歧视却有很重要的影响，因为当老年人知觉到年轻人对自己的年龄歧视后提高了与自己相关的消极刻板印象的污名化意识，从而增强了老年人对老年刻板印象威胁的易感性，这也暗示那些经历年龄歧视的老年人会对老年刻板印象威胁更敏感（Phibbs，Hooker，2017）。因此，降低个体对年龄歧视的知觉比形成积极自我老化知觉在一定程度上更能有效降低老年刻板印象威胁效应。

4.4.2 群体认同

除认知改变外，研究者也探讨了老年群体认同在干预老年刻板印象威胁中的作用。群体认同是指个体将群体成员身份整合进自我概念的程度（殷融、张菲菲，2015）。研究发现当面临群体认同威胁时，个体为了保护和维持内群体的社会认同，在心理和行为策略方面会投入更多，从而会经历更大的威胁（阮小林、张庆林、杜秀敏、崔茜，2009）。例如，有研究发现，不论是威胁组还是对照组，那些对老年群体有更高认同度的老年人都有更差的记忆表现（Kang，Chasteen，2009）。也有研究得出了不同的结论，提高群体认同能够减弱老年刻板印象威胁效应，这可以用拒绝—认同模型（rejection-identification model）来解释，即在知觉到老年刻板印象威胁后，老年人会寻求内群体成员的社会支持来提高对老年群体的认同，从而降低这种威胁对心理健康带来的消极影响，减弱老年刻板印象威胁效应。总的来看，群体认同在老年刻板印象威胁效应中所起的作用是十分复杂的，应进一步通过深入研究发展出更为切实可行的干预措施。

4.4.3 代际接触

代际间的积极接触是降低老年刻板印象威胁的有效策略（Abrams 等，2006；Abrams 等，2008）。例如，在数学测验中，有研究发现与子孙后辈进行积极接触会降低老年刻板印象威胁，而且仅仅靠想象接触也会降低威胁，其中焦虑的降低起着一定的中介作用（Abrams 等，2008）。根据群际接触理论的解释，积极代际接触降低了老年人对自身年龄的偏见以及对老年群体的认同，这使得测验焦虑降低，减少了认知资源的消耗从而提高了测验成绩，但这种调节作用只在高威胁条件下才会出现（Abrams 等，2006）。社会上普遍存在的老年歧视现象也是引发老年刻板印象威胁的一个重要因素（Phibbs，Hooker，2017），那些拥有消极老化自我知觉的老年人不仅会对别人表现出的老年歧视行为更敏感，同时这种消极老化自我知觉反过来又加强了老年人的自我刻板化行为表现，引发了别人对自己的老年歧视行为（Voss，Wolff，Rothermund，2017）。长期积极的代际接触还可能会使老年人的主观心理年龄下降进而降低对老年群体的认同，从而降低老年刻板印象威胁效应（Phibbs，Hooker，2017）。因此，增强老年人的责任意识，进行更多高质量的积极代际接触能够降低老年人对老年刻板印象威胁的易感性。

4.4.4 老龄自我实现与个性化

促进老龄自我实现与个性化发展也是降低老年刻板印象威胁的重要途径。例如，研究发现老年大学学员是主观幸福感较高、心理健康水平较好的老年群体（陈芬、张庆豪，2005）。老年大学能够吸引和促进老年人进行学习，有助于提升老年人的心理健康水平，培养积极健康的老化心态，而积极的老化自我知觉有助于减轻老年刻板印象威胁效应（Fernández-Ballesteros 等，2015）。例如，在组织管理领域，有研究发现，对老年员工进行针对性的高水平训练，能够部分降低老年刻板印象威胁

(Kulik等，2016)，这可能是因为训练提升了老年人的工作自我效能感，使老年人再次达到自我实现，肯定了自己的价值。研究也发现肯定自我价值能够有效降低刻板印象威胁（张宝山等，2014）。除此之外，家庭、老年社区、公司及养老院等组织也应该鼓励并培养老年人的兴趣爱好，引导老年人进行个性化发展，分散其对老化过程的注意力，如跳广场舞、练习书法等都可以降低对老年刻板印象威胁的易感性，有助于降低老年刻板印象威胁效应，使老年人能够拥有一个愉快轻松的晚年生活。

4.4.5 媒体宣传

基于社会环境视角，主流媒体宣传积极的老年刻板印象也能够有效降低老年刻板印象威胁。媒体，如网络、广播、电视、杂志等是有关老年化信息和观念的最主要来源之一，如果媒体有较多对老年消极形象的传播或对年轻化的过度崇尚，会使得年轻人和老年人所持有的消极老年刻板印象不断得到加强和扩展。因此，主流媒体要营造一个“尊老爱老”的舆论氛围，广泛宣传积极的老年刻板印象，如老年人是充满智慧的等（North，Fiske，2012），可以减少那些容易加强和扩展消极老年刻板印象的外在社会环境线索。同时，主流媒体也要兼顾老年人的休闲娱乐需要，适当增加适宜老年人观看或参与的节目与活动等，传播正确的老年化知识，肯定老年人的价值，增强老年人的幸福感。总体而言，主流媒体的积极宣传能够塑造积极的社会环境，有助于降低甚至部分消除老年刻板印象威胁效应。

4.5 老年刻板印象威胁未来研究方向

“莫道桑榆晚，为霞尚满天”表达了老年群体的一种积极向上的态度。通过对老年刻板印象威胁的梳理可以发现，虽然针对其他领域的刻板印象威胁效应研究已经很多，但是国内外针对老年群体的刻板印象威胁效应的研究还处于起步阶段，要进一步开展深入研究，为有效干预老年刻板印象威胁提供有效策略，本节内容为老年刻板印象威胁的进一步研究提供了可能的方向。

4.5.1 扩展老年刻板印象威胁研究领域

老年刻板印象威胁给老年人带来的影响是多方面的，并不局限于认知老化、驾驶行为和工作参与，还有许多其他的层面。比如生理层面的研究，虽然老年人的生理功能随着年龄的增长一直处于衰退状态，但很少有研究直接考察老年刻板印象威胁对生理功能带来的消极影响。还有医疗背景下的老年刻板印象威胁，如研究发现有相当数量的老年人在医院经历了老年刻板印象威胁并带来了消极的医疗后果

(Phibbs，Hooker，2017)。研究发现遭受老年刻板印象威胁的老年病人倾向于对医生更加不信任、对医疗更加不满意、身心更加不健康和对流行病疫苗的接受度更低(Abdou，Fingerhut，Jackson，Wheatong，2016)。除此之外，大多数研究集中在威胁对老年人客观认知输出的影响，很少关注老年人对自我相关能力的主观判断或评价以及在非认知领域中的表现。比如，最近的一项研究发现，受老年刻板印象威胁影响，自我报告听力能力降低的老年人口比例增加了（Barber，Lee，2015)。除了认知记忆外，对于老年人一般认知能力的研究也较少。在对新知识的学习能力、隔代抚养、学习新技能等领域都可以扩展老年刻板印象威胁效应的研究。

4.5.2 细化老年刻板印象威胁研究的年龄差异

老年人的年龄划分与老龄化程度有关。老龄化越严重，老年的起始年龄可能会越大。世界卫生组织将 60—74 岁的人群划分为年轻老年人，75—89 岁为老年人，90 岁及以上为长寿老人。西方一些发达国家将 65 岁作为中年和老年的分界点；而 2013 年修订的《中华人民共和国老年人权益保障法》把 60 岁作为老年人的起点。对不同年龄段的老年人而言，同一种老年刻板印象威胁所带来的效应大小是否相同呢？研究发现，回忆任务成绩会随年龄下降，甚至只在很小的 60—75 岁范围之内发生(Horton，Baker，Pearce，Deakin，2010)，年轻的老人（60—70）比年老的老人(71—82 岁）在记忆任务上受老年刻板印象威胁的影响更大（Hess 等，2009)。未来应细化老年刻板印象威胁对不同年龄段老年人所带来的影响，这样有助于细化干预措施，增强干预的有效性。

4.5.3 比较不同形态的刻板印象威胁效应大小和性别差异

与其他形态的刻板印象威胁相比，老年刻板印象威胁整体效应可能存在不同。例如，Walton 和 Spencer（2009）发现种族或民族和性别领域的刻板印象威胁效应大小相同，但 Nguyen 和 Ryan（2008）的研究却得出了不一致的结论，即种族或民族刻板印象威胁效应比性别威胁效应更大。那么，老年刻板印象威胁效应大小与种族或民族和性别刻板印象威胁效应相比会如何呢？目前还没有学者对此进行过研究。除此之外，交叉刻板印象威胁，如一位老年女性可能会同时受到老年歧视和性别歧视这两种社会歧视，哪一种歧视占比更大呢？个体对哪一种歧视的易感性更强呢？今后可以纳入性别变量进一步开展相关研究。

4.5.4 侧重老年刻板印象威胁研究的积极层面

既然老年刻板印象存在积极和消极两方面影响（贺庆利等，2013)，那么老年刻板印象威胁是否也存在一定的积极效应呢？前已述及，当老年人被预先警告时，老年刻板印象威胁可以降低老年人的错误认知。但是已有的研究几乎不涉及老年刻板印象威胁的积极层面，这可能是一种隐藏更深的老年歧视表现。既然威胁难以消除，就要努力挖掘威胁的积极层面并放大其积极效应，从这个角度开展相关的研究，可以说大有可为。

4.5.5 加强老年刻板印象威胁的本土化检验和跨文化比较研究

不同文化和不同国家对待老年人的态度并非完全一样，最近的一项跨文化元分析发现，随着人口老龄化的加速，整体上来看，东方（包括东亚、南亚和东南亚）比西方（包括以英语为母语的西方和欧洲国家）在对待老年人的态度上更加消极，这颠覆了人们此前的认知，即认为东方集体主义文化下的国家比西方个体主义文化下的国家在对待老年人的态度上更积极。这一研究说明在当今时代，人们“认为的”不一定是“正确的”了（North，Fiske，2015）。人口结构的变化会导致社会资源重新分配，不同老龄化程度的国家需要制定出有针对性的养老服务政策，而一个国家或地区文化、经济、社会和政策的不同，使不同国家或地区的老年人有着不同的体验，可能会引发不同程度的老年刻板印象威胁效应（Lamont 等，2015）。中国是一个深受儒家文化影响的国家，讲究孝道并且强调集体主义，所以加强老年刻板印象威胁在中国文化背景下的本土化检验和开展多个国家之间的跨文化比较研究显得十分必要。

5 男性身份威胁

长久以来，两性问题都受到了人民大众和不同领域学者的关注。由于受到传统文化和父系社会的影响，在当今社会中，人们普遍把女性视为是两性关系中较为弱势的一方，是从属于男性的（郝世宁，2011），相关领域的研究也多聚焦女性在现代生活中所面临的压力展开。相反，男性则被认知为是占据优势的群体，有关男性身份的性质，以及由此带来的相关问题的研究远远不够。但随着20世纪女权运动的兴起和社会发展，男性所面临的社会压力越来越大，例如，现代中国社会普遍要求男性以有房有车作为婚姻的前提，这无疑提高了男性的焦虑水平。那么，男性身份到底具有怎样的意义？这种意义与他们所面临的日益增加的压力有何关系？这二者相互作用又有何结果？

现在，有关男性身份的研究正如火如荼地开展，经过近十年的研究，研究成果颇丰。研究者提出了男性身份的结构特征即不确定性，并对其做了较为完整的界定，形成了有关其产生的原因和可能引起的行为反应的理论体系。

5.1 不确定的男性身份

Vandello 等人在 2008 年首次提出了“男性身份的不确定性”（precarious manhood)。下面，我们对这个概念进行界定，并对其内涵进行解释。

5.1.1 不确定的男性身份概念

Manhood，词典译为“男儿气质”，在本章中，它具有两层含义。第一，它特指“成年男性”身份。Vandello 等人（2008）曾做实验探究被试是否将“可以养育后代”视作男性身份和女性身份的象征，结果表明，被试将不能养育后代的男性知觉为“孩子”。可见，“男孩”与这里所说的“男性”是有区别的。第二，这里的男性身份还有一层隐喻的含义，它是指大众普遍认同的“成功的”男性，即事业有成、家庭美满、有担当、有责任感等。中国人常说“这才像个男人”，这里的“男人”，就更侧重于男性身份的这层含义。precarious，词典译为（情势）不稳的，不确定的，不保险的，危险的；摇摇欲坠的，不稳固的，它比较恰当地表现出男性身份的不确定性。

5.1.2 不确定的男性身份的内容与结构

值得注意的是，这里所说的岌岌可危的男性身份，是指男性身份在结构层面的性质。男性身份可从两个层面来理解：一是内容层面，二是结构层面。这二者既紧密联系又互相区别，成一种独立正交的关系（Vandello 等，2008）。

5.1.2.1 内容层面

内容层面与性别角色理论和性别刻板印象联系，关注的是“男性是怎样的”或者“男性应该是怎样的”的问题。性别角色理论属于多维的建构，不同学科甚至同一学科中不同学派的学者对其有不同的定义。王晓炜（2014）认为性别角色是一种社会行为模式，这种模式的分配由接受者的性别决定，体现着社会对他们态度和行为的期望与要求。性别刻板印象是指根据性别将人们进行社会分类后形成的关于两性的固定的、简单的印象（杨亚平、王沛，2011）。

关于男性身份的内容，现在研究者之间还存在争议，有些研究者认为尽管男性身份的外在形式会随着时代的变化而变化，但其内核“力量与行动”是不变的；另外一些研究者认为男性身份的内容在本质上是随着时代发展变化的，但其结构特征即不确定性却是稳定的；还有研究者从精神分析的角度出发，认为男性身份内容的核心是男性在成长过程中成功与其女性看护者“反认同”（disidentify）（Vandello，Bosson，2012）。

5.1.2.2 结构层面

男性身份的结构特征将焦点放在“作为男人是怎样的”。男性身份的不确定性有两层含义，多数研究者都同意男性身份具有“难以达到”（elusive）和“脆弱”（tenuous）两个特点（Bosson 等，2009；Bosson，Vandello，2011；Vandello 等，2008）。

elusive，词典译为难找的，难以解释的，难以达到的。“难以达到”是指男性并不会因为生理上的成熟而自动拥有男性身份，即使一个人在生理上是实实在在的男性，他也有可能不会拥有这里所说的男性身份（manhood）。若想拥有男性身份，男性必须去努力争取，通过拥有一定的社会地位和成就来获得。

tenuous，词典译为脆弱的，微弱的，缥渺的和纤细的，薄的，易断的。“脆弱”是指就算争取到了男性身份，它也不是确定会永远存在的，它是有可能被失去的，是需要男性通过社会性的相互作用不断证明的。

总结起来，男性身份是一种状态，这种状态与生理基础紧密联系却又不依赖于生理上的成熟，它需要大量的努力来获得以及不懈的奋斗来证明和维持。Gilmore 曾用“人工的”（artificial）一词来形容男性身份，很好地体现了其区别于生物意义的“男性身份”，而是一种社会属性的特征（Vandello 等，2008）。

5.2　男性身份不确定性的操作与测量

男性身份的不确定性可以从原始部落中的男性成人礼中看出。在很多原始部落中，男性的成人礼是极其严苛且残酷的。伊力齐（1986）将成人礼分为五个类型：开导型、考验型、标志型、装饰型和象征型。其中，考验型在男性成人礼中更为常见，旨在通过考验与磨难使男性青少年成长为勇敢无畏的“战士”，具体方法有割生殖器、拔牙、烧身等。如此残酷的成人礼是对男性的巨大考验，男性身份不确定性的两个内涵——“难以达到”“脆弱”都可以在其中体现。换句话说，男性身份的不确定性通过成人礼的严苛与残酷被操作化地表现了出来。随着现代化进程在全世界范围内的推进，这种传统的成人礼即将消失，男性身份在现代社会中还被知觉为是“难以达到”和“脆弱”的吗？

研究者们要面临的第一个问题是如何证明相对于女性身份，现代社会中的人更多地把男性身份知觉为“难以达到”和“脆弱”的。Vandello 等人（2008）所做的前两个实验旨在解决这个问题。在问卷中描述男性身份或者女性身份的不确定性（例如“Manhood/Womanhood is hard won and easily lost”）让被试评价这些句子的可理解程度，结果表明人们认为当句子的主语为男性时更好理解。在回答开放性问题的任务中，被试被要求回答关于他们对描述失去男性身份或女性身份的句子的理解的问题，结果表明被试认为描述失去男性身份的句子更容易理解，且更多地认为背后的原因是社会性原因（例如失去工作）而不是生理的（例如变性手术）。

从 Vandello 等人（2008）的实验中可知，现阶段研究者多是通过言语描述来表现男性身份的不确定性，再测试被试知觉到的此类描述的可理解程度和如何理解来证明被试是否将男性身份知觉为“不确定的”。男性身份的不确定性的“难以达到”“脆弱”两个特点均可以通过例如“Manhood/Womanhood is hard won and easily lost”

等句子来体现，同时，“脆弱”这个特点还体现在被试更多地认为失去男性身份的原因是社会性的。在男性身份的不确定性的测量方面，目前相关研究较少。未来的研究可以从这个方面入手，探究男性身份的不确定性是否存在程度上的差异，若存在的话，这种差异是源于其本身的差异还是人们的认知差异，影响因素是什么以及如何测量。

5.3　不确定的男性身份理论

目前，被研究者普遍接受的男性身份的不确定性的解释有两种，分别是来自进化论角度和社会角色理论角度（Vandello 等，2008）。

5.3.1　进化论

进化论认为人类的祖先奉行类似于一夫多妻制的交配制度，这也就意味着社会地位高的雄性拥有更多的交配权利，有更多机会可以把自己的基因延续下去。但是处在社会较低层次的雄性则很少能够与雌性交配，久而久之，他们的基因也就因为自然选择消失了。那么怎样才可以获取高的社会地位呢？无非是通过拥有更多的生产资料和物资以及肢体冲突的胜利，要想在这些方面取得胜利都是需要付出大量努力的，并且即使现在胜利，也不能确保以后不会有其他人超过自己，所以要通过持续不断的努力来巩固自己的地位。因此，现代人类作为高社会地位人类祖先的传人，拥有一种天生的倾向，即把男性身份视作“难以达到”和“脆弱”的（Vandello 等，2008）。

5.3.2　社会角色理论

社会角色理论由米德提出，他指出社会成员是演员，而社会便是他们表演的大舞台，每个成员的角色都反映着他们所处的社会地位和惯常的行为模式，其背后也蕴含着社会对每个处在特定位置的成员的行为与态度的期盼（颜素珍，戴媛媛，2009）。社会角色理论认为两性身体素质上的差异导致了劳动的分化，男性更多地承担困难的、危险的工作，一旦完成就可以获取较高的社会地位，若没有完成则不会获得高社会地位，从而导致了男性的社会地位存在巨大的差异性。而女性的传统工作更加简单安全，工作完成之后获得的社会地位则不具有像男性这么大的差异性。这就决定了男性身份相较于女性身份而言是“难以达到”的，是需要通过艰苦的奋斗争取的；也是“脆弱”的，是不能被保证的。久而久之，大众形成了关于男性身份和女性身份的本质的不同看法（Vandello 等，2008）。

5.4 不确定的男性身份相关研究

关于男性身份的一项重要研究是2008年博森（Bosson）等人完成的，在其文献中，研究者以原始部落中的男性成年仪式为例引出了男性身份的不确定性，阐述了其内涵，即“难以达到”和“脆弱”的特点，并提出了进化论角度和社会角色理论角度两个可能的原因。研究者做了五个实验：实验一和实验二通过填写问卷和回答开放性问题的方式，证明了现代社会中男性身份的“难以达到”和“脆弱”这两个特点的存在；实验三的结果显示被试将养育后代看作男性身份而非女性身份的标准之一，进一步证明了相对于女性身份，男性身份被知觉为不确定的；实验四和实验五通过填词任务证明了，对于男性身份的威胁会引起男性的焦虑水平和攻击水平的提高。

男性身份的不确定性与男性表现出来的攻击性一直是相关领域的研究热点。在Bosson等人（2009）的实验中，研究者通过记录被试攻击性行为的强度（例如捶打板子的力量）和选择攻击性活动的概率以及在该活动中的表现等相关信息，直接证明了男性身份受到威胁会引起攻击性行为（或者至少是攻击性行为的预备）。结果表明，大庭广众之下表现出来的攻击性的预备动作会降低因男性身份受到威胁而引起的焦虑。实验者提出，攻击性行为在男性身份受到威胁时，能降低受威胁者的负面情绪。Weaver等人（2010）通过实验探究了将行动与攻击视为男性身份的一部分的性别差异。实验一表示相比于女性被试，男性被试有更强烈的以行动来维护男性身份的倾向；实验二表示相比于女性被试，男性被试更多地用环境因素来解释男性的攻击性行为，而在解释女性攻击性行为时却没有性别差异。研究者得出结论，男性将活跃的行动和攻击性行为视作男性身份的一部分并以此来维护它。Bosson和Vandello（2011）回顾了不确定的男性身份以及其与男性的攻击行为之间的联系的相关文献，再次提出了攻击行为可以降低男性身份受到威胁引起的焦虑，并且进一步认为个体所在社会对男性身份的不确定性的重视程度与男性攻击的可能性之间存在正相关。

在关于男性身份的研究中，男性与女性之间的差别与联系也得到了许多研究者的关注。Bosson和Michniewicz（2013）提出了基于内群体层面上的性别二分法的理论。研究者得出结论，相较于女性，男性在性别内群体认同上有更大的性别二分，即将男性气质与女性气质之间的距离认知为更远。研究者认为男性之所以有这样的倾向，部分是为了支持他们不确定的男性身份，如果一个男性个体的气质与女性的气质毫无相似之处，那么他更可能被认知为一个“男子汉”，即一个真正的男人，男性身份也就得到了巩固。Bosson（2016）进一步详细讨论了关于女性和男性身份的不确定性的研究之间的关系，并提出了三个问题：通过比较两性反应的差别来进行实验，会不会加剧性别二元（gender binary）的现象？对于男性身份不确定性的研究是否忽略了女性所面临的困难？对于男性身份的不确定性的研究是否能将关于女性的研究推进到新的高度？遗憾的是，她并没有做出明确的结论。

5.5 男性身份威胁的评价与展望

长期以来，由于男性在两性关系中占据较为主导的地位，人们理所当然地认为女性身份相对于男性身份是比较脆弱的。随着20世纪以来女权运动的兴起，女性在社会当中的地位逐渐提高，男女平等的思想在全球范围内大范围传播，再加上现代社会越来越残酷的竞争，男性身份遭遇到了从未有过的冲击与挑战。在男性身上出现的问题越来越多，男性所承受的社会压力也越来越大。

“不确定的男性身份”这个概念的提出，以一个全新的视角来解读男性身份，揭示了其难以达到和脆弱的特点，指出男性在知觉到其性别身份遭到威胁时会有更高的焦虑程度和更大的可能以攻击性行为来稳固自己的性别身份。相信在未来，关于男性身份的研究将会有助于全人类审视新时代背景下的两性问题，解决男性所面临的难题，减缓他们的压力，降低由男性身份遭到威胁而引起的焦虑和攻击现象。同时，此类研究还为攻击性行为的研究提供了新的思路，有助于研究者更为透彻地了解攻击性行为等不利于社会安定的行为，并能将研究结果应用于社会秩序的稳定。

同时，此类研究也可以为性别角色、女性身份等领域的研究提供借鉴，使有关于两性的不同问题的研究更好地融合、发展。

第一，关于男性身份不确定性的研究方兴未艾，现有的研究大多局限于美国，缺少跨文化研究。未来的研究可以着眼于世界其他地区的男性身份的研究，探索不同的文化环境对此有何影响。同时，我们应该注意到美国是典型的父系社会，而当下仍存在少数的母系社会，未来的研究还应该着眼于母系社会中的男性身份特性的研究。另外，考虑到父系社会与母系社会中主导性别的不同，研究者有必要考察在父系社会中不确定的男性身份是否在母系社会中变成了“不确定的女性身份”，即女性身份更多地被知觉为是难以达到的和脆弱的，或者具有其他未知的性质。

第二，已有的研究多用大学生作为被试，但是大学生本身是很特殊的群体。他们接受过较高水平的教育，更多地将男女平等的观念内化于心；他们虽然在生理上已经成熟，但是还没有真正步入社会，还不能完全理解男性所面临的社会性压力。因此，未来的研究可以扩大被试的年龄范围，适当选择青少年、中年人和老年人，以得到更为全面的对男性身份的认识。

第三，关于男性身份的“难以达到”和“脆弱”的测量的相关研究还比较少，在研究方法上应有与此相关的突破，实现男性身份不确定性的知觉的量化。通过实现此目标，我们可以探究这种差异背后的原因，对男性身份的不确定性及其源头达成更深层次的理解。

此外，在进行理论研究的同时，实践应用的探索也应该同时进行，以期望能解决与此有关的社会问题，例如缓解男性的压力与焦虑，减少暴力事件的发生等。

6 社会认同威胁

社会认同威胁具有普遍性并且会给个体带来不安。当个体知觉到社会认同威胁时，会做出多种反应，这些反应又会诱发一系列个体、群体以及组织上的后果。在个体水平上，社会认同威胁会导致其行为表现水平、自尊水平、领导欲望以及社会趋近动机的降低，对心理、健康和人际关系等均产生负面影响（Hunger，Major，Blodorn，Miller，2015；Fingerhut，Abdou，2017；Martiny，Nikitin，2019）。在群体与组织水平上，社会认同威胁会导致人们故意阻止组织发生改变（Nag，Corley，Gioia，2007）、不遵守组织规则（Elsbach，2003）、诱发群体矛盾（Fiol，Pratt，O'Connor，2009）、增加人员流动率（Trevor，Nyberg，2008）、污名化（Ashforth，Kreiner，1999；Major，Schmader，2018）以及性骚扰（Berdahl，2007；Settles，Buchanan，Colar，2012）等。可见，社会认同威胁会给人们带来一系列消极影响，因此对其进行深入探讨和扩展研究是十分迫切和必要的。

近年来，社会心理学者对此进行了深入探索并取得了一些丰硕的成果。本章将对社会认同威胁的本质、源起、个体的应对反应、效价与时效性及认同威胁影响等进行系统论述，以期为更清晰地认识和理解社会认同威胁以及寻求更有效的应对策略以提供参考和借鉴。

6.1 社会认同威胁的本质

6.1.1 社会认同威胁的概念

目前，对社会认同威胁的概念尚没有统一的界定，不同研究者分别从不同的角度对此进行了定义，概括起来主要有以下三种：一是强调客观经验，将社会认同威胁定义为“任何对个体社会认同造成挑战的想法、感觉、行为或经验”（Breakwell，1983）。二是强调主观评价，将社会认同威胁定义为“情境中存在与个体的污名化认同有关的压力源，个体又无力应对这一压力源时就会导致认同威胁”（Major，O’Brien，2005）。三是强调主观感觉，将社会认同威胁定义为“在社会比较的情况下，由于群体地位的差异，某一群体内的个体在认知和情感上，对自我和所属群体身份的不认同，从而产生的一种心理上的疏离感、剥夺感和自卑感”（王沛，刘峰，2007）。

有研究者整合了以上不同的视角，侧重从纵向动态演化过程的角度来理解社会认同威胁，即关注从经验发生、个体将其评价为威胁、做出威胁应对反应以及反应产生后果这一从开始到结束的社会认同威胁过程。例如，Petriglieri（2011）将社会认同威胁定义为：“被个体评价为对其某个认同的价值、意义和存在合理性有潜在伤害的经验。”个体的主观评价在社会认同威胁定义中起关键作用。在评价过程中，个体首先评价当前发生的经验对其某个社会认同的意义，通常有五种评价结果：与认同无关，有助于认同发展，有促进认同发展的潜能，伤害认同，在未来有伤害认同的可能。而社会认同威胁是指最后一种评价结果，即当个体将经验评价为在未来有伤害其认同的可能时，便构成了社会认同威胁。把经验评价为威胁是因为该经验是一种暗示个体在未来会受到伤害的线索。总而言之，社会认同威胁是指被个体评价为有伤害其某种社会认同的可能的客观经验或情境，也可以将其理解为暗示个体的某个社会认同在未来可能会受到伤害的线索。

6.1.2 社会认同威胁的源起

6.1.2.1 客观经验

客观经验是主观评价的基础，是社会认同威胁产生的基石。概括来看，社会认同威胁经验的来源可分为三类：自我、他人和客观物质世界。首先，“自我”的威胁经验来源，具体指的是个体自己的言语、行为、思想、情绪、情感等，当自我的行为、言语、思想、情绪、情感违背了某个认同的规范、准则和价值观（Ashforth，Mael，1989）或是个体的不同认同之间产生矛盾时（Kreiner，Hollensbe，Sheep，2006），可能会诱发个体的社会认同威胁。其次，“他人”的威胁经验来源，即“他人”的言语、行为、思想、情绪、情感等，主要出现于社会互动过程中（Fine，1996），这里的“他人”既可以是内群体成员也可以是外群体成员。当内群体成员的行为导致其群体的价值受到贬低或者印证了某个有关群体的污名时，就会诱发社会认同威胁，而来自外群体成员的威胁则主要发生于群体冲突情境中（Tajfel，Terner，1986）。最后，“客观物质世界”的威胁经验来源，可以是一个突发事件，也可以是客观环境。数字对人们的心理体验就有很重要的影响。当情境中缺少与之具有相同认同的内群体成员或者内群体成员数量没有达到某个关键数量时，个体更可能有社会认同威胁体验（Avery，2003）。例如，告知女性被试目前科学领域里高水平的研究者大部分都是男性与告知她们男女比例均衡相比就更有可能诱发女性社会认同威胁（Tellhed，Jansson，Bull，2018）。

经验重复率是影响客观经验是否构成威胁的重要因素。经验重复（experience recurrence）即个体接触某个经验的频率，当个体越频繁地接触某个经验就越有可能将其知觉为社会认同威胁。因为越频繁地接触某个经验，该经验就越突出，个体也就越难以对其进行合理化知觉（Petriglieri，2011）。

6.1.2.2 主观评价

客观经验本身并不构成威胁，只有在个体对其进行评价之后才有可能成为威胁。在客观经验发生之后，个体首先评价当前发生的经验对其某个社会认同的意义。个体主要评价威胁经验对认同的三方面的影响，分别是价值、意义和存在合理性。个体从认同中获得自我价值，希望被他人正面看待，并将他们的群体描绘成具有高价值的群体（Carvalho，Fazel，Trifts，2018）。因此，研究者认为社会认同威胁是对认同的价值贬低，因而导致个体自我价值感也随之降低（Dutton，Roberts，Bednar，2010）。也有研究者认为，社会认同威胁影响的不是价值（value）而是与之相关的意义（meaning）。个体会赋予认同具体的意义，例如医生会赋予其职业认同以“救死扶伤”的意义，那么社会认同威胁的影响就改变了受威胁的认同在个体心目中的意义（Hall，2016）。除了上述两种观点外，关于社会认同威胁如何影响个体认同还存在第三种观点，即威胁限制或者妨碍个体认同的存在合理性（enactment），使某个认同的存在和发展受到限制。该观点具体有两种情形：其一，特定事件，如配偶死亡（Neimeyer，Prigerson，Davis，2002），导致个体的某个社会认同无法继续；其二，个体多重认同相互冲突，如当工作身份认同的需要阻碍个体某个家庭角色的认同时，就会导致个体的家庭角色认同无法维持（Zhang，Lin，Wan，2015）。

在评价过程中，认同重要性是导致评价差异的重要因素。认同重要性是指某个认同接近个体目标和自我意识核心的程度（Ashforth，2001）以及在特定情境中被激活的可能性（Burke，2000）。个体更可能注意到与认同有关的信息尤其是这些信息指向的是个体认为重要的认同。同样的经验，对于具有强烈认同感的群体成员来说是威胁，而对于认同感低的群体成员来说则不是威胁。

6.1.2.3 动机机制

防御动机是个体将客观经验评价为社会认同威胁的助推剂。防御动机指渴望获得、维持以及保护与已有自我概念一致的信念（Chaiken 等，1996）。具有防御动机的信息加工者的目的不是获得对信息的准确认知，而是证实自己青睐信息的可信和厌恶信息的不可信。个体有积极看待自我的动机并且更倾向于接收与自我概念一致的信息（Steele，1988），当其接收到的信息与自我概念不一致，甚至威胁到原有自我信念时，个体就会带着偏见对这些信息进行加工（Ditto，Lopez，1992）。社会认同是自我概念中由群体关系和社会角色所定义的那一部分自我，它和个人认同都属于自我概念的一部分。维护社会认同，有助于维持自我概念的完整性。当接收到一些威胁个体社会认同的信息时，为了维护自我概念的完整性，个体会选择一种威胁应对反应。

基于此视角，研究者认为当个体接触到威胁其社会认同的信息时，其维护自我的防御动机就会驱使个体带着偏见来加工信息。对于这一解释，也得到了不少研究者的支持。Murrell 等（2010）研究发现对所在大学有高认同的学生对威胁其学校认同的信息更加挑剔。一些具有高认同的医护志愿者认为相较于积极信息，有关志愿群体的消极信息更加不可信和更不重要（Cadinu，Cerchioni，2001）。

6.2　社会认同威胁的应对反应

对社会认同威胁的应对反应是指为了降低威胁所带来的潜在伤害发生的可能性及其后果的严重性所做出的认知和行为上的努力（Major，O'Brien，2009），即预期应对反应（anticipatory coping response）（Folkman，1984）。Petriglieri（2011）基于应对反应的目标将其分为两类：认同保护反应和认同重构反应，并提出了威胁应对模型。除此之外，研究者还发现了另外几类反应，分别是：建设性行为、主动遗忘、寻求帮助与忽视威胁（Holmes，Whitman，Campbell，Johnson，2010）、强化认同（White，Stackhouse，Argo，2018）等。个体如何应对社会认同威胁会受认同水平、自我意识、媒介表征和歧视经验的影响（Saleem，Ramasubramanian，2017）。

6.2.1　认同保护反应

认同保护反应是个体试图通过改变威胁源达到减少威胁所带来伤害的目的，主要包括三种形式：诋毁、保护和积极区分。诋毁即贬损威胁源，破坏其信誉。这类反应也被称为“责备责备者”，常见于群际竞争情境中（Fiol 等，2009）。一些研究者也将其作为解释性骚扰的机制（Berdahl，2007）。在某些情境下，个体会通过隐藏受威胁的认同来使自己看起来与之无关（Tajfel，1978）。例如，一些同性恋者会在一些公众场合中避免谈及自己的个人生活。但是，这一反应并非总是有效。当某个认同显而易见时，例如性别或种族，这一反应策略将不再有效。保护即在威胁情境下刻意隐藏受威胁的身份。积极区分反应即个体通过呈现受威胁认同的积极信息从而改变对威胁源的态度和看法。这种呈现有关认同的积极信息包括告知威胁该认同的价值（Creed，Scully，2000）以及展现自己作为其成员的自豪感（Ely，1995）。

6.2.2 认同重构反应

认同重构反应的目标在于改变认同以降低其潜在危害发生的可能性和危害的严重性。认同重构反应主要有以下三种形式：改变认同的重要性、改变认同的意义和认同放弃。这三种反应最关键的区别在于它们对受威胁认同的影响程度。所谓改变认同的重要性和改变认同的意义，是改变受威胁认同在个体心中的重要性水平以及改变与之相联结的意义。认同放弃是指个体脱离与原有认同间的心理联系并且在物理空间上也要与之脱离关系（Ebaugh，1988）。无论是心理还是物理上的脱离对个体来说都是困难的，且需要一段时间来调整和适应。对于个体来说，认同放弃的代价很大，除非有新的可替代的认同。也有研究表明，当个体遭遇的威胁越强以及可替代的认同越清晰时，那么个体做认同放弃反应的可能性就越大（Petriglieri，2011）。人的一生会经历多次认同转变，即放弃旧认同，转向新认同。在投入新认同之前有一个预期社会化（anticipatory socialization）的过程。在此过程中，个体搜索新认同的相关信息并赋予其意义（Merton，1957）。在此期间有一个“惊奇期”（Louis，1980），个体可能会发现之前自己赋予新认同的意义并不现实，因而存在着意义不能持续的威胁。研究发现，个体在面对这类威胁时，通常会采取改变意义的应对反应（Pratt，2006）。

6.2.3 建设性行为反应

建设性行为与前面提及的积极区分反应有一个细微但重要的区别：当个体采取积极区分反应时，他会积极地去说服威胁源告知其受威胁认同的价值和好处，从而改变威胁源对该认同的看法（Petriglieri，2011；Roberts 等，2008）。但是在 Holmes 等人（2016）的研究中发现，在多数情况下，人们会选择建设性行为。所谓的建设性行为，即个体不直接处理受威胁的认同，而是做出一些似乎与之无关的积极行为。例如，一名黑人女性发现自己相较于其他种族的同事，其工作培训和晋升的机会更少，因而感受到了种族认同威胁。但是她选择不去关注自己的种族，而是希望通过更努力的工作来改变这一状况，该黑人女性所采用的应对反应即建设性行为反应。

6.2.4 主动遗忘

个体也会通过主动遗忘来抑制与社会认同威胁有关的信息材料来应对威胁。主动遗忘，并不是把这一部分记忆完全抛弃，而是作为对威胁的防御反应不去提取它，但这些信息仍存在于内隐记忆之中，当威胁减小或者消除时仍然可以被提取出来。相应地，在遭遇认同威胁时，个体刻意地去压抑这一部分记忆反而会适得其反，使其更容易被记起来（Jacoby，1991）。研究者发现，采用更无意识的遗忘手段比刻意遗忘更为有效（Dalton，Huang，2013）。个体的认同强度与个体采取该反应的可能性大小相关。认同感越高的个体，会感受到越强烈的威胁，也越可能主动遗忘威胁的相关信息。

6.2.5 寻求帮助与忽视威胁

寻求帮助与忽视威胁通常也是个体应对社会认同威胁的行为反应。一方面，个体在不知道是谁发起威胁或者不知威胁源自何处时会采取寻求帮助的应对反应。例如，在 Holmes 等人（2010）的研究中，有被试陈述在进入大学的第一年，被试发现在其宿舍的门上张贴着一些带种族歧视冒犯性言语的广告，因为不知道是谁发起了这一行为，所以该被试将这一事件反馈给了指导老师。另一方面，当个体知道是谁发起了威胁，也有可能绕过发起者而去寻求权威人士的帮助。

6.2.6 强化认同

激活公众自我意识（public self-awareness）会强化个体在面对社会认同威胁时与认同标识的联结（White，Stackhouse，Argo，2018）。在社会认同威胁情境下，高公众自我意识的个体比低公众自我意识个体更有可能选择强化与受威胁认同之间的联系。公众自我意识对个体应对反应的影响受到个体在他人面前保持一致自我的动机的调节。高动机个体期望在他人面前表现出一致自我，因而这种反应只会在个体的反应暴露于他人面前时才出现。

6.3 社会认同威胁对个体影响的效价与时效性

社会认同威胁对个体而言是一种压力源，它会诱发个体调动认知资源，采取应对反应。因而，社会认同威胁会导致个体水平上的一系列认知、情绪和行为影响。社会认同威胁对个体的影响具有一定的效价之分，包括消极与积极影响。这一影响也体现出一定的时效性，不仅会在威胁的当下出现，也会延伸到后续任务中影响个体的任务表现。

6.3.1 社会认同威胁的影响——效价的视角

所谓效价的视角，就是从正、反两面来分析社会认同威胁对个体的影响。威胁本身是一种压力源，处于威胁之下的个体会产生一系列压力反应。基于此，很多认同威胁的研究都将研究视角集聚在它对个体的不利影响上。社会认同威胁会提高个体对情境中的一些线索的警觉，尤其是一些长期以来背负污名的群体成员，在感受到威胁之后，他们会搜寻情境中的线索，通过对这些线索的分析来确认其所属群体在当前情境中是否被接纳（Murphy，Steele，Gross，2007；Murphy，Taylor，2012）。这一过程会导致诸多心理和行为上的后果。例如，信任感降低（Emerson，Murphy，2013）、焦虑（Johns，Inzlicht，Schmader，2008）、执行功能受损（Johns等，2008）、自尊水平下降（Fryberg，Markus，Oyerserman，Stone，2008）和抱负心受限（Leavitt，Covarrubias，Perez，Fryberg，2015）。

一些研究者开始将目光转向认同威胁的积极影响上。关于认同威胁的积极影响，主要是认同获得（identity gain）与认同发展（identity growth）。认同获得是指个体获得一种新的认同；认同发展则是一种积极的、有竞争力的和卓越的认同培养（Kreiner，Sheep，2009）。此外，人总是同时具有多种认同。当一种认同需求的满足侵占了另一种认同需求的满足时，这两种认同就会产生冲突。在一些有关职业认同与家庭认同的冲突研究中就发现一种较为普遍的情形，即当冲突中的某个认同受到威胁时，个体通常会采取降低认同重要性的策略来应对。这一策略使原本冲突的两个认同达到了平衡，个体的冲突感也就消失了，这可以说是威胁带来的意外之喜。

6.3.2 社会认同威胁影响的时效性

关于社会认同威胁对个体的影响是即时的还是会延续到后续的任务中这一问题，研究者分别研究了认同威胁的即时影响以及延续影响，但是回顾以往的研究还尚未有研究者将二者综合起来系统地探讨时效问题。

社会认同威胁的即时影响，无论是用自我报告法还是用生理测量法，都得到了有利的研究支持。例如，Scheepers等人（2005）通过对高、低社会地位群体成员在社会认同威胁下的生理反应的研究就发现，威胁条件下个体的血压要明显高于非威胁条件下个体的血压。研究还发现，社会认同威胁的影响会延伸到后续的无关任务中。当遭遇社会认同威胁时，个体会对其进行评价，并选择威胁应对反应。这一系列的过程都会消耗认知资源，使个体无法将更多的认知资源应用到后续的任务中，导致产生认同威胁影响的溢出效应。在经历社会认同威胁后，个体自控失败，表现出更强的攻击性，面对美食诱惑时也更难克制自己（Pollert，Veilleux，2018），在随后的决策任务中会做出更加冒险的决策。

6.4 社会认同威胁对组织与群体的影响

社会认同威胁对个体并通过个体对组织以及社会集体产生影响。个体处于组织之中，组织内的个体、个体与组织、组织与组织都处于社会互动过程中。在认同受到威胁时，这些威胁也必然会对组织产生影响。除了在个体和组织水平上产生影响外，一些实证研究表明社会认同威胁在更宏观的群体范围上也存在不可忽视的影响。

6.4.1 社会认同威胁对组织的影响

人是社会性动物，总是处于互动过程中。随着交流的日益密切以及交通手段的日益便利，来自不同群体、持有相异认同的人们有越来越多的机会聚集在同一组织中。虽然组织构成的多样性可以促进互补，但是基于社会认同理论，个体具有内群体偏好和外群体排斥的倾向，因此有群体的地方就会存在群体冲突。群体冲突会将组织内的成员置于认同威胁之下，这些群体成员常常采用相互诋毁的方式来应对威胁。这种诋毁的反应不仅会导致群体冲突更加不可调和，还会使组织的人员流失率上升（Humphrey，Brown，2002）和组织创造力下降（Williams，Orown，1998）。工作场所中的排斥会导致员工产生社会认同威胁，从而影响员工的关系需求与效能需要（Jahanzeb，Fatima，2017），影响组织发展。

6.4.2 社会认同威胁对群体的影响

社会身份是一个群体所有成员所共有的，因而社会身份的认同威胁影响不仅仅局限于个人水平，而是会波及整个群体。社会认同威胁会引发受威胁群体的成员对威胁源的集体采取攻击行为，而这一行为背后的机制是修复受到损害的个体的积极社会认同。Nauroth 等人（2016）检验电子暴力游戏玩家在阅读有关玩电子暴力游戏所带来的不利影响的科学发现后的反应及其心理机制。他们发现，电子暴力游戏玩家群体的认同水平越高，在网络上对引发社会认同威胁的科学发现进行诋毁的可能性也越大。

社会认同威胁也会影响群体成员的消费偏好（王念，2013；White，Argo，2009）。营销者常常将自己的商标与消费者的某个社会认同联系在一起，如性别、种族、学历等，这种策略会让消费者更加喜爱这些品牌。通过跨文化研究发现，社会认同威胁既可能导致个体对与受威胁身份相关商品的消极评价和回避行为，即产生分离效应（White，Argo，2009），也可能使个体更加偏好这类相关商品，即产生联结效应（Gao，Wheeler，Shiv，2009）。对于这一分离效应的解释目前还未达成一致的观点，仍有待进一步探讨。

6.5 社会认同威胁研究展望

社会认同威胁广泛存在，影响深远，受到了心理学家们的广泛关注，并激发了大量相关研究。关于社会认同威胁的研究为解释群际冲突、个体在刻板印象领域表现较差等现象提供了可靠的依据。未来，还可在以下几个方面进行深入研究：

第一，目前关于社会认同威胁效应的研究主要聚焦于对其消极影响的探讨，而社会认同威胁也有积极影响。强调威胁的危害，其潜在的假设就是没有认同威胁是最好的结果。但是当个体所处的情境中没有任何威胁，个体的创造力也会降低(Nemeth，Staw，1989)。彻底的认同安全也阻止了认同的发展。创设彻底的认同安全的环境如同塑造一个无菌环境，这种做法并不利于个体的发展。因此，应调整注重研究社会认同威胁消极效应的做法，扩展和深入研究社会认同威胁的积极之处，对其积极效应的探讨将是有趣的主题。

第二，重视社会认同威胁的干预和应对策略研究。以往社会认同威胁只关注一种威胁，而现实社会中人们具有多重身份，兼有多重认同，比如性别认同、种族认同、国家认同等。交叉分类领域的研究表明，提供多种身份信息可以降低偏见。那么，在威胁情境下，为被试提供多个认同的相关信息是否也可以阻止威胁的产生或者降低威胁带来的积极影响。该问题的探讨将有益于社会认同威胁有效应对策略的发现，具有积极意义。

第三，加强对反刻板印象积极效应的本土化检验和跨文化比较研究。社会认同威胁研究大多在西方文化背景下进行，本土化研究相对较少。种族认同威胁是西方文化背景下社会认同威胁研究的重头戏。而在中国文化中，种族威胁不甚明显。中国有典型的城市、农村的二元文化。在现代化进程中，城市与农村的差距愈来愈明显且难以打破。在现代，大量农村人口涌入城市，城市与农村人口的生活与工作更为紧密交融。这意味着城乡二元文化带来的认同差异是否会导致认同威胁？这种典型的具有中国特色的身份认同威胁值得进一步开展本土化研究。

第二篇　刻板印象威胁效应及影响因素

自 Spencer 等人（1999）提出女性在数学测试中的成绩表现可能因为刻板印象威胁而下降以来，研究者考察了大量有关消极性别刻板印象的调节变量来研究刻板印象威胁的后果。迄今为止，大多数的研究发现性别刻板印象威胁对女性不同方面表现存在负面影响，例如，马芳和梁宁建（2008）发现，女性受到“女性不擅长数学”这一刻板印象威胁后，会在无意识中影响到她们的学业成绩，并且导致其在数学方面较低的自我评价和数学学业成就动机；Yeung 和 Von Hippel（2008）发现女性驾车技能也会受到性别刻板印象威胁的显著影响。

一直以来，处于传统弱势群体地位的女性群体受到广泛关注，而对处于传统强势地位的男性方面，比较缺乏相关的刻板印象威胁研究。在国外的研究中，一些研究直接或者至少是通过显性激活刻板印象的方式检验了词汇-性别或是学业表现刻板印象的影响（Hartley，Sutton，2013；Keller，2007；Seibt，Forster，2004），结果支持女性在这些方面的表现优于男性。Pascal Pansu 和 Isabelle Régner 等人也通过隐形激活的方式揭示在儿童身上，阅读差异性别刻板印象会削弱男孩的阅读表现（Pascal Pansu，Isabelle Régner，2016），也就是说，男性在某些层面也会受到消极刻板印象威胁，并产生一些不良后果。

本篇主要介绍刻板印象威胁效应及其影响因素，共包括 5 章，前 2 章从女性角度考察性别刻板印象威胁对女性的消极影响：第 7 章采用元分析的方法重点介绍了性别刻板印象威胁对女性表现的影响及调节效应；第 8 章介绍女性方向感的刻板印象威胁实验研究。后 2 章从男性角度考察性别刻板印象威胁对男生的消极影响：第 9 章和第 10 章重点介绍了性别刻板印象威胁对初中男生阅读和语文成绩的影响。第 11 章从儿童角度出发，针对主观社会阶层对流动儿童刻板印象威胁的影响以及控制感的调节作用进行了梳理。

7 女性刻板印象威胁

研究者考察了大量有关消极性别刻板印象的调节变量，如刻板印象威胁激活方式和被试环境等，以及不同因变量，例如数学测试、科学和空间技能等，来研究刻板印象威胁的后果，得到了许多的实证研究证据。

鉴于诸多研究中不同调节变量下的刻板印象威胁对女性的不同表现存在不一致性，且相关的元分析主要讨论了以数学成绩为结果变量的研究。本章将综合以往研究结果，采用元分析技术探讨刻板印象威胁对女性各种表现的影响，并探究各种调节变量在其中的作用。

7.1 性别刻板印象威胁

Steele (1997) 提出刻板印象威胁机制主要是消极自我刻板印象的激活会引起个体的压力体验。这一理论预测，消极自我刻板印象的激活会导致个体完成任务的水平降低，原因是个体害怕自己印证消极的刻板印象，从而产生受威胁的消极体验。也就是说，当被污名化的群体或者是遭遇低评价的群体处于特定的能力评价情境时，个体或群体会因情境而激发出与自己群体身份有关的负面刻板印象，进而导致该群体在相关表现上确有明显的消极结果出现（柴民权，管健，2011）。刻板印象威胁会产生一系列的影响，主要表现为个体行为上的表现下降和心理上的分离与不认同(阮小林，张庆林，杜秀敏，崔茜，2009)。生理学方面的研究表明，性别刻板印象威胁的激活限制了受威胁女性的自我控制，从而降低被试的表现（Moran 等，2006；Krendl，2008）。

大多数刻板印象威胁实验有固定的研究范式，先设置刻板印象威胁情境，让被试感受到刻板印象威胁，然后要求被试完成与刻板印象关联任务，最后测量被试完成与刻板印象关联任务的表现（颜培玲，2009）。根据社会知觉的三个核心要素——目标刺激、加工情境和知觉者，在激活性别刻板印象威胁的过程中，操作方法（包括刺激材料和操纵手段等）以及测试环境的区别，会导致刻板印象威胁的激活程度产生区别，间接对女性的行为造成了影响。也就是说，操作方法和测试环境起到了调节作用。

本章使用元分析的方法，对这些性别刻板印象威胁下的女性表现进行研究，以确定刻板印象威胁对女性个体行为表现的影响程度和其中的调节效应。

假设一：刻板印象威胁的激活会造成女性各项表现的降低。

先前的诸多研究表明，性别刻板印象威胁的激活会造成女性数学成绩、心理旋转作业、工作记忆等各方面表现的降低（Spencer 等，1999；Wraga 等，1997）。但是也有少部分研究表明刻板印象威胁并未造成女性表现的显著降低（Cherney，Campbell，2011）。大多数研究结果支持前者，因而作此假设。

假设二：调节变量会影响女性在刻板印象威胁下的表现，具体表现为：

(a) 主试阅读指导语比被试阅读指导语更明显地减弱了女性刻板印象威胁条件下的表现。

(b) 明确的激活材料比暗示的激活材料更明显地减弱了女性刻板印象威胁条件下的表现。启动刻板印象威胁的实验范式主要有如下两种：外显线索即明确的激活材料，指的是由主试主动呈现刻板印象内容，向被试传递对弱势群体表示明显的歧视，在这里指激活材料中明确表明了女性在该项任务中的表现明显低于男性；内隐线索即暗示材料，指的是主试不主动呈现刻板印象内容，例如，一些性别比例上的暗示，需要被试进行已定的整合加工，认识到女性在该项任务中的表现不如男性(Stone，Mc Whinnie，2008)。

(c) 有男性被试参与比没有男性被试参与更明显地减弱了女性刻板印象威胁条件下的表现。这是因为不同群体的被试在同一个房间，能够激活个体的某个与刻板印象相联系的社会身份。有男性被试时，女性被试不仅仅会受到激活材料的影响，还会关注男、女性别比较，激活被试的女性身份。Lotte Vermeulen 等人（2016）研究发现，如果女性被试对自己的性别越认同，那么她们所受威胁就越大，表现就越差。

7.2 女性性别刻板印象威胁：基于元分析的检验

7.2.1 文献收集

主要采用英文和中文文献搜索两种方式获取中英文实证研究。检索关键词主要基于以往关于性别刻板印象威胁研究中的标题、摘要、关键词等来确定。纵观以往研究发现，Steele 等人（1995）较早提出了刻板印象威胁这一概念，在此，文献检索起始时间跨度为 1995 年 1 月至 2016 年 6 月。英文文献搜索数据库主要包括 Psyc INFO，Springer，Research Gate，Elsevier 等，搜索方式为将关键词“stereotype threat”与“gender”“women”“female”“girl”分别进行联合搜索。中文文献搜索数据库主要为 CNKI 中国学术期刊网络出版总库、CNKI 中国期刊网优秀博硕论文全文数据库、中国科技期刊数据库（维普期刊）、万方数据库等，搜索方式为将“刻板印象威胁”与“性别”“女”分别进行联合搜索。同时采用文献回溯法，根据参考文献进一步进行检索。另外，也可在百度学术和 Google Scholar 中进行补查。

文献纳入标准：（1）研究应为实验研究，综述等其他非实验类研究予以排除。（2）研究中存在实验组和控制组，实验组激活刻板印象，否则予以排除。（3）研究应该报告可生成元分析效应量的完整数据（如样本量、平均数、标准差或 t 值等），否则予以排除。（4）文献中涉及的调查数据不能重复，若以同一份数据发表两篇以上的论文，只纳入其中一篇文献。

经筛选，共有 21 篇符合元分析的文献，包括 34 个独立样本研究符合元分析标准（$N=1886$）。

7.2.2 文献编码

对于符合元分析标准的文献，按照以下变量逐条进行编码：（1）基本信息，包括作者、时间、样本量。（2）潜在的调节变量，即操作方法和测试环境，包括刻板印象威胁激活方式、刻板印象威胁激活材料类型、被试中是否有男性参与对照。（3）结果变量，包括认知任务（工作记忆等）、思维任务和操作任务（空间技能等），由于研究中数学任务占比重特别大，所以将数学类似任务归纳成思维任务与其他认知任务分离开来检验。（4）效应量 d。文献编码结果见表 7-1。

表 7-1　性别刻板印象威胁后果的基本资料

研究	*N*	PT	Mani	Boys	DVT	*d*
Keller（2002）	37	R	E	Y	MA	−0.41
Bailey（2004）	55	L	E	Y	CO	−0.13
Jones（2005）	63	L	E	Y	MA	−0.24
Lesko，Corpus（2006）	68	L	E	Y	MA	−0.62
Muzzatti，Agnoli（2007）1-1	35	R	I	Y	MA	0.05
Muzzatti，Agnoli（2007）1-2	68	R	I	Y	MA	0.23
Muzzatti，Agnoli（2007）1-3	64	R	I	Y	MA	0.13
Muzzatti，Agnoli（2007）1-4	42	R	I	Y	MA	-0.43
Muzzatti，Agnoli（2007）2-1	42	R	I	Y	MA	0.03
Muzzatti，Agnoli（2007）2-2	48	R	I	Y	MA	0.15
Muzzatti，Agnoli（2007）2-3	30	R	I	Y	MA	−1.23
Titze 等（2010）	84	L	E	Y	CO	0.33
杨晓玲（2010）	42	L	E	N	MA	−0.49
Jones（2011）	63	L	E	Y	MA	−0.70
Cherney，Campbell（2011）	04	R	E	Y	MA	0.29
Appel 等（2011）	40	R	E	N	SS	−0.72
陈莹（2011）1-1	28	R	E	Y	MA	−0.21
陈莹（2011）1-2	22	R	E	Y	MA	−1.23
陈莹（2011）2-1	28	L	E	Y	MA	−0.58
陈莹（2011）2-2	22	L	E	Y	MA	−0.90
Steinberg 等（2012）	66	L&R	E	N	CO	−5.28
Picho，Stephens（2012）1	38	R	I	Y	MA	−0.76
Picho，Stephens（2012）2	51	R	I	N	MA	−0.14
Neuburger 等（2012）	72	L	E	Y	CO	−0.14
刘迪（2013）1-1	47	L	E	N	CO	−0.69

续表

研究	N	PT	Mani	Boys	DVT	d
刘迪（2013）1-2	46	L	E	N	CO	－0.52
孟祥银（2014）	76	L	E	Y	MA	－1.04
宋淑娟，刘华山（2014）1	91	L	E	N	CO	－0.54
宋淑娟，刘华山（2014）2	97	L	E	N	MA	－0.28
宋淑娟，刘华山（2015）1	38	R	E	N	CO	－1.02
宋淑娟，刘华山（2015）2	36	R	E	N	CO	－0.07
Laurin（2016）	44	L	E	Y	SS	－5.30
Kaye，Pennington（2016）	40	R	E	Y	SS	－0.37
Vermeulen 等（2016）	59	R	I	N	SS	－0.04

注：M——样本量（控制组和实验组之和）；PT——激活刻板印象威胁的材料呈现方式；R——文字呈现；L——主试口述；Mani——操纵方式（刻板印象威胁激活材料类型）；E——明确的；I——暗示的；Boys——实验被试有无男性；Y——有男性参与实验；N——无男性参与实验；DVT——因变量类型；MA——数学表现，即思维任务；CO——认知任务；SS——操作任务；d——效应量（standardized mean difference）。

7.2.3 元分析程序

7.2.3.1 效应量计算

心理学经常使用的效应量有标准平均差（standardized mean difference，d）和相关系数（correlation，r），当比较两组的均值时，用 d 指数测量效应量是合适的，d 指数表明了两组均值之间的差异大小，因此本次研究选用的效应量为 d。具体计算公式如下：

$$\text{Cohen's}d=\frac{(M_1-M_2)}{\sqrt{\frac{(N_1-1)S_1^2+(N_2-1)S_2^2}{(N_1+N_2-2)}}},$$

其中，M_1 和 M_2 和分别为实验组和控制组的均值，N_1 和 N_2 分别为两组的样本量，S_1 和 S_2 分别为两组的标准差。

7.2.3.2 异质性检验

异质性检验的目的在于检验研究测得的平均效果量是否异质。元分析中观测值获得的效果量包含真实效果量和残差，残差会导致观测效果量的部分虚假。如果虚假部分超过统计范围，那么各研究间获得的效果量为异质，这一步即为异质性检验。国外研究利用 x^2（chi-square test）对效果量进行异质性 Q 检验。Q 检验的公式为：

$$Q = \sum_{i=1}^{K} w_i (Z_{ri} - SE)^2,$$

其中，$w_i = n-3$，Z_{r1} 为第 i 个效果量，SE 为平均效果量。Q 检验具有统计学的显著性，以 p 值形式呈现，若 $p<0.05$，则表明显著异质。而 I^2 检验弥补了 Q 检验无法判断异质性的程度这一缺陷，反映的是由效应量的真实差异造成的变异在总的变异中所占的比重，以 I^2 值的形式呈现，该值越大表明异质性程度越高。根据 Higgins，Thompson，Deeks 和 Altman（2003）的观点，可将 25%、50%、75%分别大致看作异质性低、中、高的界限。若效应量显著异质且程度并不低，则表明选择随机效应模型合理。

研究采用 CMA 2.0（Comprehensive Meta-Analysis 2.0）进行元分析。

7.3 性别刻板威胁对女性的影响及调节因素

7.3.1 主效应检验

主效应检验呈现的是性别刻板印象威胁条件下女性在不同任务中的表现，认知、数学和空间技能任务的效应量分别为−0.44、−0.25 和−0.66，且 95%置信区间上下限都为负值，说明这三个效应量并非偶然因素引起，双尾检验 $p<0.05$，说明这三种任务中，实验组和控制组存在明显差异，刻板印象威胁会显著降低女性的这三项任务表现见表 7-2。

表 7-2　性别刻板印象威胁后果的主效应检验

	k	N	d	SE	95% CI for d		Test of null（2-Tail）	
					Lower	Upper	Z	p
认知任务	9	535	−0.44	0.09	−0.62	−0.26	−4.75	<0.001
思维任务	21	1168	−0.25	0.06	−0.36	−0.13	−4.16	<0.001
操作任务	4	183	−0.66	0.17	−0.98	−0.33	−3.95	<0.001

7.3.2 异质性检验

分别对三种结果变量进行异质性检验，结果见表 7-3。结果发现 Q 检验均显著，这表明效应量显著异质。对于三种结果变量的 I^2 分别为 92.46、65.14 和 94.92，说明三个变量中由效应量的真实差异造成的变异分别占总变异的 92.46%、65.14%和

94.92%。从异质性低、中、高的界限来看，本研究三类结果变量中效应量真实差异所占比重属于接近中等及中等以上的异质性，进一步表明异质性程度较高。故本研究采用随机效应模型合理。

表 7-3　效应量异质性检验

	异质性				Tau-squared			
	Q	df	p	I-squared	Tau squared	SE	方差	Tau
认知任务	106.09	8	<0.001	92.46	0.97	0.56	0.32	0.98
思维	57.37	20	<0.001	65.14	0.14	0.08	0.01	0.38
操作任务	59.05	3	<0.001	94.92	2.23	2.10	4.42	1.49

7.3.3　调节效应检验

本研究考察了刻板印象威胁激活方式（主试口述指导语和被试阅读指导语）、刻板印象威胁激活材料类型（明确的/暗示的）、被试中是否有男性参与对照（有/无）在性别刻板印象威胁对女性表现的影响中的调节作用。具体结果见表 7-4。

结果表明，刻板印象威胁激活方式（Q_b=19.92，df=1）、刻板印象威胁激活材料类型（Q_b=8.00，df=1）、被试中是否有男性参与对照（Q_b=9.20，df=1）都会在性别刻板印象威胁对女性表现的影响中起作用。证实了假设二（1）和（2），并没有证实假设二（3）。具体而言，主试阅读指导语、明确的激活材料和没有男性被试更明显地造成了女性行为表现的下降。

表 7-4　性别刻板印象威胁后果的调节变量检验

调节变量	类别名称	k	N	d	95% CI for d		Test of null (2-Tail)		异质性	
					Lower	Upper	z	p	Q_b	df
呈现方式	L	16	964	−0.55	−0.69	−0.42	−8.05	0.00	19.92***	1
	R	18	922	−0.12	−0.26	0.01	−1.86	0.06		
操纵方式	I	10	477	−0.11	−0.29	0.07	−1.17	0.24	8.00**	1
	E	24	1409	−0.42	−0.53	−0.31	−7.41	0.00		
有无男性	Y	23	1273	−0.24	−0.35	−0.12	−4.07	0.00	9.20**	1
	N	11	613	−0.55	−0.72	−0.38	−6.40	0.00		

注：* $p<0.05$，** $p<0.01$，*** $p<0.001$。

7.4 女性刻板印象威胁效应分析

本章通过元分析的方法，结合 21 篇相关文献的 34 个独立样本，重点讨论了刻板印象威胁的激活对女性各项行为表现的影响，以及三类调节变量对女性在刻板印象威胁下的表现的影响。结果表明，刻板印象威胁的激活会显著降低女性在认知、思维和操作这三类任务上的表现，而这种影响会受到刻板印象威胁激活方式、刻板印象威胁激活材料类型和被试中是否有男性参与对照这三类因素的调节。

7.4.1 性别刻板印象威胁对女性表现的影响

从主效应检验的结果来看，认知、思维和操作任务的效应量分别为－0.44、－0.25 和－0.66,说明在这三类任务中，女性的表现都受到了性别刻板印象威胁的影响，表现有不同程度的显著降低，验证了假设一。有关性别刻板印象威胁的心理机制现在并没有得到准确的答案（阮小林，2009）。

焦虑是最早受到关注的心理机制。Steele 和 Aronson（1995）预测，所属群体相关的消极刻板印象会引起被试的焦虑，而焦虑又通过产生认知干扰影响被试表现。Mrazek 等人（2011）的研究发现，焦虑是性别刻板印象威胁对女性数学能力产生影响的重要因素。同时，当个体受到消极的性别刻板印象威胁时，便会有或低或高的期望，当个体表现出较低的期望的时候，个体表现会处于低水平；当个体表现出较高的期望时，这种期望在很大程度上会提高个体的焦虑水平，进而导致表现下降(Crisp，Mein-Woei，2007)。

7.4.2 调节变量的影响

从调节变量检验可知，三类调节变量对性别刻板印象威胁作用的影响是显著的。相对于被试阅读文字指导语和暗示性的激活材料，主试阅读指导语和明确的激活材料使女性被试的表现有显著的下降。这可以理解为上述两类调节变量影响了性别刻板印象威胁的激活状态，从而影响了性别刻板印象威胁对女性表现的影响。

然而与假设不符的是，没有男性被试同时参与实验的时候效应量绝对值大于有男性被试参与实验时的效应量绝对值，即有男性被试参与相比较于没有男性被试参与提高了女性刻板印象威胁条件下的表现。出现这种状况的原因可能是女性被试认知到有男性被试参与同一实验，从意识上开始反抗刻板印象威胁，提高了自我肯定，从而减弱了刻板印象威胁带来的表现上的影响（刘迪，2011）。也有可能是男性被试的存在激活并提高了女性被试的自尊水平，自尊水平可以影响个体对威胁情境的知觉水平，具有较高的自尊水平的人更可能展现自己更加正面的形象，并且更准确地感知积极评价而非负面评价（张宝山，2014）。这里还应该考虑被试的受教育程度和文化背景，不同的被试也许会有不一样的性格，西方人直爽直接，东方人较为委婉，西方教育中对于测试的重视程度显然不如东方，东方背景下性别信息很容易对女性造成威胁（宋淑娟，刘华山，2014），这种反抗意识和自我肯定就不那么容易产生并发生影响。

7.4.3 研究的不足和展望

第一，本次研究未考虑被试群体的文化背景、年龄层次、受教育程度等人口学变量，从而无法做进一步的对比研究、探索为什么有男性被试参与相比较于没有男性被试参与提高了女性刻板印象威胁条件下的表现。在未来的研究中，研究者应该更多地关注年龄变量和文化变量在性别刻板印象威胁中的调节作用。

第二，调节变量检验中得出了有男性被试参与相比较于没有男性被试参与提高了女性刻板印象威胁条件下的表现，这种现象有可能是男性被试的参与提高了女性被试的自我肯定，因此，在刻板印象威胁的干预策略中可以多关注自我肯定的方法以降低消极影响。

8　女性驾驶刻板印象威胁研究

随着人们生活水平的提高，汽车走进了寻常人家。随着驾驶人员数量的激增，驾驶人群中女性驾驶员的数量也在急剧增长。与此同时，关于女性驾驶员开车技术的讨论也愈加热烈。人们通常认为，女性在机械操作类的任务上不如男性。网络上、纸媒上曾大量出现过女性驾驶水平不好的报道，其中不少明显有嘲讽的倾向。虽然女性驾驶刻板印象普遍地存在于社会生活中，但目前关于这个领域的研究却非常有限（Lonczak，Neighbors，Donovan，2007）。

女性驾驶刻板印象作用的结果可能并不单单是驾驶表现。尽管人们通常认为女性不擅长驾驶，然而事实表明女性驾驶并不比男性差。实际上，女性比男性更加遵守交通规则（Yagil，1998）、更少参与危险驾驶行为（Bina 等，2006）、更少出现违反交通规则的情况（Lonczak 等，2007），也更少地死于交通事故（Hanna 等，2006）。北京交通事故数据显示，女性卷入交通事故的比率与男性并无明显差异。因此，与刻板印象威胁作用于认知表现（如数学测验等）不同，在现实生活中，男、女驾驶表现并没有明显的区别。

然而，实验室研究表明刻板印象会在一定程度上削弱女性的驾驶表现，证明了女性驾驶刻板印象威胁对于女性驾驶仍然有相当的影响（Moè 等，2015；Yeung，Hippel，2008）。因此，一个可能的情况是，在实际生活中刻板印象作用的结果很可能除了驾驶表现还有其他方面。通过生活经验，我们常常会感觉到男性驾驶比女性要多，而部分女性驾驶员在可能的情况下，常常尽量避免自己开车，而这很有可能表明刻板印象威胁在一定程度上对女性驾驶员心理层面因素产生了影响。Moè 等人（2015）也曾经发现尽管女性的驾驶表现并不比男性差，可是却更多地报告自己的驾驶水平不佳。所以基于这样的社会现实，本研究创新性地将驾驶自信作为女性驾驶刻板印象的作用结果进行了研究。

不同的刻板印象激活线索所带来的影响不尽相同。Stone 和 Mcwhinnie（2008）的研究表明，不同的刻板印象激活线索作用机制相互独立而不存在叠加效应。另外，

Skorich 等人（2013）对于新手驾驶刻板印象威胁的研究表明，情境线索有可能会增加被试的努力，从而影响被试的任务表现。这些研究表明，外显线索与情境线索在研究中的作用可能会有所区别。因此，本章研究设计了不同的刻板印象激活线索，以探讨不同刻板印象激活线索是否会给研究结果带来不同的影响。

此外，驾驶作为一项机械操作技能，与传统刻板印象威胁研究的认知领域不同。机械操作技能需要人的程序性记忆，一旦技能成为习惯之后，受心理因素的影响就会相应变小。就像是高级运动员在经过长期训练之后，即使是在国际比赛等高压情况下也能将高难度动作表现出来，而不像是新手会因为紧张导致失误。因此，驾驶安全与驾驶员的驾驶时长和经验关系更加密切。Clarke，Ward，Bartle，Truman 的研究（2006）也表明，驾驶经验的确会显著地影响人们的驾驶表现。在本章研究中，以获得驾照后的真正开车上路的真实驾驶年龄作为衡量驾驶经验的指标，研究驾驶经验是否会与刻板印象威胁一起对女性驾驶表现和驾驶自信产生交互作用。

8.1 驾驶表现的影响因素

8.1.1 驾驶经验对驾驶表现的影响

驾驶表现是一项需要相当认知能力的综合技能。研究表明认知能力，如工作记忆等会随着年龄的增长发生变化，因此老年人在驾驶中有着更差的任务表现或许与此相关。但是生活中女性与男性在驾驶表现上并无明显区别，说明了女性驾驶刻板印象威胁的机制可能与其他的驾驶刻板印象威胁机制不同，甚至不会对女性的驾驶表现产生显著影响。这是否也说明了影响女性驾驶表现另有其他重要因素？且这些因素是否会与刻板印象威胁一起对女性驾驶行为或者心理产生交互作用呢？

驾驶作为一项程序性记忆操作，通常是无意识的。驾车熟练的人通常不需要刻意回忆开车起步的具体程序就可以驾车了；他们在遇到突发状况时也不需要仔细回忆哪个是刹车而错踩油门。因此，良好的驾驶表现显然需要长时间的重复练习和一定的驾驶经验。已有不少研究表明，驾驶经验是驾驶表现的重要预测指标之一(Clarke 等，2006；Lajunen，Summala，1995)，驾驶经验越少的新手越容易卷入交通事故。

衡量驾驶经验最常使用的指标就是驾驶年龄（Clarke 等，2006；Waller，Elliott，Shope，Raghunathan，Little，2001)，比如获得驾驶证的时间长短。Clarke 等人（2006）的研究也表明驾驶年龄每增长一年，人们违反交通法规的比率就下降 8%，这一下降速度是十分迅速而显著的。同样，驾驶年龄每增长一年，驾驶员的责任事故率就下降了 6%，而且女性的下降比率甚至是男性的 2 倍（Clarke 等，2006），这也再次说明女性的实际驾驶表现并不比男性差。不过，使用获得驾驶证的时间长短作为衡量驾驶经验标准的方法并不十分妥当，因为在生活中相当一部分人在取得驾驶证之后并没有实际的上路经验。这在尚不具备经济支付能力的大学生和刚刚步入社会的年轻人中尤为普遍。一个人可以在成年后就取得驾驶证，可是长时间不开车的他与一个刚刚获得驾驶证却天天开车的司机相比，谁更具有驾驶经验呢？显然是后者。因此，在本章研究中使用真实驾驶年龄作为衡量驾驶经验的标准。

8.1.2 刻板印象威胁对驾驶表现的影响

早期对刻板印象威胁影响的研究主要集中在学业表现（Aronson 等，1999；Clark，Thiem，Barden，Stuart，Evans，2015）等认知能力方面，近年来研究逐渐扩展到了各个领域，其中就包括驾驶安全。在驾驶方面，新手、老年人以及女性通常是受到刻板印象威胁的群体。不少研究（Aronson 等，1999；Croizet，Claire，1998；Steele，Aronson，1995）都表明，刻板印象威胁会在一定程度上削弱受到威胁群体与驾驶相关的任务表现。例如，对新手驾驶员的研究表明，当他们在实验前阅读到新手驾驶员更容易卷入交通事故的信息后，他们在随后的道路威胁探测任务中表现得比没有阅读到相关信息的新手驾驶员要差，而且这一过程被努力这一变量完全中介（Skorich 等，2013）。对老年驾驶刻板印象威胁的研究（Chapman，Sargentcox，Horswill，Anstey，2014；Lambert 等，2015）也证明了刻板印象威胁会削弱老年驾驶员的驾驶表现。在对老年驾驶刻板印象方面有大量的研究，对其机制也有了一定的了解。研究者发现领域认同是刻板印象威胁与老年人驾驶表现中的重要调节变量。其他的研究者（Lambert 等，2015）还关注了诸如工作记忆能力等因素在其中的调节作用。

相比之下，对于女性驾驶刻板印象威胁的研究较少，心理机制的研究更是亟待研究者的关注。虽然都是刻板印象威胁与驾驶表现的研究，这些领域的研究也有很大的借鉴作用，但是女性驾驶刻板印象威胁与老年人或者新手驾驶刻板印象威胁还是有着很大不同，尤其是内在的作用机制。在生活中，老年人和新手在驾驶方面的确有着更差的驾驶表现（Chapman 等，2014；Joanisse，Gagnon，Voloaca，2013；Skorich 等，2013）。而从生活数据（北京统计局，2014）来看，女性驾驶员并不会更多地卷入交通事故。尽管一些研究（Moè 等，2015）表明，在实验室情境下激活女性驾驶刻板印象的确会削弱女性驾驶员的任务表现。所以，与传统的刻板印象威胁作用结果不同，在女性驾驶刻板印象威胁上其对应的任务表现并没有明显的男女差异。这很有可能是因为驾驶作为一种长期操作形成程序性记忆的活动，主要与熟练程度有关，而男性和女性在这方面的能力并没有明显差异。尽管女性在驾驶表现上没有明显得比男性差，但行为层面上的无差异不代表刻板印象威胁不存在或者没有影响，刻板印象威胁同样有可能影响到女性驾驶员的心理层面，比如驾驶自信。

8.1.3 驾驶自信

自信对于驾驶是十分重要的，而不同驾驶能力水平的驾驶员的自信水平也不相同（Rashid，Foon，Yin-Fah，2010）。Oxley 等人（2005）对女性老年人的研究发现，那些对驾驶水平感到自信的女性驾驶员会有更好的驾驶表现。当女性老年驾驶员缺乏自信时，她们将更有可能卷入交通事故，同时也更有可能在驾驶过程中出现更多的问题。这项研究（Oxley 等，2005）还发现那些不常开车、缺乏实际驾驶经验的人会报告更低的自信水平，而这最终会导致事故发生风险的增加。同样的，Marottoli 和 Richardson（1998）的研究也报告了相同的结果，即那些常常开车、拥有更丰富驾驶经验的司机会报告更高的自信水平。因此，驾驶自信与实际的驾驶经验关系更为密切，而不与年龄或者教育水平等因素相关。

对于驾驶刻板印象威胁的传统研究主要集中在被试的驾驶表现上，而鲜有研究者关注刻板印象威胁对驾驶自信等驾驶员心理层面变量的影响。在男、女实际驾驶表现无明显差异的情况下，考察刻板印象威胁对驾驶自信的影响是本研究的一大亮点。

8.1.4 虚拟驾驶

近年来，虚拟现实技术得到了快速发展，这项技术也在商业领域得到了广泛应用。例如，国内深受欢迎的网购零售平台淘宝就将在近日推出虚拟现实购物技术，可见虚拟现实技术是未来科技发展的一大热门。同样，将这项新技术应用于科学研究领域的需要也是迫切的。在过去的几十年中，驾驶和交通安全正在面临快速变化，这些变化来自驾驶群体的变化（例如女性驾驶员数量的快速增长）、车辆生产设计上的变化（Linda Ng，Lee，2010）以及其他的交通科技的发展（例如 GPS 导航等）。在我国，随着近年来经济水平的快速提升，驾驶车辆和驾驶员的数量急剧增加，同时也带动了国家交通基础设施的建设。据估计，2020 年我国的交通基础设施增长将达到 92%（Kopits，Cropper，2005）。此外科学技术的发展也给驾驶带来了新议题。随着智能手机的普及以及导航技术的发展，越来越多的驾驶员在驾驶过程中使用智能设备。这给驾驶生活带来了便捷，但同时也会让驾驶员分心。这些驾驶方面的发展或者变化都将给驾驶安全带来影响。

这些影响难以在自然情境下进行观测，需要相当的事故数据的积累，同时这些交通事故中具体的影响因素也难以被证实（Linda Ng，Lee，2010）。因为在自然情境下无法进行实验变量的操作，而且每一项交通事故都是有特定的情境和原因，也带有相当的随机性，所有这些因素都给研究带来了困难。相反，虚拟驾驶就能很好地解决这些问题，而且最重要的是它可以在实验室进行重复检验。

正如车辆科技本身的发展，虚拟驾驶技术近年来也在快速发展。虚拟驾驶器的仿真度越来越高，同时价格越来越低廉，甚至只要配合上移动电脑就可以随时练习驾驶技术。这使得它在普通驾校也开始普及，让学车者有更多的练车机会以及低成本的犯错机会。这种优势也使得普通的科学研究者有机会使用虚拟驾驶技术进行科学研究，在这方面的研究数量也在逐年增加。Linda Ng 和 Lee（2010）的研究指出，在 1965 年至 1999 年之间，题目、摘要或者主题中包括“虚拟驾驶”的文献仅有 124 篇。而在 2000 年至 2009 年之间，这一数量就增长到了 572 篇，平均每年就有 63．5 篇有关虚拟驾驶的文献发表。虚拟驾驶技术成为研究个体驾驶差异、车辆技术、道路设计以及交通事故预防的有力技术。

8.2 研究方法和程序

8.2.1 被试

选取武汉某高校持有驾驶证的女性学生和教师 69 人，其视力或矫正视力正常。

8.2.2 实验设计

本研究采用单因素（刻板印象威胁水平：控制组/类别线索组/外显线索组）被试间设计。实验的因变量为被试在模拟驾驶中所犯错误的次数和在驾驶自信问卷上的得分。

8.2.3 实验材料

8.2.3.1 刻板印象激活

在模拟驾驶任务之前，不同实验条件下的被试都将简短回答四个问题，包括个人年龄、婚姻状况、驾驶时间、联系方式等。类别线索组的被试填写的信息中包含额外问题：“请问你是女司机吗?”要求被试做是否判断，以此激活被试的刻板印象。外显线索组的被试填写的个人信息中不包括上述问题，但是需要阅读一则女性驾驶员更容易造成交通事故的新闻报道，这则名为《有一种人类，叫“女司机”》的报道发表于《南京晨报》。控制组的被试只填写个人信息。

8.2.3.2　模拟驾驶任务

本实验将使用模拟驾驶任务衡量被试的驾驶表现。采用驾校模拟驾驶设备，驾驶场景设置为模拟驾驶考试（科目三路考）场景。这台驾驶模拟器使用了模拟驾驶学车软件。模拟器由方向盘（包括转向灯、雨刷、点火钥匙等），踏板（包含离合器、脚刹和油门），手刹和变速杆构成。画面呈现使用了 18.5 英寸的台式电脑，分辨率为 1366×768。实验所用设备如图 8-1 所示。

图 8-1　实验操作情境

路考测验模拟了真实的路考情境及要求。测试者需要驾驶通过环道，平均需要 10—15 分钟的时间完成。所有的道路均为双向四车道。驾驶情境包括行人、机动车辆和非机动车辆，数量为默认设置以保持良好的路况。测试者需要完成起步、超车、变更车道、加减档等科目三要求的考试项目。整个路考模拟过程中被试会听到考试操作的语音提示。

驾驶表现评价为系统自动记录下的考试错误。这些评判标准均遵循了真实的路考标准。例如，撞车、逆向行驶、起步不鸣笛和打转向灯、变更车道不打转向灯、通过人行横道不减速等。

8.2.3.3　驾驶自信

驾驶自信问卷包含四个问题，由 Chapman 等人（2014）编制。本研究中的信度比较理想，为 0.84。

8.2.4 实验程序

被试通过发布在社交网络平台（如QQ、微信等）的招募信息联系实验者预约实验。正式实验之前，被试需要完成驾驶领域认同问卷。实验在社会行为实验室完成，整个过程持续约30分钟。由于实验主试的性别也可能成为激活女性群体类别的线索(Stone，Mcwhinnie，2008)，本实验的所有被试将由女性实验者引导。在实验的任何环节，无论出于何种原因，被试都有选择退出实验的权利。

被试可以根据个人习惯自由选择驾驶手动挡或自动挡的车辆。开始时，所有被试将获得实验主试口头的指导语，主要包括实验目的、实验任务和实验流程，以此让被试熟悉实验内容。其中，所有被试将被告知实验目的是研究思维与注意力、驾驶以及社会问题之间的关系。然后，被试将在模拟的一片开阔地上进行自由练习以熟悉设备，练习阶段持续3—5分钟，直到被试示意可以开始后续实验。

接下来被试将被随机分配到不同水平的刻板印象威胁组（控制组、类别线索组、外显线索组），每组各20人。随后被试需要完成关于个人驾驶信息问题，其中控制组和外显线索组的问题相同如下：

年龄________婚姻状况________

驾驶证取得时间________年________月　实际驾龄________年

联系QQ（可选）______________

外显线索组的被试另外将阅读一则发表在《南京晨报》上题为《有一种人类，叫“女司机”》的新闻。同时，实验主试会口头做出如下解说：“在正式实验之前，你需要了解更多关于研究的信息。通常来说，女性被认为不擅于驾驶。尽管女性中也有驾驶技术好的司机，但的确有些证据表明这种观点也许是对的。下面你将看到一些例子。”

书面和口头的指导语主要是让被试感觉到自己是受到刻板印象威胁的群体，同时让被试感觉到这种刻板印象似乎是合理的。被试的平均阅读时间为3分钟，以保证她们认真阅读了实验信息。在此之后，被试进入时长约15分钟的正式实验程序。控制组的被试在被提示进入正式实验后，将直接进行正式测量。

对于类别线索组的被试，实验者将告知她们：“现在需要你回答一些关于个人驾驶信息的问题。”要求被试回答问题：“你是女司机吗？”同时，实验者会特别提醒她们在此问题之后做出判断。类别线索组被试需要完成的信息如下：

请问你是女司机吗？是________否________

年龄________婚姻状况________

驾驶证取得时间________年________月　实际驾龄________年

联系 QQ（可选）________

回答之后，进入正式实验程序。

最后，当被试完成实验程序后，实验者将向她们解释研究的真实目的，同时要求她们完成后续问卷。这份问卷包括驾驶自信共 4 道题目。

8.3　结果与分析

实验中途 3 名被试要求退出（退出原因是时间不合适或者穿着高跟鞋等，由此导致不适宜完成实验），最终的有效数据为 69 份，控制组、外显线索组、类别线索组各 23 人。被试的平均年龄为 21.1（$SD=1.85$），三组无明显差异，$F=0.278$，$p>0.05$；平均持有驾照时间为 11.1 个月（$SD=10.1$），各组不存在显著差异，$F=0.45$，$p>0.05$；平均真实驾龄（即被试取得驾照后实际上路驾驶的时间）为 2.2 个月（$SD=3.3$），各组差异不显著，$F=1.876$，$p>0.05$。

对驾驶表现和驾驶自信做相关分析，发现两者不存在显著相关关系，说明这两个因变量之间相互独立，$p=0.362$。

以被试在科目三考试中所犯错误次数为因变量，做单因素方差分析（刻板印象激活线索：控制组、外显线索组、情境线索组）。结果表明，不同的刻板印象激活线索各组之间不存在显著差异，$F=0.284$，$p>0.05$。

以被试在科目三考试中所犯错误次数为因变量，以被试的真实驾驶年龄为自变量做回归分析。线性回归分析结果显示，被试路考所犯错误次数与真实驾龄不存在显著回归关系，$F=2.431$，$p>0.05$。

由于在本实验中被试大部分为在校大学生，实际上路驾驶时间较短，因此，依据取得驾照后是否实际上路驾驶分为有经验组和无经验组。然后以模拟路考中被试所犯错误为因变量，做 2（有、无驾驶经验）×3（刻板印象激活线索：控制组、外显线索组、情境线索组）多因素方差分析。各组被试的驾驶表现见表 8-1。分析结果表明驾驶年龄的主效应显著，$F=0.017$，$p<0.05$，驾驶年龄与刻板印象激活线索的交互作用不显著，$F=0.097$，$p>0.05$。

表 8-1　各个实验情境下被试驾驶犯错次数

刻板印象激活线索	驾驶年龄	n（人）	驾驶犯错次数平均值（SD）
控制组	无	13	22.31（7.87）
	有	10	10.90（6.44）
	总共	23	17.35（9.17）
外显线索组	无	10	14.70（7.72）
	有	13	15.54（13.49）
	总共	23	15.17（11.13）
情境线索组	无	12	19.58（10.32）
	有	11	13.36（7.43）
	总共	23	16.61（9.40）
总共	无	35	19.20（9.04）
	有	34	13.47（9.89）
	总共	69	16.38（9.83）

以被试在驾驶自信上的得分为因变量，做单因素方差分析（刻板印象激活线索：控制组、外显线索组、情境线索组）。结果表明，不同的刻板印象激活线索组在驾驶自信上的差异不显著，$F=0.284$，$p>0.05$。

以被试在科目三考试中所犯错误次数为因变量，以被试的真实驾驶年龄为自变量做回归分析。线性回归分析结果显示，被试路考所犯错误次数与真实驾龄不存在显著回归关系，$F=2.467$，$p>0.05$。

以刻板印象激活线索分组，对各组分别做回归发现，在控制组中驾驶年龄可以预测驾驶自信，$F=4.498$，$p<0.05$，外显线索组，$F=0.135$，$p>0.05$ 和情境线索组，$F=0.493$，$p>0.05$ 中驾驶年龄无法预测驾驶自信。

8.4　刻板印象威胁对女性驾驶的影响

实验结果部分印证了本章研究的三个假设，同时也出现了与假设不相符合的情况。首先，三种不同条件下被试驾驶犯错次数均没有显著差异，表明女性驾驶刻板印象的确对女性驾驶表现没有显著影响，但与假设一不相符的是刻板印象威胁在被试驾驶自信上的得分不存在主效应，说明刻板印象威胁本身并不会直接影响到女性驾驶员的驾驶自信。其次，驾驶年龄的确可以预测驾驶表现（驾驶年龄越长，驾驶表现越好，所犯错误次数越少），但是对驾驶自信和驾驶年龄的回归分析发现，驾驶年龄不能预测被试在驾驶自信上的得分。最后，经检验分析发现，女性驾驶刻板印象威胁与驾驶年龄存在交互效应，但是这种交互效应只对驾驶自信有作用。因此，总体来说研究结果可以从以下两方面进行概括。

8.4.1 驾驶表现只与驾驶经验相关

研究结果表明驾驶表现（被试在实验中的犯错次数）只与被试的驾驶经验相关，驾龄越长，驾驶经验越多，被试所犯错误次数越少，驾驶表现越好。而刻板印象威胁以及其与驾驶经验的交互作用对驾驶表现都没有显著的影响。这说明驾驶表现作为一项程序性记忆操作技术，需要更多的练习时间。一旦掌握了这项技术之后，就不再或者很少受到心理因素，诸如刻板印象威胁的干扰作用。这在一定程度上也说明了提高驾驶技术最需要的是大量的练习和实际的上路经验。

8.4.2 女性受到刻板印象威胁后，驾驶经验不再预测驾驶自信

女性驾驶自信受到刻板印象威胁和驾驶自信交互作用的影响，单独的刻板印象威胁和驾驶自信都不对女性驾驶自信产生影响。当女性没有受到刻板印象威胁时，驾驶年龄可以预测驾驶自信。而一旦受到刻板印象威胁，驾驶年龄不再预测驾驶自信。

另外，无论是外显的刻板印象激活线索（如直接告诉受威胁群体在他们在任务表现上表现不佳），还是内隐的刻板印象激活线索（如实验者的性别或者激活群体的群体身份）都使得驾驶经验不再预测驾驶自信，表明两种不同的刻板印象激活线索的作用效果是独立的，支持了 Stone 和 Mcwhinnie（2008）的双加工假设模型。本章研究的研究结果表明，在女性驾驶员中，更多的驾驶经验原本可以预测驾驶自信。当她们开车越频繁、开车时间越长，驾驶自信水平就会越高。但是，一旦这一群体受到女性驾驶刻板印象威胁（女性驾驶技术不佳或者不如男性）时，拥有更多的驾驶经验也不能预测女性驾驶员的驾驶自信水平。这一现象说明了驾驶自信受到驾驶经验和刻板印象威胁交互作用的影响，而非受到单独某个因素的作用。

8.4.3 研究不足与未来改进

第一，由于研究条件的限制，本章研究的主要被试资源来自大学生，而这一群体能够获得驾照的人相对较少，即使获得驾照其真实的上路驾驶经验是相对较少的。事实上，本章研究中有相当一部分被试的实际驾龄为零，这给实验就带来了一定的误差。因此，在未来的实验中引入拥有更多社会经验和驾驶经验的年长女性是必

要的。

第二，尽管本章研究采用的设备是驾校学车模拟器，与真实的驾驶非常相似，不过现在虚拟现实技术快速发展，未来的研究可以考虑使用相关技术。彭凯平、刘钰、曹春梅、张伟（2011）指出，虚拟世界成为人类日常生活的一个重要组成部分，对人的思想、情感和行为产生不同程度的影响，对这些问题的研究逐渐成为社会心理学领域的一个新的研究范式。因此，在更真实的情境中研究驾驶行为将成为社会心理学的一大新趋势。

9 性别刻板印象威胁对初中男生阅读的影响

经济合作与发展组织（OECD）2014 年的国际学生评估项目（PISA）收集的数据显示，男生比女生在数学方面的表现要好平均 11 个百分点，然而在阅读能力方面，女生比男生的表现要好平均 38 个百分点。同时，在日常生活中我们也经常会发现同一年龄阶段女生的平均阅读能力强于男生，男生数学能力的平均水平强于女生这一现象。虽然可能是内在的性别差异使得女性有更高的阅读能力，但是根据 Steele 和 Aronson 于 1995 年提出的刻板印象威胁理论和相关刻板印象威胁对女性数学成绩影响的研究，我们开始探索刻板印象威胁的影响。

一直以来，处于传统弱势地位的女性群体一直受到广泛关注，比如在学科刻板印象方面有大量研究指向刻板印象威胁对女性数学成绩的影响，但在处于传统优势地位的男性方面，比较缺乏相关的刻板印象威胁研究。目前国内鲜有对阅读—性别刻板印象的研究。在国外的研究中，一些研究直接或者至少是通过显性激活刻板印象的方式检验了词汇—性别或是学业表现刻板印象的影响（Hartley，Sutton，2013；Keller，2007；Seibt，Forster，2004），结果支持女性在这些方面的表现优于男性。同时，Pascal Pansu 和 Isabelle Régner 等人也通过隐形激活的方式揭示阅读—性别刻板印象会削弱男孩的阅读表现（Pascal Pansu，Isabelle Régner，2016）。但是考虑到语言的不同以及跨文化的影响，这些结论是否适用于汉语语境下的中国儿童仍然有待加以验证。

在本章研究中，我们将以初中学生群体为被试进一步检验性别刻板印象在阅读领域的影响机制，同时也对“女性阅读成绩强于男性”这一现象提供性别差异以外的解释。本章研究在前人研究的基础上，通过刻板解释偏差（Stereotypic Explanatory Bias，SEB）验证初中学生是否存在“男性阅读能力劣于女性”的内隐刻板印象，并着重于探索刻板印象威胁的相关问题是否存在，受什么因素的影响。

9.1 性别刻板印象威胁对学习表现的影响

目前有关学科的性别刻板印象更多地集中在性别刻板印象在数学领域的研究上，如宋淑娟和刘华山（2015）探索的场认知风格对性别—数学刻板印象威胁的调节作用。性别刻板印象在阅读领域和性别刻板印象在数学领域的表现相似，性别刻板印象在阅读领域的主要观点为“相比于男性，女性更加擅长阅读”。在国内目前的研究中，比较缺乏阅读—性别刻板印象的相关研究。国外在这一方面做出的探索也比较少，法国的几名研究人员通过内隐激活的方式揭示男、女生阅读差异刻板印象会削弱男生的阅读表现（Pascal Pansu，Isabelle Régner，2016），还有一些研究者也直接或者至少是通过外显激活刻板印象的方式检验了词汇—性别或是学业表现刻板印象的影响（Hartley，Sutton，2013；Keller，2007；Seibt，Forster，2004）。刻板印象威胁会带来一系列后果，其中主要表现就是个体在行为上的表现会有所下降，同时也会在一定程度上导致心理上的分离与不认同。行为表现的降低是刻板印象威胁带来的最清晰的结果，比如在国外的一项研究中，受到刻板印象威胁组的黑人被试在学业标准化测验中的表现有着明显的下降（Steele，Aronson，1995）。受到威胁的个体在刻板化任务中的表现都有可能受到一定程度的影响。在刻板印象的不同阶段，个体会产生分离和不认同两种表现。在很短的且特殊的情况下，受到威胁会产生分离现象，长期的分离现象最终可能导致不认同（Stroessner，Good，Webster，2008）。

性别—学科刻板印象普遍存在于我们的生活中。一直以来，国内缺乏对阅读—性别刻板印象的相关研究，在东西方文化背景不同的情况下，阅读—性别刻板印象是否显著存在于我国的被试群体上仍待我们进一步的探索。同时，在当前的时代里，中文阅读方面的教育越来越受重视，因此对于社会中存在的阅读—性别刻板印象，我们有必要也有义务去做更深入的研究。在本章研究中，我们先对初中生群体是否存在阅读—性别刻板印象进行调查，检验其在跨文化上的一致程度，然后对自我认同与阅读—性别刻板印象威胁之间的关系做深入的探讨。

9.2　内隐性别—阅读刻板印象的存在

9.2.1　被试

从湖北省宜昌市某初级中学 7 年级 3 个班的学生中随机抽取 50 人（其中男生 25 人，女生 25 人）进行问卷调查，去除掉无效问卷 9 份（包括填写不完整问卷 5 份，性别漏填 2 份，性别填写部分有修改 2 份），实际收集到有效问卷 41 份。

9.2.2　实验设计

实验一以刻板解释偏差 SEB 问卷为主题进行测验，统计一个被试的 SEB 问卷上出现四种类别事件的总数量：（1）当男性作为句子的主语时，并且事件满足“相对于男性，女性更擅长阅读”的项目（与刻板印象一致）的归因总数记为 XX；（2）当男性作为句子的主语时，并且事件不满足“相对于男性，女性更擅长阅读”的项目（与刻板印象一致）的归因总数记为 XY；（3）当女性作为句子的主语时，并且事件满足“相对于男性，女性更擅长阅读”的项目（与刻板印象一致）的归因总数记为 YY；（4）当女性作为句子的主语时，并且事件不满足“相对于男性，女性更擅长阅读”的项目（与刻板印象一致）的归因总数记为 YX。针对男、女群体，每一个被试有着两个 SEB 数值，即 $SEB_1 = XY - XX$；$SEB_2 = YX - YY$。

9.2.3　实验材料

自编阅读-性别刻板印象的 SEB 问卷。SEB 问卷含有 25 个填空句，向被试呈现表明事件结果的前半句，要求被试在后面的空格中填上被试所能想到的全部理由。

利用开放式调查的方式，找到擅长阅读与不擅长阅读的事件表现作为编制问卷的材料。问卷中的典型男性姓名和典型女性姓名由两名主试选自常用汉族人名。9 个非 SEB 项目随意选择名字，本章研究中使用小张、小李、小杨之类的名字。

9.2.4　实验程序

将问卷发放给 50 个被试进行测验。SEB 问卷在课堂上统一发放，完成之后立即回收。实验时间为 25 分钟。

9.2.5 实验结果

实验一中，在计算 SEB 分值之前，经由两位主试对问卷后半句被试填写的归因内容分类编码，发现两位主试的编码高度相关，$r=0.89$，$p<0.01$。因此可以进一步计算 SEB 数值，并对 SEB 数值进行相关分析。SEB 实验获得的 SEB 分值如表 9-1 所示。

表 9-1 被试的 SEB 分值情况

项目	n	均值	标准差	t	Sig（双侧）
SEB_1（XY－XX）	41	0.756	1.480	3.272	0.002**
SEB_2（YX－YY）	41	0.707	1.436	3.154	0.003**

注：* $p<0.05$，** $p<0.01$。

通过表 9-1 我们知道 SEB_1 和 SEB_2 的 p 值均小于 0.05，SEB_1 与 SEB_2 都和 0 有着显著的差异，这表明 SEB 所检测出来的“女性比男性阅读能力好”这种刻板印象明显存在。

然后利用 SPSS20.0 对 SEB_1 和 SEB_2 分别进行方差分析，结果如表 9-2 所示，SEB_1 和 SEB_2 的 p 值均大于 0.05，结果不显著，因此被试性别对 SEB_1 和 SEB_2 没有显著影响。因此假设 1 成立，即对于我国的初中生群体而言，性别刻板印象显著存在于阅读领域当中，并且这种刻板印象不存在性别差异。

表 9-2 性别对 SEB 作用影响的方差分析

	平方和	df	均方	F	显著性
SEB_1（XY－XX）	5.735	1	5.735	2.733	0.106
SEB_2（YX－YY）	0.739	1	0.739	0.353	0.556

9.2.6 内隐阅读—性别刻板印象存在

我们利用刻板解释偏差 SEB 问卷对内隐阅读—性别刻板印象进行了研究。实验结果证实了内隐性别—阅读刻板印象的存在。实验结果显示 SEB_1 与 SEB_2 均与 0 存在着显著差异，数据表明“女性比男性阅读能力强”这一刻板印象确实存在，并且这种刻板印象不受性别的影响，也就是说男生、女生都认为“女性比男性阅读能力强”。

9.3 性别刻板印象威胁对初中男生阅读表现上的影响

9.3.1 被试

对湖北省宜昌市某初级中学 7 年级 4 个班的全部学生共 177 人进行问卷调查，去除掉无效问卷 42 份（包括问卷填写不完整、未填、未填性别）后，共收到有效问卷 135 份。

9.3.2 实验材料

(1) 中学生阅读能力测试问卷的主体为文本阅读，由 1 篇短文和 11 道选择题和 2 道主观题组成该测试问卷（节选温鸿博于 2005 年编制的语文阅读能力测评量表）。该量表较好地反映了语文阅读领域，难度适中，并且具有较高的区分度和信效度，符合测量学要求。因此，本章研究采用该量表来对中学生的阅读能力进行测量。

(2) 性别认同问卷，用于筛选低性别认同水平的个体。

(3) 阅读认同问卷，问卷包含：①对我来说在阅读任务中表现良好是非常重要的；②我认为良好的阅读能力是非常重要的。问卷采用 5 点评分。

9.3.3 实验程序

被试在普通教室进行测试。每个班级被随机分配到威胁组（激活阅读—性别刻板印象）、消除组（消除阅读—性别刻板印象）。

在威胁组内，先由主试（他们的语文老师）宣读指导语，指导语的内容为："根据已有研究发现，男生、女生在阅读能力方面有着很大的差异，研究结果普遍表示男性的阅读表达能力弱于女性，为了进一步了解和验证这一观点，现对阅读能力进行进一步测试。"然后指导被试开始测试。

在消除组内，同样先由主试（他们的语文老师）宣读指导语，指导语的内容为："这是一个测量阅读能力的小测试，之前已有结果显示这个测试没有男女差异。"然后指导被试开始测试。

测试完成之后，由主试指导被试完成测试题后的性别认同问卷和阅读认同问卷。测试时间一共 25 分钟。

9.3.4 实验结果

去除掉性别认同低于 5 分（8 点评分）的 20 份，获得有效数据 115 份，其中男性数据 64 份，女性数据 51 份。

首先，对威胁组与消除组初中男生的阅读成绩进行相关分析，得到的结果如表 9-3 所示。

表 9-3 初中男生的阅读成绩的独立样本 t 检验

	组别	n	均值	标准差	Sig
成绩	威胁组	31	4.48	1.435	0.01**
	消除组	33	5.85	1.805	

注：* $p<0.05$，** $p<0.01$，*** $p<0.001$。

由表 9-3 可以看出，威胁组与消除组的被试的阅读成绩相差 1.1，并且 $p<0.05$，这表明性别刻板印象威胁的确影响了初中男性在阅读领域上的表现，并且这一性别刻板印象威胁对初中男性的阅读能力产生了消极影响。

然后，用 SPSS 20.0 检验阅读认同对刻板印象威胁的调节作用，相关分析结果见表 9-4。

表 9-4 对阅读认同调节作用的检验

模型		非标准化系数		标准系数	t	Sig
		B	标准误差	试用版		
1	常量	−0.733	1.180		−0.622	0.536
	组别	1.500	0.373	0.429	4.019	0.000***
	阅读认同	0.425	0.113	0.403	3.777	0.000***

注：* $p<0.05$，** $p<0.01$，*** $p<0.001$。

由表 9-4 可知 $B=0.425$，$p<0.01$，因此初中男生在阅读领域上受到的性别刻板印象威胁受到阅读认同的调节作用。

9.3.5 刻板印象威胁对男生阅读的影响

我们利用阅读能力测试问卷、性别认同测试题和阅读认同相关测试题对刻板印象威胁产生的条件进行了研究，了解到在初中生中，性别刻板印象威胁对男性在阅读上有着较大的影响，损害了男性在阅读上的表现。这在一定程度上限制了男性在阅读方面的发展，值得引起我们思考。同时，结果也表明刻板印象激活与阅读表现之间受到阅读认同的调节作用。

9.4 阅读领域性别刻板印象的存在及其影响

本章研究先通过刻板解释偏差验证了阅读领域存在性别刻板印象，然后通过相关的符合中国文化背景的阅读能力测试，考察了性别刻板印象对处于初中阶段男生阅读能力的影响，研究发现，性别刻板印象激活后产生的刻板印象威胁对处于初中阶段男生在阅读能力上有着较大的损害，同时研究发现，刻板印象威胁与阅读表现之间受到阅读认同的调节。本章为更好地处理以及消除这一消极刻板印象提供了理论依据。

9.4.1 阅读领域性别刻板印象的存在性

在本章研究中，采用自编的 SEB 问卷来测量初中生群体的内隐阅读—性别刻板印象。问卷中 SEB 项目的前半句使用了典型的男性人名和女性人名，并且通过开放式调查确定事件的主体材料，这一系列措施保证了测量和正式的社会生活的紧密联系，具有较高的生态效度。同时，在 SEB 数据的相关分析中，我们发现总体的 SEB 分数显示阅读—性别刻板印象是存在的，并且没有性别差异。

9.4.2 性别刻板印象威胁对初中男生阅读成绩的影响

初中男生在阅读领域受到了性别刻板印象威胁的消极影响。同时，在阅读领域阅读认同对性别刻板印象有着调节作用。刻板印象威胁的消极影响可能是由于刻板印象的激活导致了相关特性的激活（比如懒惰、愚笨），而特性激活给个体带来的焦虑导致了刻板印象威胁，从而产生了消极影响（贺雯，2006）。在此前的研究中，Pascal Pansu 和 Isabelle Régner（2016）也证实了儿童的阅读认同水平对性别以及威胁情境的交互作用有着调节效应。

9.4.3 研究的局限与展望

受历史文化等诸多因素的影响，一直以来女性处于社会弱势群体地位，男性处于社会强势群体地位，因此在刻板影响威胁的研究中，男性受到的刻板印象威胁更容易受到忽视。现如今男女平等问题受到越来越多人的重视，而且一些男性受到刻板印象威胁的例子越来越多，使我们不得不注重男性在刻板印象威胁上受到的影响。

本章研究对初中男生受到的阅读—性别刻板印象威胁做了初步的探讨，验证了阅读认同的调节作用。但阅读—性别刻板印象威胁是否只对初中男生的阅读成绩产生影响，仍然有待更加深入的研究。同时，刻板印象威胁也通过焦虑来影响受威胁个体的表现，那么，在阅读领域焦虑是否对性别刻板印象起着中介作用，值得我们更深入地探索。

10　性别刻板印象威胁对初中男生语文成绩的影响

10.1　学业表现的性别差异

进入21世纪以来，在我国社会中男生的学业落后现象逐渐引起了人们的关注，即男生在学习成绩、学业表现和学业成就等方面落后于女生。早在2010年，就有学者提出了“男孩危机”的观点，引起了社会各界的广泛关注（孙云晓，2010）。李文道与孙云晓（2012）就男生学业成绩表现问题在小学、中学与大学进行了广泛的调查，结果发现我国学校男生的学业表现均明显落后于女生。男、女生学业成绩表现差异影响到了学生的最终受教育程度。从第六次全国人口普查的数据（2010）可以发现，就全国平均来看，女性中受教育程度在高中以上的比例较男性高2.2%（孙志军、彭顺绪、王骏、原莹，2016）。在这样的背景下，细化我们对于性别与学业成绩之间联系的认识，缩小男、女生在各项学业能力之间的差异十分重要。

针对这种现象，许多研究者倾向于从社会文化的角度对学习成绩的性别差异进行解释，其中性别刻板印象威胁概念的解释受到了研究者们的广泛关注，将其作为男、女生学业成绩差异的解释之一，并依此提出了男、女生学业成绩与学习能力差异问题的解决方法，如要求教师强化性别公平意识、破除性别刻板印象等（李金波，杨军，2015）。

我国初中生（12—15岁）正处于青少年早期（10—13岁）和青少年中期（14—17岁）的过渡时期，个体的各方面能力均处于发展的关键时期（张静，田录梅，张文新，2013）。因此，本章研究以初中生为研究对象，希望该研究结果对于初中男、女生性别以及学业成绩发展有一定的启发作用，以此减少男、女生在学业成绩上的差异，并将这一影响推广到男、女生学业以及职业发展的全过程中。

本章研究关注初中生性别与学业成绩之间的关系，从社会认知中刻板印象威胁角度探索性别刻板印象与语文成绩之间的联系，了解刻板印象威胁是否会引起男、女生语文成绩之间的差异，并提出相应的干预策略以缓解初中生可能存在的性别—语文成绩刻板印象，指导教师的教学实践，有助于初中生学业成绩得到充分提升。

10.2 刻板印象威胁与学科教育

10.2.1 刻板印象威胁在教育领域的研究现状

刻板印象威胁的研究领域主要涉及三个领域，即教育领域、工作领域以及生活领域，在每个领域内都存在一些关于种族刻板印象威胁与性别刻板印象威胁的研究。在教育领域中有研究表明，在西方社会中，少数族裔学生（如非裔和拉丁裔）的标准化学业能力测试成绩比同龄白人成绩更差（Aronson，Fried，Good，2002；Aronson，Salinas，1997），社会经济地位低的学生的成绩也劣于社会经济地位高的学生（Croizet，Claire，1998）。大量研究结果也发现，在告知原本数学成绩优异的女生将参加一项难度较大且存在性别差异的数学测验时，她们的测验成绩比原本数学同水平的男生要差（Brown，Josephs，1999；Schmader，Martens，2005）。在工作领域的研究中同样发现，涉及非裔美国人的种族刻板印象威胁效应（Simons，Roberson，2003），以及同时存在的种族与性别刻板印象威胁效应（Milner，Hoy，2003）。最后，在生活领域中发现了关于驾驶任务的种族与性别刻板印象威胁效应（Stone，Perry，Darley，1997）。

10.2.2 性别—学科刻板印象威胁的研究

国外关于刻板印象威胁在中小学领域的研究涉及多个方面，其中 Pansu 等人（2016）对来自三年级的 80 名学生在刻板印象威胁或消除刻板印象威胁情境下进行了阅读能力的测量。结果发现在刻板印象威胁条件下，男生的阅读成绩比女生要差，而在消除刻板印象威胁的条件下，男生的阅读成绩则比女生要好。与刻板印象威胁理论一致的是，该结果仅存在于高学业认同感的学生中。

Banaji 和 Greenwald（2002）通过内隐测验发现，美国耶鲁大学的被试存在内隐性别—数学成绩刻板印象，普遍认为“男生的数学成绩比女生好”，且这样的刻板印象没有性别差异。何志芳和刘建平（1997）采用内隐联想测验（IAT）方法对我国大学生性别—学科刻板印象的加工模式进行实验研究，结果发现，内隐测量条件下的男、女生被试都显示了对“男、女生在文史类科目能力相当，而男生在理工类科目中的表现明显优于女生”这一观点的认同。但外显组中的文理科专业均没有显著的性别差异。马芳和梁宁建（2006a；2006b）分别用IAT和SEB两种方法对各个专业的大学生进行研究，发现大学生不论男生还是女生、所属专业是文科还是理科，都存在明显的数学—性别刻板印象。纵观性别—学科刻板印象的相关研究可以发现：无论是国内外学生被试，普遍存在性别—学科刻板印象，普遍把理科与男生相联系，把文科与女生相联系。

到目前为止，国内外对性别—学科刻板印象威胁已经进行了大量的研究，但性别—语文刻板印象威胁的研究还比较少。而且，在国内外已有的相关研究中，被试多为大学生群体。

10.2.3 研究问题与目的

一方面，国内外的研究已经证明了性别—学科刻板印象威胁的存在，尤其是女生在数学领域；另一方面，虽然国外也有关于性别刻板印象与阅读的研究，但总体来说关于性别与语文学习刻板印象的研究较为缺乏。本章研究在以往研究的基础上探索性别刻板印象威胁对初中男生语文成绩的影响，拓展刻板印象威胁研究领域，推动刻板印象威胁研究的本土化。本章通过两个研究来探索刻板印象威胁对初中男生语文成绩的影响。

研究一：探究初中生是否存在性别—语文刻板印象，主要通过检验初中男、女生的语文成绩差异以及用SEB方法测量学生的性别—语文刻板印象来了解初中生存在的性别—语文刻板印象，为后续研究奠定基础。

研究二：探究性别—语文刻板印象威胁对初中男生语文学习成绩的影响。通过实验操纵性别—语文刻板印象威胁情境，通过比较男、女生在前、后测中表现出来的语文成绩差异，了解启动了性别—语文刻板印象威胁之后初中男生语文成绩会发生什么样的变化。

10.3 初中生性别—语文刻板印象

10.3.1 预实验：初中生语文成绩的性别差异

10.3.1.1 研究目的

本研究采用调查法，通过分析初中生实际考试成绩，了解初中生语文成绩是否存在性别差异。

10.3.1.2 研究方法

本研究采用方便抽样及整群抽样方法，选取武汉市洪山区某初中部全体学生2017年上半学期语文期中考试成绩为分析材料。其中七年级男生193人，女生194人；八年级男生200人，女生148人；九年级男生221人，女生168人。

10.3.1.3 研究结果

先对三个年级初中生语文成绩进行描述，统计结果如表10-1所示。

表10-1 初中生语文成绩描述统计表

年级	性别	*M*	*SD*
七年级	男	63.13	10.96
	女	68.70	9.74
八年级	男	71.24	15.78
	女	80.53	11.66
九年级	男	67.28	14.18
	女	74.99	12.40

随后使用SPSS 21.0软件，以性别为自变量，对学生语文成绩进行单因素方差分析，结果发现，不论是七年级[$F(1, 386)=27.89$，$p<0.001$，$\eta^2=0.07$]，八年级[$F(1, 347)=36.49$，$p<0.001$，$\eta^2=0.09$]，还是九年级[$F(1, 388)=30.91$，$p<0.001$，$\eta^2=0.07$]，女生语文成绩均显著高于男生。

10.3.2 初中生性别—语文的刻板印象

10.3.2.1 刻板解释偏差的机制

在已知男、女生语文成绩存在显著差异的基础上，借助刻板解释偏差（SEB）测量工具进一步了解初中生是否存在性别—语文刻板印象。

解释偏差（explanatory bias）是指当个体面对与期望情境不一致的情境时，会产生更多解释，即归因行为，以此使不一致的情境能够有合理化的解释。由于人们所持有的期望与刻板印象之间存在紧密联系，因此解释偏差在刻板印象领域有着广泛的应用。刻板解释偏差即在与刻板印象不一致的情境中个体表现出的解释偏差现象（余海运，梁宁建，2005）。而刻板解释偏差测量正是在这一理论基础上建立起来的、能够有效测量人们内隐刻板印象的重要方法，它体现了刻板印象在人的信息加工过程中内隐的作用，通过分析人们对某一情境的归因行为，了解其对特定对象存在的内隐刻板印象。此方法引进了实际生活场景，能够自然激发个体的内隐态度，能够弥补内隐联想测验（IAT）测量方法的缺陷（佐斌，刘晅，2006）。因此本研究采用这种方法，希望能够更准确地了解初中生存在的性别—语文刻板印象。

10.3.2.2 探索语文刻板印象的性别差异

以往研究采用内隐联想测验等方式对我国大学生性别—学科刻板印象进行研究，发现男生与理工科之间的联系是明显存在的（何志芳，刘建平，1997；蔡华检，2002），但在女生和文史类科目上的联系却呈现了不一致的结果。与此同时，国外对小学生的性别—阅读能力之间的关联进行了实证研究，结果发现，小学男生的阅读能力确实不如女生（Pascal，2016）。而在中国，阅读能力和语文成绩存在显著的关联，因此本研究想要在已有研究基础上更进一步了解初中生是否存在性别—语文刻板印象，并根据以往研究提出本研究假设：

假设一：初中生存在性别—语文刻板印象，认为“男生的语文成绩不如女生”。

假设二：初中生的性别—语文刻板印象没有性别差异，即不论男生、女生都持有“男生的语文成绩不如女生”的刻板印象。

10.3.2.3 SEB 问卷的编制

（1）筛选对象姓名

从网上收集了40个常用的中国汉族人名（男、女生姓名各20个），做成表格。让武汉市洪山区某初中一年级学生（共422名）依据姓名典型性从强到弱的顺序分别对男、女生姓名进行排序勾选，选出最有代表性的男、女生姓名各8个，作为SEB问卷中的典型男生姓名和典型女生姓名。另外选择9个在男、女生姓名排序中顺序处于末尾的名字，作为SEB项目的中性称谓。

（2）选取问卷材料

采用开放式调查的方式，由85名初中生对擅长语文或不擅长语文的表现进行提名，共收集到85条有效答案，后续根据投票方法最终选出初中生心目中最擅长语文成绩与最不擅长语文成绩的表现各8项，作为编制问卷的材料。将所收集的擅长或不擅长语文成绩的行为表现随机与男生姓名或女生姓名配对，设计成测量性别—语文刻板印象的题项。最终形成了16个SEB项目。其中8个句子以典型男生姓名做主语，8个句子以典型女生姓名做主语，且在每个性别姓名主语的项目中，有4个句子的行为表现与刻板印象一致（即男生的语文成绩不如女生）；有4个句子的行为表现与刻板印象不一致（即女生的语文成绩不如男生）。除此之外，为了避免被试期望效应，还设置了非 SEB 项目共 9 题，句子以中性名字为主语，描述的是与性别—语文刻板印象无关的中性行为。

16 个 SEB 项目与 9 个非 SEB 项目打乱顺序组合，构成了最终的 SEB 问卷。

10.3.2.4　研究方法

随机选取武汉市洪山区某初中初一学生男、女生各 40 人（年龄 12—14 岁）进行 SEB 问卷测量，以了解初中生性别—语文刻板印象。所有被试均获得知情同意，了解研究的内容以及自己有随时退出实验的权利。

研究采用团体施测方法，由经过训练的主试统一发放问卷，并宣读指导语。SEB 问卷要求被试根据已给出的事件结果，在横线处填写任何他（她）能想到的导致前文结果的原因，只要保证句子通顺并具有逻辑性即可。SEB 问卷完成时间规定为 30 分钟，被试完成后，主试立即进行回收。在问卷施测期间，主试尽量避免随意走动以免影响被试正常发挥。

10.3.2.5　数据处理

本研究发放并回收问卷 80 份，剔除 13 名未完成所有项目的被试的问卷，实际获得有效问卷 67 份（男生 31 份，女生 36 份），有效问卷率 83.8%。

由两位心理学专业的研究生充当评分者，针对被试对 SEB 项目的回答进行分类编码，判断被试所填写的内容是对前半句的解释，还是仅为简单重复。例如，对于项目“王艳丽的语文测验得了满分，是因为……”，若被试填写“她平时努力学习语文”，这种回答就是对前半句的一种解释；若被试填写“她语文测验做得好”，这种回答则只是对前半句的简单重复，既没有涉及归因，也没有提供新的信息，因此是无效回答。剔除无效回答项后，根据回答对应项目的主语性别以及是否符合性别—语文刻板印象，对剩下的句子进行分类，主要分为主语为男性行为符合、主语为男性行为不符合、主语为女性行为符合及主语为女性行为不符合四类。

分类后，对两位评分者的判断结果进行相关分析，结果显示两位评分者的判断结果显著相关（$r=0.97$，$p<0.01$），这表明评分者的评价基本一致，可以作为依据对被试的回答进行进一步编码，做出归因，并计算 SEB 分值。

根据评分者的分类编码，计算出每个被试的 SEB 问卷中四类解释的总数：主语为男生，行为符合“男生比女生语文成绩差”的解释（即与刻板印象一致的句子情境），记为 MM；主语为男生，行为不符合“男生比女生语文成绩差”的解释（即与刻板印象不一致的句子情境)，记为 MF。主语为女生，行为符合“女生比男生语文成绩好”的解释（与刻板印象一致的句子情境)，记为 FF；主语为女生，行为不符合“女生比男生语文成绩好”的解释（与刻板印象不一致的句子情境)，记为 FM。

然后针对每位被试计算其女性称谓的 SEB 分值：$SEB_1 = FM - FF$，及男性称谓的 SEB 分值：$SEB_2 = MF - MM$。将 SEB_1、SEB_2 分别与 0 作对比进行 t 检验。

此外，为了进一步判断被试是否存在性别—语文刻板印象，对被试在问卷中 16 个 SEB 项目所做归因的性质（内归因 /外归因）进行了具体分析。

10.3.2.6 研究结果

用 SPSS 2 2.0 统计软件对收集到的有效数据进行基本统计分析。对每位被试获得女性称谓的 SEB 分值 SEB_1（$M=-2.87$；$SD=2.41$)，及男性称谓的 SEB 分值 SEB_2（$M=1.62$；$SD=2.59$)。随后对两个 SEB 分值进行单样本 t 检验，了解是否存在内隐性别—语文刻板印象，结果发现，SEB_1 [t（66）$=-6.97$，$p<0.001$]，SEB_2 [t（66）$=2.74$，$p=0.007$] 都与 0 呈现显著差异，即存在内隐性别—语文刻板印象。

此外，为了解不同性别的被试是否存在同样的内隐性别刻板印象，以性别为自变量，SEB_1 与 SEB_2 为因变量，分别进行单因素方差分析，结果发现性别对 SEB_1 [F（1，2）$=0.03$，$p=0.88$] 与 SEB_2 [F（1，2）$=2.82$，$p=0.09$] 没有显著影响，即通过 SEB 所检测到的内隐性别—语文刻板印象不存在性别差异。

随后对被试归因解释的数据进行统计，具体如表 10-2 所示。

表 10-2　被试对不同性别对象的内外归因

主语性别	句子类型	内归因（I）	外归因（E）
女性名	符合刻板印象（M）	198	78
	不符合刻板印象（U）	93	154
男性名	符合刻板印象（M）	189	98
	不符合刻板印象（U）	63	179

由表 10-2 可知，被试对女性不符合刻板印象条件下做出的内归因少于符合刻板印象条件下的内归因数目，而对不符合刻板印象条件下的外归因数目多于符合刻板印象条件下的外归因数目；同时对女性符合刻板印象条件下的内归因数目多于外归因数目，且不符合刻板印象条件下外归因数目高于内归因数目。与此同时，被试对

男性符合刻板印象和不符合刻板印象条件下的内外归因同女性表现出了相似的趋势。总体来说，被试对符合刻板印象陈述的情境倾向于做出内归因；而对不符合刻板印象的句子情境，个体会表现出认知冲突，更倾向于做出外归因。

10.3.2.7 初中生中存在性别—语文刻板印象

综合以上研究结果我们发现，不论男生被试还是女生被试，在 SEB 中不论对男生还是女生对象均表现出显著的内隐性别—语文刻板印象。对于女生评价对象，人们对其在刻板印象不一致情境下的解释数量显著低于与刻板印象一致情境下的解释数量；而对于男生评价对象，人们对其在刻板印象不一致情境下的解释数量显著高于刻板印象一致情境下的解释数量，即初中生们都具有“男生的语文成绩不如女生”这一刻板印象。该研究结果验证了我们的两个假设。

此外，内外归因解释的结果表现出了同样的趋势，Crocker 等人的研究发现，人们会将不符合刻板印象的行为归因于外部环境因素及内部的不稳定因素，而将符合刻板印象的行为归因于内部的稳定因素，以此实现维护刻板印象的目的（佐斌，刘晅，2006）。而在本研究中发现的被试对男、女生表现出的符合或不符合刻板印象的行为归因趋势验证了这一结果，并说明被试在进行性别—语文归因时，对男、女生对象均表现出了“男生的语文成绩不如女生”的刻板印象。

10.4 性别刻板印象威胁对男生语文成绩的影响

10.4.1 研究目的

我们已经观察到初中生人群中存在着女生语文成绩普遍比男生好的现象，并发现不论男生还是女生，都存在着性别—语文刻板印象，即认为男生的语文成绩不如女生，但我们仍然不清楚这二者之间存在什么样的因果关系。

已有研究表明，在性别—数学刻板印象中，当激活了刻板印象概念并导致刻板印象威胁之后，女生的数学学习表现会比没有激活刻板印象概念要差（颜培玲，2009）。但已有研究并未探索在性别—语文刻板印象之间是否存在类似的效应。因此本研究拟通过操纵指导语控制男、女生刻板印象威胁感，并以此检验在性别—语文刻板印象上是否存在刻板印象威胁导致的男、女生语文成绩差异，从而进一步揭示性别—语文刻板印象和男、女生语文成绩之间的联系。

10.4.2 研究方法

10.4.2.1 被试

本研究随机抽取了武汉市洪山区某初中七年级学生 80 人，男、女生各半，采用问卷调查法及实验法了解性别刻板印象威胁对初中男生语文成绩的影响。

10.4.2.2 实验材料

(1) 语文水平测验

语文水平测验从该初中未购买的语文教辅资料中选择成套试卷作为研究中测验蓝本，对其进行顺序和测验内容的调整，共形成两套测试卷作为前测、后测不同的两份语文试卷。

调整后的试卷包含阅读理解、词语填空、文言文翻译、诗词填空、语文应用等内容。两个组前测试卷完全相同，后测试卷根据实验条件的不同在第一题上进行是否激发被试刻板印象威胁的控制（威胁情境：阅读材料包含性别刻板印象的威胁情境；非威胁情境：阅读材料为中性情境，不涉及性别刻板印象的威胁情境），除了第一题以外的试卷内容完全相同。经过初中语文教师的专业评定，两套语文试卷均能较好衡量学生的语文成绩水平，具有良好的效度。

(2) 自编语文学科重要性问卷

由于测验受到情境及主试为非在校教师等条件的影响，且没有正式考试的时间压力，所以被试的语文成绩领域认同对结果有重要影响，因此为了控制该无关变量对结果的影响，对学科重要性进行测量，编制了语文学科重要性问卷。

该问卷为陈述式问卷，包含两题：①我认为语文能力对我很重要；②完成好语文相关的任务对我很重要。让被试评价自己在多大程度上符合该陈述，并从 1（非常不符合）到 7（非常符合）进行 7 点评分。

10.4.2.2 实验程序

前、后测施测相隔一个月，测验在教室中进行，由经过训练的主试按照学科重要性问卷测量与语文测验的顺序进行施测，规定完成时间为 60 分钟。在后测中实验组除语文试卷第一题以外，还配合指导语作为启动刻板印象威胁的实验操纵。实验指导语如下：

> 本次研究的目的在于探讨初中生的语文学习情况。这是一份测验语文能力的问卷。已有的一些调查研究发现，初中生语文学习存在性别差异，即女生语文成绩比男生更为优异。这次实验的目的是进一步验证是否存在这种性别差异。因此，测试后我们将对男生、女生的总成绩进行比较。请同学们认

真完成，以便我们对您进行客观、准确的评价。

控制组的实验指导语不涉及对已有研究中初中生男、女语文学习成绩存在差异的描述。

在实验结束时，为了消除性别—语文刻板印象威胁给学生带来的不良影响，对本研究中所使用的激活刻板印象威胁策略以及研究目的进行澄清与解释。

10.4.3 研究结果

10.4.3.1 数据的初步整理

统计学科重要性问卷得分，因为在被试不具有较高语文成绩领域认同的情况下，其语文成绩并不能真正反映他的语文水平，为了排除这一因素的影响，剔除该问卷得分4分以下的被试。

随后在对应初中班级教师的帮助下，收集到被试最近一次期中、期末考试语文成绩，对被试两次语文成绩考试的成绩的平均分进行排序，并与被试本次测试成绩排名进行比较。若两份排名基本一致，被试成绩排名上下浮动不超过5位次，则判定本次实验所得测试成绩可靠。最终获得有效数据80份，实验组与控制组各40份，每组得到19份女生测验结果，21份男生测验结果，包含前、后测两份语文试卷的成绩。

10.4.3.2 实验结果

(1) 描述性统计结果

使用SPSS 21.0软件对数据进行分析，实验组与对照组前、后测语文成绩描述性统计结果如表10-3所示。

表10-3 刻板印象威胁对语文成绩影响描述性统计表

组别	性别	前测		后测	
		M	*SD*	*M*	*SD*
实验组	男	33.95	9.87	32.29	8.40
	女	34.47	9.85	38.00	6.44
对照组	男	34.76	8.01	34.19	6.47
	女	38.16	7.27	40.68	6.83

(2) 方差分析

先对前测成绩进行2（组别：实验组、对照组）×2（性别：男、女）的两因素方差分析，结果发现，不论是组别 [F (1, 76) $=1.29$, $p=0.26$, $\eta_p^2=0.02$]，性

别 [$F(1, 76)=0.98$，$p=0.33$，$\eta_p^2=0.01$]，还是二者的交互效应 [$F(1, 76)=0.53$，$p=0.45$，$\eta_p^2=0.01$]，均不显著，说明实验组与对照组的被试在语文能力上不存在显著差异，两组被试基本是同质的。

随后对前、后测语文成绩进行 2（组别：实验组、对照组）×2（性别：男、女）×2（实验操纵：前测、后测）的三因素重复测量方差分析，其中组别和性别是被试间变量，实验操纵是被试内变量。结果发现性别的主效应显著，$F(1, 76)=5.59$，$p=0.02$，$\eta_p^2=0.07$，且性别与实验操纵的交互效应显著，$F(1, 76)=13.879$，$p<0.001$，$\eta_p^2=0.15$，但另一方面，组别的主效应并不显著，$F(1, 76)=1.77$，$p=0.19$，$\eta_p^2=0.02$。

由于本研究关注刻板印象威胁对男、女生语文成绩的影响，因此后续统计分析主要关注在启动了刻板印象威胁的条件下，男生和女生前、后测的语文成绩变化。对实验组数据进行 2（性别：男、女）×2（实验操纵：前测、后测）的二因素重复测量方差分析结果表明，在性别与实验操纵中存在显著的交互效应，$F(1, 38)=9.93$，$p=0.003$，$\eta_p^2=0.21$（如图 10-1 所示）。后续简单效应检验发现，前测中男生、女生的语文成绩并不存在显著差异，$F(1, 38)=0.03$，$p=0.87$，$\eta_p^2=0.001$，但后测中男、女生语文成绩差异显著，$F(1, 38)=5.74$，$p=0.02$，$\eta_p^2=0.13$，女生语文成绩显著高于男生。此外，当在后测中启动了性别刻板印象威胁之后，女生的语文成绩得到了显著的提高，$F(1, 18)=6.30$，$p=0.02$，$\eta_p^2=0.26$，而男生的语文成绩虽然与预期一致呈现下降趋势，但并未达到显著水平，$F(1, 20)=3.29$，$p=0.09$，$\eta_p^2=0.14$。

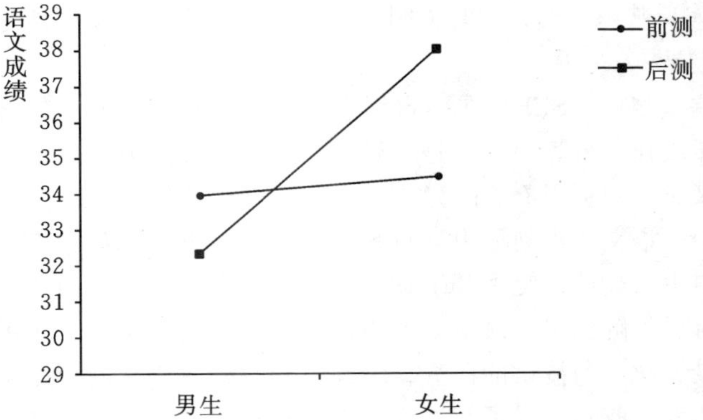

图 10-1　实验组前、后测男生和女生语文成绩交互作用

10.4.4 性别语文刻板印象威胁效应分析

通过对实验组前测、后测男生和女生成绩的比较发现，启动刻板印象威胁确实可以导致男、女生语文成绩发生变化，刻板印象威胁的启动显著提高了女生的语文成绩，虽然对男生的语文成绩确实产生了影响，导致了一定程度的下降，但并未达到显著水平。该结果说明刻板印象威胁确实会引起男、女生语文成绩的变化，且对女生的影响相对于男生更加明显。

虽然该结果确实证明了刻板印象威胁与语文成绩之间存在关系，但仅仅在女生中发现了刻板印象威胁对语文成绩的显著影响。这样的结果并不意味着男生没有受到刻板印象威胁的影响，男生群体的语文成绩确实呈现了下降趋势。

10.5 性别—语文刻板印象威胁的存在及效应

本研究首先采用自编SEB问卷检测初中男生是否存在内隐性别—语文刻板印象，结果发现初中生存在内隐性别—语文刻板印象，不论男生还是女生都认为男生的语文成绩不如女生。随后通过操纵指导语设置刻板印象威胁情境，对威胁情境与非威胁情境下被试前、后测中的语文成绩进行分析，结果验证了刻板印象威胁给男生的语文成绩可能造成的负性影响。

10.5.1 初中生存在性别—语文刻板印象

首先根据已有的内隐认知测量程序自编SEB问卷以测量初中生的内隐性别—语文刻板印象。结果表明，初中生存在内隐性别—语文刻板印象，且不存在性别差异，即不论男生还是女生都认为男生的语文成绩不如女生。这一结果与其他研究结果(Pansu等，2016）基本一致，同时说明了SEB问卷可以作为测量内隐性别—语文刻板印象的有效工具。

刻板解释偏差测量（SEB）在一定程度上弥补了行为预测性较低、生态学效度不高、数据不能展开分析等缺陷，是一种比较有效的测量方法。目前国内运用刻板解释偏差测量来研究刻板印象的研究较少，已有的研究也多是针对大学生被试进行，还鲜有关于初中生语文性别刻板印象的SEB研究。因此，本研究在国内已有的研究基础上，以初中生为被试，使用SEB研究方法检验初中生是否存在内隐性别—语文刻板印象。这对于了解性别—语文刻板印象的年龄发展趋势有一定的启发作用，可以结合已有的以大学生为被试的研究，纵向了解性别—语文刻板印象随着年龄的发展。未来可以从发展取向入手了解性别—学科刻板印象，进一步丰富国内刻板印象威胁的研究。

10.5.2 性别—语文刻板印象威胁对男生语文成绩的影响

性别—语文刻板印象威胁对初中男生成绩的影响实验研究中，结果发现男生作为语文领域的被负面刻板化的群体，当他们处于性别—语文刻板印象威胁信息的情境中时，其语文表现会下降。因为刻板印象威胁是关于个体担心其表现将会验证所属群体的负面印象而产生的焦虑，因此当人们关注这个领域、关心自己的表现时，就产生了刻板印象威胁（Steele，1997）。因此在实验中控制语文学科领域认同相当重要。通过自编的语文学科重要性问卷，筛选出高学科认同学生，从而排除语文学科领域认同对结果的影响。

尽管国内已有研究证实大学生存在数学内隐刻板印象，女生常常受到“女生的数学成绩不如男生”的刻板印象的消极影响，体验到刻板印象威胁，造成其学业成就动机降低，进而降低其数学成绩。与此同时，本章研究说明性别—语文刻板印象威胁同样也是存在的，男生会受到来自性别—语文刻板印象威胁对其语文学业成绩的影响。教育实践者需要更早地提高警惕、注意言行，并积极改变学生存在的性别—学科刻板印象威胁，避免其对学生产生负面影响。

11 主观社会阶层对流动儿童刻板印象威胁的影响

自20个世纪90年代初社会主义市场经济体制的建立，农村劳动力大规模地向城市转移。在转移的过程中，一些未成年子女跟随父母进入务工城市生活，成为中国社会中一类不可忽视的弱势儿童群体——流动儿童（范兴华，方晓义，刘扬，蔺秀云，袁晓娇，2012）。伴随着农民工的增多和新生代农民工的出现，流动儿童的数量在不断地增加。流动儿童虽然来自农村，但是主要生活在城市，能够感受到城乡之间的生活方式、价值观念上的差异，以及自己和城市儿童的不同，然而社会尚未对流动儿童群体给予足够的关爱，从而使得流动儿童群体出现一系列的问题。久而久之，社会对于流动儿童群体不自觉地产生了一种刻板印象，继而产生的消极作用不容忽视。

流动儿童主要生活在城市，在春节等重大节日时回乡体味农村生活，能够明显地感受到城乡二元体制下的价值冲突和生活方式的区别。受到父母、家庭乃至于户籍等因素的影响，流动儿童在城市的生活不能像城市儿童一样，难免会在心里产生巨大的心理落差，进而萌生出不公平感、阶层感或是“派别感”。主观社会阶层对流动儿童刻板印象威胁会有怎么样的影响？在控制感的不同水平条件下，主观社会阶层对流动儿童刻板印象威胁的影响又会发生什么变化？为了回答以上问题，本章研究通过操纵控制感的高低来调节主观社会阶层对流动儿童刻板印象威胁的影响具有重要的意义。

11.1 流动儿童刻板印象威胁、主观社会阶层与控制感的关系

刻板印象威胁存在一些特点：刻板印象威胁面广；刻板印象所威胁的是该群体

内的社会成员；在负性刻板印象相关情境下，群体成员就有可能感受到威胁；刻板印象威胁具有外显和内隐两个方面；刻板印象威胁具有情境性，只有在特定的情境下才会产生；刻板印象威胁具有个体差异性，由于自身认同感的强弱等内在性格因素，威胁感的强弱程度也存在不同；刻板印象威胁具有隐蔽性和弥散性。

Devine的研究提出，刻板印象包括两个独立的过程：一个是刻板印象的激活过程，一个是刻板印象的应用过程，这两个过程是相互独立的。他发现人群中存在高偏见个体和低偏见个体，不管是高偏见个体还是低偏见个体，在刻板印象激活过程中人们的反应都是一样的，但是应用过程却不一样。在应用过程这一环节，低偏见的人会设法对刻板印象威胁进行认知修正，而高偏见的人则不会，故而高偏见个体更容易受到刻板印象威胁，低偏见个体则较少受到刻板印象威胁（Devine，1989）。

自我控制感在刻板印象威胁的外溢效应中具有重要的作用，控制感和刻板印象威胁之间存在关系。在刻板印象应用的过程中，易感性个体能够感受更为强烈的刻板印象威胁。同易感性特征相似，个体控制感的不同水平对刻板印象威胁会存在怎样的影响？主观社会阶层作为个体对自身所处社会地位的感知，能否影响刻板印象威胁的作用？本章研究将控制感作为调节变量，探讨在主观社会阶层对流动儿童刻板印象威胁的影响过程中，以及控制感的调节作用。

11.2 研究方法

11.2.1 被试

根据流动儿童的定义，被试应是7—15周岁、城市在读的来自农村的儿童，由于低年级流动儿童年龄较小和理解能力不够，故而选择为五年级（10岁左右）到高二年级（17岁左右）的流动儿童学生553人作为被试。在湖北省武汉市城区、丹江口市区、黄石市黄石港区和广东省肇庆市高新区的小学、初中和高中进行问卷调查。

11.2.2 问卷材料

问卷包括四部分。

第一部分即基本情况调查的人口学变量，其中包括性别、年龄、年级、家庭经济状况、父母文化程度和职业等，认知水平以“年级”表示，选项以“五年级、六年级、初一、初二、初三、高一和高二”为参照项；家庭状况以“你家庭经济状况如何”表示，选项以“非常贫困、较为贫困、稍贫困、中等、稍富裕、较为富裕、非常富裕”为参照项；父母文化程度以“你父亲/母亲的文化程度”表示，选项以“小学及以下、初中、高中/中专/职高、大专、本科、研究生以上”为参照项。

第二部分是主观社会阶层量表，采用主观社会经济地位量表（Alder，2000）。在这个测量中，用一架有10级的梯子表示从低到高的10个等级，请被试按照主观认为的家庭收入、父母的社会地位、受教育程度来选定一级台阶代表自己所处的等级。等级越低则主观社会阶层感受越低，反之则越高。

第三部分是刻板印象威胁量表，对所有被试进行刻板印象威胁量表的测量。该量表共由8道题组成，被试从“非常不同意”到“非常同意”5点利克特量表中加以选择，该量表内部一致性信度（Cronbach's α）为0.763，能够很好测试被试的刻板印象威胁的特征。在分析刻板印象威胁的时候，将刻板印象威胁量表的各题得分相加，用总得分来表示刻板印象威胁感受的高低。

第四部分是控制感的测量量表，采用Nicolas研究中适用的12个题目的控制感问卷，采用7点量表的方式进行评价，其中部分试题得分采用反向计分方式。两个部分得分相加，分数越高则表示控制感越高，分数越低则表示控制感越低。该问卷的控制感测量量表部分中文版通过翻译—回译、专家审定的方法确定。对量表中的12个项目进行探索性因素分析，采用主成分法抽取因子，得到一个因素，解释的方差为81.1%，内部一致性系数α值达到0.739（Nicolas，2005）。

11.3 研究结果

11.3.1 信度和效度分析

本研究根据内部一致性系数指标判断数据的可靠性，运用SPSS 20软件计算各个概念的内部一致性系数Cronbach's α的分值。计算结果表明，刻板印象威胁的内部一致性系数为0.763，控制感的内部一致性系数为0.739，除个别题目需要修订外，量表信度较好。所得的问卷的内部一致性系数为0.803，所得Cronbach's α系数越高，则代表其测验的内容越趋于一致，因此本研究量表具有较好的内部一致性。

为了检验数据的会聚有效性和鉴别有效性，使用LISREL 8.72软件对计量模型进行了探索性和验证性因子分析，结果如表11-1所示。

表 11-1 各模型拟合指数表 ($n=553$)

模型	卡方值	自由度	卡方值/自由度	*GFI*	*CFI*	*NNFI*	*RMSEA*	*SRMR*
模型（探索）	45.534	5	9.107	0.916	0.902	0.804	0.002	0.0864
模型（验证）	2.646	2	1.323	0.993	0.981	0.993	0.0403	0.0234

由表 11-1 可知，该模型（验证性因子分析）的卡方值与自由度之比为 1.323<3，*RMSEA* 小于 0.1，*GFI*、*CFI*、*NNFI* 的取值都在 0.9 以上，根据前述标准可以认为本研究的观测数据与模型之间很好拟合。因此，在信度和效度良好的情况下进一步探讨刻板印象威胁和主观社会阶层、控制感的关系。

11.3.2 描述性统计及相关分析

运用 SPSS 20 进行数据分析，所考察的变量的平均值、标准差和相关系数如表 11-2 所示。

表 11-2 变量的平均值、标准差和相关分析 ($n=553$)

变量	平均值	标准差	1	2	3
1. 主观社会阶层	4.76 (10)	1.66	1		
2. 控制感	46.06 (84)	9.59	－0.022	1	
3. 刻板印象威胁	17.61 (40)	5.89	－0.217**	0.209**	1

注：* 代表 0.05 水平显著，** 代表 0.01 水平显著，*** 代表 0.001 水平显著；括号内数值为该变量量表的总得分。

从表 11-2 中看出，主观社会阶层的平均值是 4.76，而该项的总分为 10，因而可以看出，流动儿童群体的主观社会阶层主要处于中等偏下的水平；控制感的平均值是 46.06，相对于总得分 84 而言，流动儿童的控制感基本上处于中等强度的水平；刻板印象威胁的得分为 17.61，相对于总得分 40 而言，流动儿童感受到刻板印象威胁基本处于中等强度水平。

主观社会阶层和流动儿童刻板印象威胁呈现显著的负相关 ($r=-0.217$, $p<0.01$)，即表示当主观社会阶层越低时，流动儿童刻板印象威胁感受越强；主观社会阶层和控制感之间没有显著的相关；控制感与刻板印象威胁呈显著的正相关 ($r=0.209$, $p<0.01$)，即表明当控制感越高时，流动儿童刻板印象威胁感受也越高。

11.3.3 调节作用分析

分析控制感在主观社会阶层对流动儿童刻板印象威胁影响的调节作用，运用分层回归法进行验证。首先，在排除其他无关变量之后，主观社会阶层和控制感进入回归方程。其次，创造主观社会阶层和控制感的交互项进入回归方程。调节作用的显著性通过观察第二步 ΔR^2 的显著性加以考察（见表 11-3）。从表 11-3 可以看出，主观社会阶层（$b=-0.0777$，$p<0.01$）和控制感（$b=-0.4405$，$p<0.01$）产生的主效应显著（$\Delta R^2=0.12$）；两者的交互项的影响显著（$b=0.097$，$p<0.01$，$\Delta R^2=0.05$），即控制感在主观社会阶层对流动儿童刻板印象威胁影响中的调节作用显著。

表 11-3　控制感对主观社会阶层与流动儿童刻板印象威胁影响的层次回归

		刻板印象威胁	
		b	ΔR^2
第一步	主观社会阶层	-0.0777^{**}	0.12^{**}
	控制感	-0.4405^{**}	
第二步	主观社会阶层×控制感	0.097^{**}	0.05^{*}

注：* 代表 0.05 水平显著，** 代表 0.01 水平显著，*** 代表 0.001 水平显著。

为了进一步说明控制感在主观社会阶层对流动儿童刻板印象威胁影响中的调节作用，运用 SPSS 20 作出图 11-1。如图 11-1 所示，用主观社会阶层预测儿童刻板印象威胁时，其作用在控制感的不同水平上存在差异，即主观社会阶层和控制感在预测儿童刻板印象威胁时存在显著的交互作用。

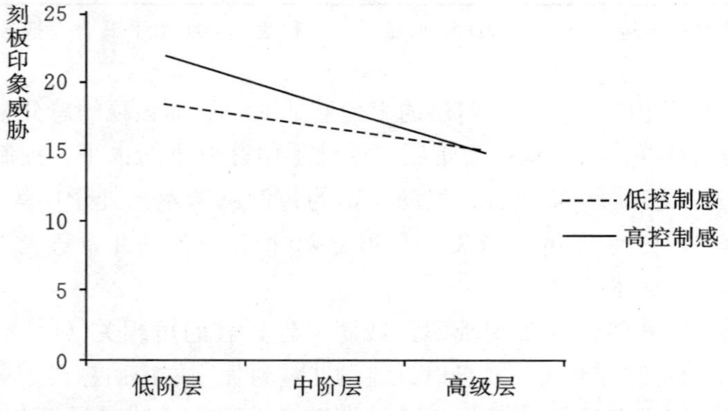

图 11-1　控制感在主观社会阶层对流动儿童刻板印象威胁影响的调节作用图

从图 11-1 中能够看出：主观社会阶层同刻板印象威胁呈负相关关系，当主观社会阶层越高时，个体所感受刻板印象威胁的程度越低；控制感与刻板印象威胁呈正相关关系，个体的控制感程度越高，所感受到的刻板印象威胁也越强，控制感在主观社会阶层对刻板印象威胁的影响中的调节作用显著。

11.4　讨论与展望

在以往的研究中，对于流动儿童刻板印象及刻板印象威胁和流动儿童主观社会阶层的研究很多，但是基本上是作为单一的分析，并没有进行实证研究探索主观社会阶层和刻板印象威胁之间会存在怎样的关系，更没有考虑两者之间是否存在中介变量或者是调节变量。因此，本章研究将控制感、主观社会阶层和刻板印象威胁放在一个研究模型里，探讨三者之间的关系。

将控制感作为主观性的认知，在主观社会阶层对刻板印象威胁影响的过程中作为调节变量出现在研究模型中。在这三者的相关关系研究中，控制感和主观社会阶层之间并不存在显著相关，但控制感和刻板印象威胁呈正相关；主观社会阶层和刻板印象威胁呈负相关。进行层次回归和调节作用图分析变量之间的相关关系之后，能够将三者之间的关系陈述为：主观社会阶层与刻板印象威胁呈现负相关，在主观社会阶层对刻板印象威胁产生影响作用的过程中，控制感的调节作用显著，即在不同的控制感的条件下，主观社会阶层对刻板印象威胁的影响会有显著的变化。

流动儿童作为当代新产生的群体，所存在的问题是一种社会问题，因此，研究流动儿童本身是一项浩大的工程。目前，对于流动儿童的研究还不够全面客观，对于流动儿童的群体特征、社会地位和心理状况并未有明确的阐述。刻板印象的产生是一个逐步的过程，虽然社会上容易将流动儿童与“问题孩子”相联系，但目前对于流动儿童刻板印象威胁的研究不多。我们现在所持有的对流动儿童的刻板印象大多是通过社会学研究得出的，缺乏更多的心理学实证研究来证明，因此刻板印象威胁究竟是如何作用的还需要进一步的研究与探讨。关于主观社会阶层，由前期的以社会经济地位、荣誉等作为测量的客观社会阶层，转变为现在的依据主观感受进行划分的主观社会阶层，通过李克特量表能够对主观社会阶层进行较好的测量。

本章研究只是单纯地考虑控制感在主观社会阶层对流动儿童刻板印象威胁中是否具有调节作用，并没有考虑是否存在中介作用，而且没有考虑控制感在调节主观社会阶层对流动儿童刻板印象威胁影响之前是否对主观社会阶层存在其他作用，继而影响其对流动儿童刻板印象威胁的作用。除此之外，主观社会阶层对流动儿童刻板印象威胁的影响是否还受到其他因素的调节作用，尚待未来研究进一步发现。

第三篇　刻板印象威胁的机制与后果研究

刻板印象是指由于人们头脑中已有的经验而对某人或某事的固定性看法。刻板印象既有建设性（节约认知资源）的作用，也有破坏性（如刻板印象威胁、偏见等）的作用。刻板印象威胁是指处于刻板印象情境中的个体由于担心别人用特定的观点评价他，又担心自己的表现会印证这种刻板印象而产生的威胁感。刻板印象威胁具有隐蔽性和自动化等特点，研究刻板印象威胁的后果与机制，对往后制定有效的刻板印象威胁干预措施非常重要。

刻板印象威胁效应已经在各个领域得到证实。除了影响黑人学生的智力测试成绩外，还会影响白人运动员的成绩（Stone，Lynch，Sjomeling，Darley，1999）、老人的认知能力（Levy，1996）、女性的数学成绩（Spencer，Steele，Quinn，1999）、女性在谈判中的表现（Kray，Thompsom，Galinsky，2001）、男同性恋者照顾小孩的能力（Bosson，Haymovitz，Pinel，2004）、女性驾车技能（Yeung，von Hippel，2008）等。总之，处于消极刻板印象情境中的任何个体都有可能经历刻板印象威胁。

本篇内容包含 4 章，聚焦流动儿童群体，探讨刻板印象威胁的机制与后果。其中，第 12 章探讨了流动儿童所感知的刻板印象威胁对其学业成绩的影响及控制感的调节作用。第 13 章考察了流动儿童的刻板印象威胁与主观幸福感的直接联系及社会支持和自尊的中介效应。第 14 章探究了流动儿童刻板印象威胁与学校认同间的关系及社会支持的作用。第 15 章探讨了自尊以及控制感在刻板印象威胁对流动儿童无望感影响中的中介作用。

12 刻板印象威胁与流动儿童学业成绩

流动儿童是指6—18岁随父母或监护人在流入地暂时居住半年以上的儿童青少年（袁晓娇，方晓义，刘杨，蔺秀云，邓林园，2010）。根据中国2010年第六次人口普查资料样本数据推算，0—17岁城乡流动儿童规模为3581万，在2005年的基础上增加了41.37%，且有增长的趋势。目前，在中国，流动儿童的弱势地位和不利处境已经成为国内研究者关注的焦点（曾守锤，2011）。作为一个新的社会弱势群体，流动儿童长期处于社会边缘群体状况，对其健康成长带来了极大挑战（刘霞，赵景欣，申继亮，2013），研究人员调查发现流动儿童的整体心理健康状况确实不佳，如焦虑水平高、孤独倾向突出、自责倾向严重、常伴随有问题行为等（方晓义，范兴华，刘杨，2008；蔺秀云，方晓义，刘杨，兰菁，2009；邹泓，刘艳，李晓巍，2008）。除此之外，研究者发现，流动儿童还存在学习适应问题，如学业成绩差、学习自信心不足、学习习惯不好、学习焦虑等（李艳红，2012）。研究表明，农民工子弟学校流动儿童的学业成绩要比同龄儿童的差（蔺秀云，王硕，张曼云，周冀，2009），流动学生中的41%为成绩差的学生，非流动的学生中成绩差的占26%，二者差别明显，学生流动越频繁，对他们学习构成的威胁越大。为什么流动儿童的学业成绩不如同龄的其他儿童？流动儿童身居异地的状态如何作用于其心理，进而影响其学业成绩？为此，关注流动儿童的心理状态，考察刻板印象威胁对流动儿童学业成绩的影响，探究学业情绪和控制感在其中的作用机制，对流动儿童更好地适应学习，缓解学习焦虑，提高心理健康水平有重大意义。

12.1 刻板印象威胁与流动儿童学业成绩的关系

近年来，研究者越来越多地关注环境因素对流动儿童学业成绩的影响。刻板印象威胁作为环境影响的重要变量之一，与流动儿童学业成绩的关系受到研究者的高度重视。刻板印象威胁最早由 Steele 和 Aronson 于 1995 年提出，用于解释黑人学业成绩低于白人现象，且认为是一种情境性困境，表现为当感知到情境中有关所属群体消极刻板印象存在时，个体会担心其行为表现有验证这一消极刻板印象的风险。这一现象表现为激活与任务相关的消极刻板印象所导致的任务绩效降低（Grimm, Markman, Maddox, Baldwin, 2009）。研究表明刻板印象威胁在很多领域都普遍存在（Nguyen, Ryan, 2008），如女性在科学、技术、工程和数学领域的表现（Shapiro, Williams, 2012），女性的驾车技能（Yeung, von Hippel, 2008），老人认知（Mazerolle 等，2012），老司机驾驶能力（Joanisse, Gagnon, Voloaca, 2013）等。从长期来看，刻板印象威胁效应的后果可能会导致教育和社会不平等（Good 等，2008），长期的刻板印象威胁会导致个体对刻板化领域的不认同感甚至是放弃对该领域的追求（Woodcock 等，2012）。因此，增加对重要弱势群体刻板印象威胁的研究具有深远的意义（Lott, 2002）。

以往刻板印象威胁的研究主要聚焦于对群体身份外显且无法改变的弱势群体（如女性、黑人）学业成绩的考察（Appel, Kronberger, 2012; Brodish, Devine, 2009; Hausmann, 2014; Logel, Walton, Spencer, Peach, Mark, 2012; Owens, Massey, 2011; Lane, Goh, Driver-Linn, 2012; Plante 等，2013; Ryan, Ryan, 2005）。后来，心理学者逐渐将研究视角转向身份隐蔽和相对可以改变的弱势群体，如对于低社会经济地位家庭的学生群体，研究者表明刻板印象威胁会对他们的学业成绩产生影响（Désert, Préaux, Jund, 2009）。在中国，流动儿童作为日益凸显的低社会经济地位的弱势群体，不仅学业成绩不佳，社会上也存在针对流动儿童相关的消极刻板印象，值得研究者加以关注。比如在学校情境中，教师群体存在着流动儿童较为愚笨、接受能力较差、文化素质较低、学习习惯较差、注意力容易不集中等消极刻板印象（莫琼琼，2013）。

目前，有关刻板印象威胁影响流动儿童学业成绩的内在机制的研究还较少，刻板印象威胁“如何影响流动儿童学业成绩”（中介机制）以及“在何种条件下影响”（调节机制）还有待进一步探讨。回顾以往研究，发现鲜有研究考察个体学业情绪因素在刻板印象威胁与流动儿童学业成绩之间的中介效应，并且，探讨个体动机因素（如控制感）调节作用的研究也比较欠缺。因此，我们将综合考察个体情绪因素（学业情绪）和个体动机因素（控制感）在刻板印象威胁影响流动儿童学业成绩之间的中介作用与调节作用。

12.2 学业情绪的中介作用

以往研究表明情绪在刻板印象影响学业成绩中具有关键作用。根据刻板印象威胁的产生机制，被污名群体会害怕自己失败的表现会最终验证这种消极刻板印象。这种害怕的想法会诱发更多的消极想法和情绪，并且提高自我监控过程从而消耗个人认知资源，导致在刻板印象相关的任务中表现不佳（Schmader，Johns，Forbes，2008）。以往对刻板印象威胁与学业成绩的心理机制的研究关注的是情绪在刻板印象威胁和学业成绩之间起到关键作用（Brodish，Devine，2009）。如焦虑情绪是最早受到关注的心理机制，Steele 和 Aronson（1995）认为，与所属群体相关的消极刻板印象会引起焦虑，而焦虑又通过产生认知干扰影响测试成绩；Marx 和 Stapel（2006）则认为焦虑是威胁情境中的短暂性体验，产生于测试之前，在测试完成之后，会被挫败取代。

然而，这些研究主要集中于刻板印象威胁测验过程中即时的焦虑情绪，具有情境性，尚未考察长期暴露在刻板印象威胁状态下个体可能出现的持久、稳定的学业情绪。学业情绪最早由 Pekrun 和 Raymond（2002）界定为与学业学习、课堂教学和学业成就直接关联的情绪（如学习时的厌烦感、成功时的自豪感、考试时的焦虑感等），包括高兴、厌倦、失望、焦虑、气愤等。并且，俞国良和董妍（2005）指出学业情绪不仅仅指学生在获悉学业成功或失败后所体验到的各种情绪，同样也包括学生在课堂学习中的情绪体验，在日常做作业过程中的情绪体验以及在考试期间的情绪体验等。而这种较为持久的学业情绪与学业成绩的关系有很多文献支持。研究表明，学业情绪对学业成绩具有预测作用，如 Daniel 等人（2008）的研究表明，愉快情绪与学生的学业成绩呈正相关，厌倦情绪与学业成绩呈负相关。Pekrun，Elliot 和 Maier（2006）的研究表明，积极学业情绪（希望和自豪）可以正向预测学业成绩，而消极学业情绪（厌倦、愤怒、焦虑、内疚和绝望）负向预测学业成绩。也有研究者指出，学业情绪与学业不良之间息息相关，如学业不良群体存在不同程度的学业情绪困扰（Svetaz，2000）；与一般青少年相比，学业不良者具有更低的积极学业情绪和更高的消极学业情绪（俞国良、董妍，2006）。而有研究者发现，流动 3 次及以上的儿童出现情绪问题的可能性大约是不流动儿童的 2 倍（Simpson，Mary，1993）。

这些研究只是集中于焦虑、担心等单一情绪维度，没有整体探讨学业情绪的积极和消极方面。Pekrun 等人（2002）用 Psyc INFO 检索了 1974—2000 年的文献，他们发现，与焦虑情绪问题相关的研究很多，而其他与成就相关的情绪问题则很少吸引研究者的注意。近年来，越来越多的研究者开始意识到学生在学习过程中的情绪具有丰富性，不单存在焦虑等消极情绪，还包括愉悦、自豪、放松等积极情绪，这些情绪同样对学生的学习具有重要影响（孙芳萍，陈传锋，2010）。所以，学业情绪很可能在刻板印象威胁与流动儿童的学业成绩之间起中介作用，如，一个受刻板印象威胁的儿童可能体验到负面的学业情绪（厌恶学习），进而影响其学业成绩，而较少受到威胁的儿童更可能体验到积极的学业情绪（满足、自豪），从而有较好的学业表现。

12.3 控制感的调节作用

刻板印象威胁对学业成绩的影响也存在一些边界条件。比如，有研究者指出只有那些内化了刻板印象，认为自己在相应领域内能力低的个体才会在测验过程中表现出消极情绪反应，从而进一步影响测验成绩（Plante 等，2013）。除此之外，控制感在其中也起到重要的作用。根据个体—环境交互作用模型，个体行为是在个体和环境交互作用中形成和发展的（Lerner，Lerner，Almerigi，Theokas，2006）。动机作为个体的重要的心理机制变量，越来越受到研究者的关注。寻求控制（control）是人类所普遍具有的一类基本动机（Baumeister，2005；Epstein，2003；Fiske，2002；Ryan，Deci，2002）。本研究拟考察个体动机因素（控制感）对“环境因素（刻板印象威胁）→个体情绪因素（学业情绪）→个体行为（学业成绩）”这一中介路径的调节作用。

控制感起源于最初对控制源的研究，Rotter（1972）最早发现控制感是个体对自身能力水平、努力程度等内部因素对影响和决定外部事件发展过程中所引起的作用的评估和判断。控制感是个体胜任力动机的体现，个体对生活环境和事件的控制的需要是行为的首要动机（White，1959）。大量实证研究发现控制感会影响个体的情绪乃至于学习表现，高控制感个体积极情绪多、消极情绪较少（Michinov，2001），有更好的学业表现（Honken，Ralston，2013；巨雅婵，2012）、更高的学业成就（d'Ailly，2003；Gilman，Anderman，2006）。Perry 等人（2001）通过前测—后测范式考察了大学生的学业控制感对学业情绪的影响，结果表明，高学业控制的被试更自信，具有更低的厌倦和焦虑情绪。

总体而言，高控制感个体相信很多事情自己可以掌控，认为只要付出努力总能找到成功的方法，自己能够决定自己的未来，因而可能较少受到刻板印象威胁的影响。而低控制感的个体觉得生活中很多重要的事情，是由命运、运气或者别人决定的，自己难以改变自己的未来，常感到无助，因而可能更容易受到刻板印象威胁的影响。因此，相比于高控制感流动儿童，低控制感流动儿童可能更容易受到刻板印象威胁的消极影响而具有更加消极的学业情绪和学业表现，即控制感在中介模型中起到调节作用。

12.4 研究目的与假设

本章研究基于"个体—环境交互作用观"，拟构建一个有调节的中介模型（如图12-1所示），同时考察环境因素（刻板印象威胁）、个体情绪因素（学业情绪）和个体动机因素（控制感）对流动儿童学业成绩的影响。我们提出了三个假设：第一，较高的刻板印象威胁会导致流动儿童的学业成绩降低；第二，学业情绪在流动儿童刻板印象威胁与学业成绩之间起中介作用；第三，控制感调节了刻板印象威胁对学业情绪的影响，高控制感儿童的学业情绪较少受到刻板印象威胁的影响。

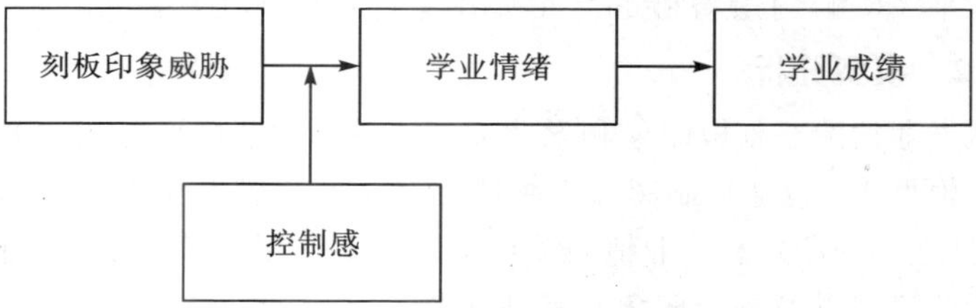

图 12-1　有调节的中介模型模式图

12.5 流动儿童刻板印象威胁对学业成绩的影响机制

12.5.1 研究方法

本研究调查了湖北省和广东省的 452 名流动儿童，$M=14.6$（6—18 岁），其中男生 240 名（53.1%），女生 212 名（46.9%）。

采用问卷法。问卷包括："流动儿童刻板印象问卷""学业成就问卷""学业情绪问卷"和"控制感问卷"。其中，"流动儿童刻板印象问卷"改编自 Vezeau, Chouinard, Bouffard 和 Couture（1998）的"数学态度量表"，信度为 0.75，5 点评分；"学业成就问卷"对语言、数学和外语三个项目进行测量，信度为 0.75，5 点评分；"学业情绪问卷"采用俞国良和董妍（2006）编制的版本，共四个维度、72 个项目，信度为 0.903，5 点评分；"控制感问卷"转译自 Nicolas（2005）编制的问卷，共 10 个项目，信度为 0.903，7 点评分。

12.5.2　研究结果

12.5.2.1 相关分析

学业成就与刻板印象呈负相关，但与学业情绪呈正相关。个体感知到的刻板印象越低，学业情绪越高，学业成绩越好，如表 12-1 所示。

表 12-1　研究变量的相关

变量	刻板印象威胁	学业情绪	控制感	学业成绩
刻板印象威胁	—			
学业情绪	−0.01	—		
控制感	0.34^{**}	0.20^{**}	—	
学业成绩	-0.24^{*}	0.17^{**}	−0.05	—

注：* 在 0.05 水平（双侧）上显著相关；** 在 0.01 水平（双侧）上显著相关。

12.5.2.2　模型分析

我们预测学业情绪在刻板印象和学业成就的关系中起中介作用，而控制感则起到调节作用。模型 1：验证控制感在刻板印象和学业成就关系中的调节作用。模型 2：验证控制感在刻板印象和学业情绪关系中的调节作用。模型 3：验证自我控制在学业情绪和学业成就以及刻板印象与学业成就关系中的调节作用，如表 12-2 所示。在每个模型中都控制了相关协变量。所有变量做标准化处理以减少多重共线性 (Dearingand，Hamilton，2006)。

表 12-2　控制感在刻板印象与学业成就关系中的调节作用

变量	模型 1（Y）			模型 2（W）			模型 3（Y）		
	b	SEB		*b*	SEB		*b*	SEB	
1. X（刻板印象威胁）	−0.68	0.14	-0.23^{***}	−0.08	0.05	−0.08	−0.64	0.14	-0.22^{***}
2. U（控制感）	0.10	0.14	0.03	0.22	0.05	0.22^{***}	−0.02	0.14	−0.01
3. X×U	−0.01	0.11	−0.003	0.09	0.04	0.11^{*}	−0.06	0.11	−0.02
4. W（学业情绪）							0.52	0.14	0.18^{***}
5. 性别	0.66	0.27	0.11^{*}	0.00	0.09	0.00	0.66	0.26	0.11^{*}
6. 年级	−0.22	0.08	-0.13^{**}	0.03	0.03	0.05	−0.23	0.08	-0.14^{**}
7. SES	0.09	0.14	0.03	0.03	0.05	0.03	0.07	0.14	−0.02

续表

变量	模型 1（Y）		模型 2（W）		模型 3（Y）	
	b	SEB	b	SEB	b	SEB
R^2	0.090		0.061		0.120	
F	7.35***		4.82***		8.61***	

注：* 在 0.05 水平（双侧）上显著相关；** 在 0.01 水平（双侧）上显著相关；*** 在 0.001 水平（双侧）上显著相关。

表 12-2 显示，在模型 1 中，刻板印象对学业成就影响的总效应为 $b=-0.68$，$p<0.001$。这一关系受到控制感的调节，$b=-0.01$，$p>0.05$。在模型 2 中，刻板印象的主效应不显著，$b=-0.08$，$p>0.05$，刻板印象和控制感的交互作用显著，$b=0.09$，$p<0.05$。在模型 3 中，刻板印象对学业成就影响的主效应显著，$b=-0.64$，$p<0.001$，学业情绪可以预测学业成就，$b=0.52$，$p<0.001$，刻板印象与控制感的交互作用不显著，$b=-0.06$，$p>0.05$。

图 12-2 显示了在高、低控制感条件下学业情绪与刻板印象的关系。简单斜率分析（Dearing，Hamilton，2006）表明，低控制感的青少年受到的刻板印象威胁越高，学业情绪越消极；高控制感的青少年，刻板印象威胁对其学业情绪有积极影响。总之，刻板印象通过学业情绪对青少年学业成就影响的间接效应受到自我控制的调节作用。

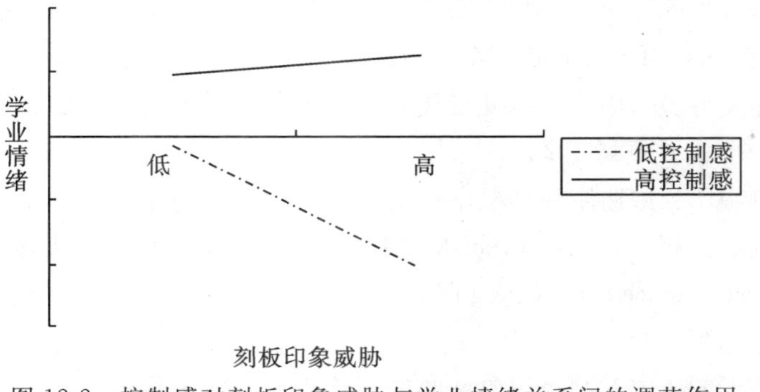

图 12-2　控制感对刻板印象威胁与学业情绪关系间的调节作用

12.6　刻板印象威胁对流动儿童学业成绩的影响机制分析

我们基于“个体—环境交互作用观”，构建了一个有调节的中介模型，考察学业情绪在刻板印象威胁与流动儿童学业成绩之间的中介作用及这种作用是否受到控制感的调节。结果发现刻板印象威胁对流动儿童的学业成绩具有负向预测作用，且刻板印象威胁通过学业情绪的中介作用对流动儿童的学业成绩起到间接影响。此外，该中介效应进一步受到控制感的调节，即对于低控制感的流动儿童而言，刻板印象威胁的增加会加重消极学业情绪，进而降低其学业成绩；而高水平的控制感可以缓解刻板印象威胁对流动儿童学业情绪的消极影响。我们在以下几个方面对现有研究作出了贡献。

首先，将研究的视角扩展到身份隐蔽和相对可以改变的弱势群体（流动儿童）。以往大部分刻板印象威胁的研究集中在群体身份归属较为外显的群体，如性别群体和种族群体。凸显的生理性群体身份线索使得这些群体成员无法回避自己的群体身份，可能更容易受到刻板印象威胁的影响。但本研究发现流动儿童这一身份较为隐蔽的群体也会受到刻板印象威胁的影响，进一步表明刻板印象对各类群体成员均有隐蔽的威胁，需要研究者和教育工作者予以重视。

其次，我们的研究结果对教育情境中学业情绪的研究有一定贡献。以往教育情境中的学业情绪研究类型比较单一（Pekrun 等，2002），本研究则较为全面地考察了多种学业情绪，并考察了学业情绪的前因变量和后果变量。值得注意的是，以往的学业情绪研究（Pekrun 等，2002）更多地关注个体内部的心理过程以及教学方法等因素的影响，较少将学习者的特定社会群体成员身份和教育情境中的群际认知（如刻板印象）以及群际冲突（文化、身体、言语冲突）作为学业情绪的前因变量加以考察（如 Stephens，Townsend，Markus，Phillips，2012）。我们发现，作为弱势群体，身处快速发展城市中的流动儿童受到成绩差的刻板印象的威胁，可能是其消极学业情绪的一个重要预测变量。

再次，刻板印象威胁所致消极学业情绪与流动儿童的学业成绩呈负相关。这一结果与先前的研究相一致，如 Brodish 和 Devine（2009）的研究结果表明，采用表现回避目标（performance-avoidance goal adoption）及焦虑（worry）在刻板印象威胁影响学业成绩中起到中介作用。

最后，我们的研究对刻板印象威胁的理论机制作出了贡献。目前已有较多关于刻板印象威胁的机制研究，分别考察了动机、目标、情绪等多种因素的作用，其中，情绪往往是一个重要的因素（如 Brodish，Devine，2009），但是以往研究主要考察单一的、即时的情绪对特定考试成绩的影响。本研究全面地考察了学业情绪，其中包含多种积极的和消极的情绪。另外，还考察了刻板印象威胁对学业情绪影响时，控制感的调节作用，对于更好地理解情绪中介作用的边界条件提供了独特的贡献。

12.6.1 学业情绪在刻板印象威胁对流动儿童学业成绩影响中的中介作用

与以往研究一致，刻板印象威胁对流动儿童学业成绩有显著负向预测性（Appel，Kronberger，2012）。更重要的是，我们的研究结果验证了学业情绪在刻板印象威胁和学业成绩之间的中介作用。学业情绪的中介作用可以从两个方面来理解：

一方面，刻板印象威胁会对学业情绪带来消极的影响。首先，个体害怕自己的失败会证实消极刻板印象，因此变得焦虑不安（Steele，Aronson，1995）。其次，刻板印象威胁会削弱个体的能力认知（Ehrlinger，Dunning，2003；Schmader，Johns，Barquissau，2004），进而导致他们在学习中积极情绪（高兴、希望、自豪、放松、满足、平静）减少，而消极情绪（气愤、焦虑、内疚、无助沮丧、疲乏）增加（Putwain，Symes，2012）。另外，刻板印象威胁会增加个体采用回避目标的表现的可能性，而采取回避目标会增加个体的消极情绪（Brodish，Devine，2009）。

另一方面，情绪会影响个体的学业成绩（Pekrun，Elliot，Maier，2009）。积极情绪如兴趣、希望、高兴、放松等均与学业成绩正相关（Pekrun 等，2011），这可能是因为积极情绪可以提高学生在学校学习过程中的积极性和学习动机，学生会付出更多的努力，会采用更有效的学习策略（Mega，Ronconi，DeBeni，2014），学习效率也会提高。而消极情绪，比如绝望、无聊、焦虑、内疚、沮丧等会对学生的学习产生负面影响（Daniels 等，2009；Pekrun 等，2011），瓦解和破坏学生的学习动机或积极性，从而减低学生的学习效率，使学生不能较好或有效地完成学习生活中的各项任务。

12.6.2 控制感的调节作用

我们发现，控制感调节了刻板印象威胁对学业情绪的影响，即对于控制感比较高的个体，刻板印象威胁对学业情绪的影响小于控制感低的个体。高控制感的个体较少受到威胁的影响，进而较少产生消极学业情绪。这与以往研究发现一致：控制感高的人具有较少的消极情绪（Michinov，2001）。Perry 等人（2001）通过追踪研究发现控制感可以影响学业情绪进而促进学业成绩，具有较高控制感的学生会在学习中投入更多的努力，报告较少的焦虑情绪，并具有较好的学业成绩。控制感高的个体普遍被认为有较高的自主性和效能感，可以更好地应对生活中出现的逆境；相反，控制感的缺乏会给个体带来一系列负面影响，如降低他们的自主性和应对逆境的自我效能感（Frazier 等，2011），产生各种无助感（Carlson，Moses，2001），使他们体验到更多的消极情绪、更少的积极情绪（Gallo，Bogart，Vranceanu，

Matthews，2005；Gallo，Matthews，2003）。

高控制感个体不容易受到刻板印象威胁影响的原因，可能与控制感高、低能够影响人的认知模式与思维方法有关。高控制感个体会将注意力集中于当前情境上，面对困难，相信很多事情自己可以掌控，认为只要付出努力总能找到成功的办法，更易被激发出强大的潜能，并使得个体更加乐观。此时当个体面对外界的消极刻板印象时，依然坚信自己能够决定自己的未来，刻板印象威胁对高控制感个体学业情绪的消极影响比较有限。而较低控制感的个体觉得生活中很多重要的事情，自己都不能改变，常感到无助。个体会将任务难度想象得比实际上更加严重，而这种思维模式则会使个体产生较大的心理压力，让个体过于担心可能的失败和不利后果，而不是如何有效地实现自己的目标。当面对群体的消极刻板印象时，抱有自暴自弃的态度，更容易内化这种消极的刻板印象，因此存在更加消极的学业情绪。

12.7 对教育实践的启示

鉴于学业成绩对于流动儿童未来的教育机遇与在城市的适应密切关联，研究结果对教育实践有以下几点启示：首先，凸显了教育情境中降低对流动儿童等弱势群体的消极刻板印象的重要性。尽管流动儿童感受到刻板印象威胁的程度总体上并不高（平均值），但是受到刻板印象威胁的流动儿童会体验到更多负面的学业情绪，进而影响学业成绩。因此，媒体和教育工作者应采取必要的手段阻止流动儿童受到消极刻板印象的影响。防范措施包括：媒体避免过分报道流动儿童的消极方面，学校中教师应该尽力树立流动儿童学习优秀的榜样（Dasgupta，Asgari，2004），避免贴标签，且需要注意禁止城市学生对流动儿童的言语攻击等。其次，我们发现学业情绪和控制感在刻板印象威胁中起作用。由于学业成绩是刻板印象威胁影响学业成绩的中介变量，教育工作者和家长可以采取的措施是提高流动儿童的学业情绪，限制刻板印象威胁带来的影响。应该更多地关注流动儿童的学习，帮助其处理学习中出现的消极情绪（挫折、厌烦、愤怒），并积极地鼓励、表扬他们在学习上取得的进步，以促使其产生积极情绪（Vande Pol，Volman，Beishuizen，2010）。另外，表扬、正面肯定（Bowen，Wegmann，Webber，2013）也能够在一定程度上增加流动儿童的控制感，提高的控制感可以保护其较少受到刻板印象的威胁。反之，对于明显低控制感的流动儿童，家长和学校应该予以特别关注。

13 刻板印象威胁与流动儿童主观幸福感的关系

流动儿童移居到城市后面临着城乡间文化背景、生活方式、价值观念、学习方式的巨大差异与变化，这些适应过程中的困难与挫折是众多流动儿童所要应对的直接压力。国内以往关于流动儿童的研究主要立足缺陷模型的视角，关注一些负面的心理适应指标，如孤独感、焦虑、抑郁等负性情绪和问题行为（方晓义，范兴华，刘杨，2008；蔺秀云，方晓义，刘杨，兰菁，2009；侯舒艨，袁晓娇，刘杨，蔺秀云，方晓义，2011），对其主观幸福感等正面的心理适应指标研究较少。

主观幸福感作为积极心理状态的重要衡量指标，反映的是个体对其生活境况所做的总体评价，是体现个体心理健康和社会适应的重要指标，包括积极情感、消极情感、生活满意度等方面（王瑞敏，邹鸿，2010）。关注流动儿童的主观幸福感，并探讨影响流动儿童主观幸福感的重要因素及作用机制，对于全面、客观地反映流动儿童的心理健康状态，并且为提高流动儿童的生活质量、寻找到促进其身心健康成长的科学有效策略，具有重要意义。

13.1 刻板印象威胁与主观幸福感

刻板印象威胁是指个体担心自我行为表现会证实其所属群体的消极刻板印象的风险（Steele，Aronson，1995）。流动儿童在学习特征、人际交往、外表外貌、个性特征和行为习惯等方面的元刻板印象呈现消极的特征（邹荣，陈旭，2012），流动儿童的整体心理健康状况不佳、焦虑水平高、孤独倾向突出、自责倾向严重、恐怖心理明显、常伴随有问题行为和学习问题（方晓义等，2008；蔺秀云等，2009；侯舒艨等，2011）。

大量实验研究证实，刻板印象威胁会影响个体的情绪体验、成就表现和未来职业发展等（Appel，Kronberger，2012；Brodish，Devine，2009；Hausmann，2014；

Logel, Walton, Spencer, Peach, Mark, 2012; Owens, Massey, 2011; Lane, Goh, Driver-Linn, 2012; Plante 等, 2013)。可见，相比于从农村到城市的环境变动带来的适应问题，这种消极刻板印象威胁可能成为影响流动儿童幸福感的另一个不容忽视的主要问题。

但对文献的回顾还有实践经验都表明，并非所有的流动儿童感知到刻板印象威胁后都存在幸福感下降的问题。为什么有的流动儿童的幸福感水平会降低，而有的流动儿童却不会呢？显然，在刻板印象威胁与流动儿童幸福感之间可能还存在其他中介或者调节变量。因此，关注流动儿童刻板印象威胁对幸福感的影响，并且进一步探讨其影响机制，是一个具有现实价值的课题。

13.1.1 社会支持的作用

社会支持作为影响儿童发展的重要的正面社会环境因素，被认为是应对压力的一种重要资源 (Compas, 1987)，是个体从他人或社会关系网络中所获得一般的或具体的支持性资源 (王雁飞, 2004)。良好的社会支持能有效地缓解心理压力，维护和增进心理健康及生活质量 (申荷永，高岚，1995)。根据生态系统理论的现象学变式理论 (Phenomenological Variant of Ecological Systems Theory, PVEST)，由贫穷、种族刻板印象、种族歧视等因素所带来的威胁效应可能受到某些支持资源的抵消或平衡 (Spencer, Fegley, Harplani, 2003)。

有关社会支持在社会压力与适应关系中的作用理论，主要有缓冲模型和威胁模型两种。缓冲模型的应激 CPT 理论 (Cognitive Phenomenological Transactional, CPT) 指出，弱势群体知觉到被歧视后会导致个体处于一种应激状态，而寻求社会支持是个体通常的行为方式 (Gee, 2002)。社会支持资源可能抵消或平衡压力对青少年发展的一些不利影响 (Spencer, Fegley, Harplani, 2003)。社会支持的威胁模型 (social support deterioration model) 却指出某些压力事件特别是创伤性事件或耻辱事件，会导致个体知觉到的社会支持减少，社会支持的减少进而导致心理适应问题增加 (Barrera, 1988)。这两个社会支持的理论阐述都指出一个问题：社会支持在外部压力和个体发展之间起中介作用。所以，社会支持在刻板印象威胁和流动儿童的幸福感的关系中也可能起中介作用。社会支持损害会降低个体的幸福感 (孔风，王庭照，李彩娜，和娟等，2012; Peizhen, Hongyan, Minyi, Feifei, 2014; Hsin-Chih, 2014; MalkoÇ, YalÇIn, 2015)。

刻板印象威胁和社会支持的关系的研究结果像理论一样存在矛盾的结果：有研究者指出，歧视知觉会损害个体的社会支持系统 (倪士光，李虹，2014；范兴华，方晓义，刘杨，蔺秀云，袁晓娇，2012；郝振，崔丽娟，2014)，支持社会支持威胁模型。也有研究指出，家庭和同伴支持能够缓解歧视带来的消极影响（Su，Lau，Mak，Chen，Choi，Song，2013），支持社会支持缓冲模型。Ayres 和 Leaper（2013）进一步研究表明，面对不同的歧视，社会支持的作用是不一致的。可见，社会支持在刻板印象威胁对流动儿童幸福感影响中所起的作用仍需进一步探讨。

13.1.2 自尊的作用

自尊作为重要的个体因素，是对自己所持的肯定或否定的态度，是个体在社会化过程中所形成的对自我的情感体验与评价。自尊的形成受家庭、学校、社会等因素的影响，也是个体适应社会环境的重要心理机制（Greenberg 等，1992）。

自尊在刻板印象威胁和流动儿童幸福感之间的中介作用也得到了间接的证实（蔺秀云，方晓义，刘杨，兰菁，2009）。刻板印象认为污名群体的能力比较低，这在一定程度上降低了个体的自尊水平。虽然有大量研究证实了流动儿童的歧视知觉会降低他们的自尊水平（刘霞，申继亮，2010），但是实证研究并没有发现刻板印象威胁会显著地降低污名群体的自尊水平（Stone，2002；Oswald，Harvey，2001）。自尊对幸福感的正向预测关系在普通大学生、国防生、农民工和流动儿童群体中都得到了验证（孔风，王庭照，李彩娜，和娟等，2012；丁凤琴，王勇慧，王振宏，2011；胡美娟，彭文波，杨允，疏德明，刘电芝，2011；蔺秀云，方晓义，刘杨，兰菁，2009；Xu，Xue，2014；Kong，Ding，Zhao，2015）。所以，自尊可能在刻板印象威胁和幸福感的关系中起到中介作用。个体与环境交互理论认为，个体的发展取决于环境变量与个体变量的交互作用，而环境变量最终要通过个体变量来发挥其作用。以往实证研究表明社会支持也会预测自尊，最后影响到幸福感（Lee，Dickson，Conley，Holmbeck，2014；刘霞，2008；刘杨，李泽，林丹华，2013；Kong，Ding，Zhao，2015）。

13.2 刻板印象威胁对流动儿童主观幸福感的影响

已有很多研究发现刻板印象威胁会影响到人的幸福感，但其中的机制尚不清晰。以往的研究往往更多地集中在研究控制感、自尊和社会支持独立的作用，除少数研究外（刘杨，李泽，林丹华，2013），没有考虑到变量之间交互影响的关系对流动儿童幸福感的影响。在自尊的发展过程中，社会支持系统起着重要作用（Harter 等，1996），按照发展生态学理论，自尊的发展与个体所处的关键环境是分不开的，家庭中的父母、学校中的教师、同伴团体中的朋友等都会对其产生影响（Brofenbrenner，1979）。因此，将存在复杂关系的多个中介变量放到同一理论模型内加以研究，这更有利于理解刻板印象威胁对幸福感的作用机制。

考虑到流动儿童的可塑性大，模仿性强，正处于身心发育的关键时期（蔺秀云，方晓义，刘杨，兰菁，2009），刻板印象威胁会对他们的幸福感造成很大的影响，所以本章研究旨在考察社会支持和自尊在刻板印象威胁与流动儿童幸福感关系中的中介作用，即探讨刻板印象威胁对流动儿童幸福感的影响机制，重点考察社会支持和自尊在刻板印象威胁和幸福感之间所起到的作用。

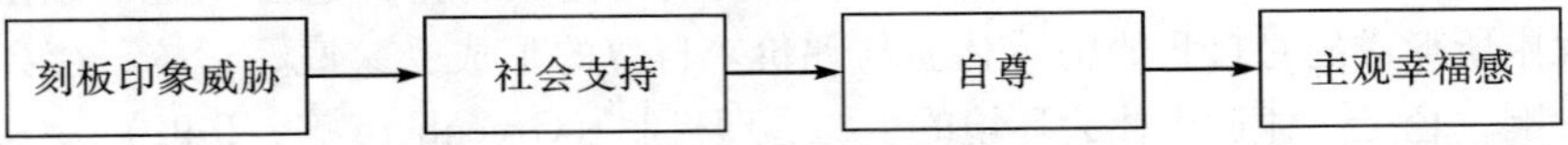

图 13-1　社会支持和自尊在刻板印象威胁幸福感之间的中介作用模式

13.2.1　研究方法

本研究调查来自湖北省和广东省不同的市区学校的流动儿童，共获得流动儿童被试 452 名，其中有效被试 399 人。被试中，男性 202 人，女性 182 人，未报告性别 15 人，平均年龄为 12.82 岁（SD＝1.89）。

研究采用问卷法，包括“刻板印象威胁量表”“主观幸福感量表”“自尊量表”和“社会支持量表”。其中，“刻板印象威胁量表”采用 Spencer（1993）编制的“刻板印象易感性问卷”测量流动儿童知觉到的刻板印象，这一量表采用 Likert 5 点评分，要求被试在 8 个项目上评分；“主观幸福感量表”采用 Bradburn 编制的主观幸福感问卷——“情感平衡量表”（Kim，Mueller，2001）来评定流动儿童的主观幸福感状况，这一量表采用 Likert 7 点评分，共 8 道题；“自尊量表”采用 Rosenberg 编制的“自尊量表”作为武汉市流动儿童自尊水平的测查工具（汪向东，王希林，马弘，1999），这一量表采用 Likert 5 点评分，评定个体在 9 个项目上关于自我价值和自我接纳的总体感受；“社会支持量表”采用 Ong 和 Ward（2005）所编制的“旅居者社会支持量表”对流动儿童的社会支持状况进行测查，这一量表采用 Likert 7 点评分，共 12 道题。经预研究发现，这些量表的信效度较高，可用于正式研究。

13.2.2　研究结果

13.2.2.1　自尊、社会支持与主观幸福感水平的关系

采用多元回归进一步考察流动儿童社会支持、自尊与主观幸福感之间的关联。社会支持分为家庭社会支持、教师社会支持和同学社会支持，首先采用社会支持预测流动儿童的主观幸福感，回归方程显著，$F(3,\ 395)=13.39$，$p<0.001$，$\eta_p^2=0.09$。从偏回归系数中可见，家庭社会支持与同学社会支持对流动儿童的主观幸福感有显著预测作用，而教师社会支持的作用不显著。

在这一模型的基础上，将自尊加入回归方程，模型同样显著，$F(4, 394) = 30.04$，$p<0.001$，$\eta_p^2=0.23$。从偏回归系数上看，自尊能够显著预测个体的主观幸福感，但是加入自尊的作用后，社会支持的预测作用变得不再显著。这一结果暗示社会支持对主观幸福感的影响可能被自尊完全中介（见表 13-1）。

表 13-1　自尊与社会支持对流动儿童主观幸福感的预测作用

	模型一		模型二	
	β	t	β	t
截距	3.22	13.85***	0.77	2.14*
家庭社会支持	0.15	2.93**	0.08	1.77†
教师社会支持	−0.003	−0.06	−0.02	−0.44
同学社会支持	0.14	2.41*	0.05	1.01
自尊			0.76	8.53***
R^2	0.09		0.23	

注：*** $p<0.001$，** $p<0.01$，* $p<0.05$，† $p<0.1$。

13.2.2.2　刻板印象威胁、社会支持、自尊与主观幸福感的相关

从相关矩阵中可见，所有变量之间均存在高度显著的相关，显著水平大多达到 0.001 以上。相对而言，社会支持与刻板印象威胁的关联较弱，其中教师社会支持与刻板印象威胁的相关仅达到−0.11（见表 13-2）。这一结果可以理解为，当刻板印象威胁提高时，流动儿童知觉到的教师社会支持的下降程度低于其他类型社会支持。

表 13-2　刻板印象威胁、社会支持、自尊与主观幸福感的相关

	同学社会支持	教师社会支持	家庭社会支持	自尊	刻板印象威胁	主观幸福感
同学社会支持	1					
教师社会支持	0.63***	1				
家庭社会支持	0.59***	0.53***	1			
自尊	0.39***	0.31***	0.36***	1		
刻板印象威胁	−0.17***	−0.11*	−0.29***	−0.45***	1	
主观幸福感	0.27***	0.20***	0.27***	0.47***	−0.37***	1

注：*** $p<0.001$，** $p<0.01$，* $p<0.05$。

13.2.2.3 刻板印象威胁、社会支持、自尊与主观幸福感的作用机制

模型总体拟合较好：$\chi^2 = 1872.76$，$df = 653$，$RMSEA = 0.07$，$CFI = 0.927$，$NNFI = 0.921$。为使结果呈现简明清晰，此处仅呈现结构方程模型中与假设紧密关联的结构模型部分（见图 13-2）。

刻板印象威胁对流动儿童主观幸福感的影响受到自尊和知觉到的社会支持的链式中介。加入中介之后，刻板印象威胁对主观幸福感的直接效应 Γ_5 仍然显著，表明社会支持和自尊部分中介了刻板印象威胁的影响。其中，刻板印象威胁对主观幸福感的总效应为－0.622，而通过社会支持和自尊的间接效应为－0.36，因此社会支持和自尊中介了刻板印象威胁对主观幸福感总效应的 0.36/0.62＝58.06％。

刻板印象威胁对自尊的影响受到社会支持的影响。由于直接效应 Γ_3 仍然显著，这一中介同样是部分中介。刻板印象威胁对自尊的总效应为－0.44，而通过三类社会支持的间接效应为－0.10，因此社会支持在刻板印象威胁对自尊的影响中的中介比例为 0.10/0.44＝22.73％。由于教师社会支持和家庭社会支持对自尊的效应 B_2 与 B_4 均非常不显著，流动儿童刻板印象威胁可能主要通过影响其同学社会支持而影响流动儿童的自尊（见表 13-3）。

总体而言，刻板印象威胁对流动儿童的主观幸福感受到社会支持和自尊的部分中介，且在这一链式中介中，自尊的作用更为重要（见表 13-3）。

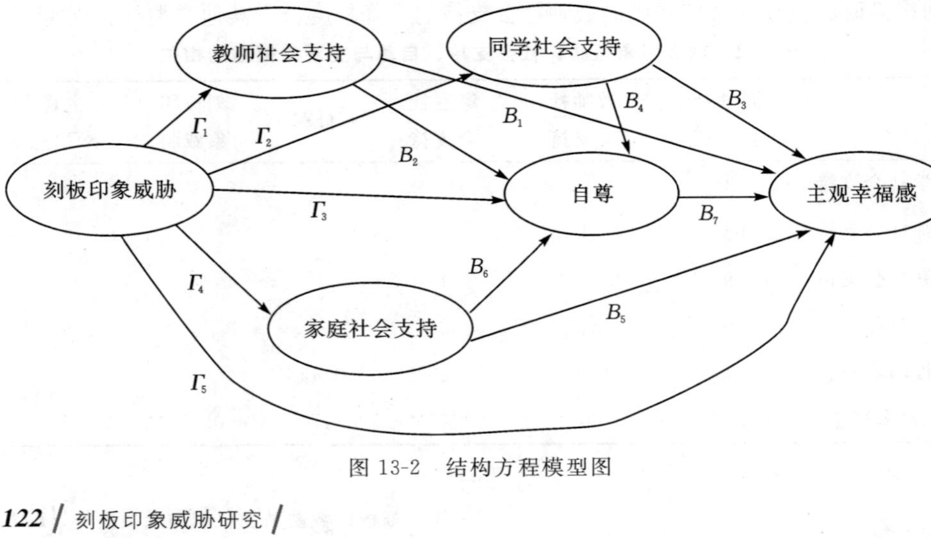

图 13-2　结构方程模型图

表 13-3　结构模型路径系数

路径	路径系数	标准误	t
Γ_1	−0.45	0.09	−5.23**
Γ_2	−0.61	0.09	−6.83**
Γ_3	−0.34	0.06	−5.39**
Γ_4	−0.67	0.10	6.57**
Γ_5	−0.26	0.11	2.50*
B_1	−0.04	0.04	−1.01
B_2	0.01	0.03	0.04
B_3	<0.001	0.05	−0.01
B_4	0.13	0.03	4.63**
B_5	0.06	0.07	0.92
B_6	0.02	0.04	0.36
B_7	0.78	0.14	5.45**

注：** $p<0.01$，* $p<0.05$。

13.3　刻板印象威胁影响流动儿童主观幸福感机制分析

关于刻板印象威胁对弱势群体成员的消极影响作用，已经在不同的群体研究中得到验证，例如在黑人、女性等群体中的研究（Steele，Aronson，1995；Shapiro，Williams，2012）。但这些研究主要是在西方背景下进行的，很少涉及中国流动儿童问题，且前人关于流动儿童的研究主要聚焦于适应结果的消极方面，例如孤独、抑郁、社交焦虑和问题行为，很少涉及流动儿童幸福感的基本状况，对其中机制的探讨更加有限。本章研究既有对群体成员身份可以改变的流动儿童的考察，又有基于积极发展观的视角的探讨，所得结果不仅丰富了已有研究理论和成果，而且更加深入地揭示了刻板印象威胁与流动儿童主观幸福感在中国文化背景下的关系机制问题。

13.3.1　刻板印象威胁对流动儿童幸福感有显著影响

刻板印象威胁会对流动儿童的幸福感产生显著的影响，这与以往关于歧视知觉与幸福感的研究结果一致（刘霞，2013；刘霞，赵景欣，申继亮，2013）。个体的自我概念主要通过与重要他人的互动而建立，个体在很大程度上需要借助他人的反馈性评价来建立自我概念。长期接触消极刻板印象，最终可能会把他人的偏见内化为自己的观点，这种消极的自我感知让个体沮丧、难过，从而影响其自我价值感并逐渐表现出与他人的消极刻板印象相一致的认知和行为方式（David，Thompson，2005）。

此外，相关研究已经证实较高的歧视知觉不仅会增加流动儿童的孤独感、抑郁等负性情绪体验（侯舒艨，袁晓娇，刘杨，蔺秀云，方晓义，2011），降低其心理健康水平（蔺秀云，方晓义，刘杨，兰菁，2009），也会使其变得畏缩、不自信，产生社交焦虑（袁晓娇，方晓义，刘杨，蔺秀云，2012），甚至对周围人、对社会产生敌意，不能融入社会适应城市生活（郝振，崔丽娟，2014），进而降低其幸福感（刘霞，2013；刘霞，赵景欣，申继亮，2013；邢淑芬，刘霞，赵景欣，师保国，2011）。刻板印象威胁也可能通过同样的方式影响幸福感。需要指出的是，并不是所有的流动儿童都会受到刻板印象威胁的影响，只有那些内化了消极刻板印象的流动儿童才会受其影响，且刻板印象威胁高的个体会内化这种消极的刻板印象（Schmader，Johns，Barquissau，2004；Plante等，2013）。

13.3.2 刻板印象威胁对流动儿童的幸福感的影响机制

通过考察哪些因素会起到中介或调节作用，降低刻板印象威胁对幸福感的影响，本章研究发现：社会支持和自尊在流动儿童的刻板印象威胁和幸福感中都起到了一定的中介作用。刻板印象威胁作为应激事件，显著地影响流动儿童的幸福感，而社会支持和自尊在其中起到了中介作用。这种影响机制具体通过三个路径：路径1，通过社会支持影响幸福感；路径2，通过自尊的中介作用影响幸福感；路径3，依次通过社会支持和自尊的序列中介作用影响幸福感。

13.3.2.1 社会支持的中介作用

社会支持作为社会压力与应对研究领域的重要变量，其作用成为研究者关注的焦点。本章研究发现，流动儿童的刻板印象威胁与社会支持呈显著负相关，社会支持与主观幸福感呈显著正相关，社会支持部分地中介了刻板印象威胁对主观幸福感的负向预测效应，即感知到的刻板印象威胁越强，知觉到的社会支持减少；社会支持减少进而导致主观幸福感的降低。这一结果显示，社会支持的减少部分地解释了刻板印象威胁对主观幸福感的威胁效应，符合社会支持的威胁模型。

根据Lazarus和Folkman（1984）的压力应对理论，刻板印象威胁是弱势群体成员的重要压力来源，知觉到的危险信息会使个体处于一种应激状态，这种应激状态通常会使个体去寻求社会支持来进行应对。对于从农村迁入城市的流动儿童而言，一方面，由于流动儿童从农村移入城市，其固有的社会支持网络被破坏，新的社会支持网络还处于建设之中，从而相对于城市儿童而言，流动儿童能够寻求到的社会支持更少（曾守锤，2011）；另一方面，流动儿童被贴上污名标签，使得社会其他人对流动儿童产生疏远、排斥甚至敌视等伤害性态度和行为。除此之外，刻板印象威胁增强了流动儿童的内群体认同，减弱了他们的城市认同，强化了他们对城市文化的疏远，使得他们在城市生活中经历更多的社交焦虑，出现更多的社会拒斥行为(师保国，徐玲，许晶晶，2009)，这不利于他们从城市社会中获得社会支持（范兴华，方晓义，刘杨，蔺秀云，袁晓娇，2012)，也不利于他们对城市文化的适应和城市社会融合（倪士光，李虹，2014)。而不被接纳、社会拒斥和较少的社会支持会直接降低他们的幸福感（刘杨，李泽，林丹华，2013；胡美娟，彭文波，杨允，疏德明，刘电芝，2011；孔风，王庭照，李彩娜，和娟，王瑾，游旭群，2012；Seaton等，2010)，也会通过降低他们的安全感而降低其幸福感（师保国，徐玲，许晶晶，2009)。因此，面对刻板印象威胁时，流动儿童对社会支持会有缺失感，从而导致他们的主观幸福感降低。这一结果说明，增强流动儿童的社会支持，可以部分阻断刻板印象威胁对流动儿童主观幸福感的不利影响。

此外，尽管社会支持的威胁模型在歧视知觉（Prelow等，2006)、长期抚养压力(Quittner等，1990）和伴侣虐待（Thompson等，2000）等压力与心理适应关系的实证研究结果中得以证实，但这些研究均是在西方文化背景下展开的，其研究对象均为成年人，涉及的压力性质各不相同（范兴华，方晓义，刘杨，蔺秀云，袁晓娇，2012)。本章研究则以中国文化背景下身份具有可变性的流动儿童为研究对象，以刻板印象威胁为预测变量，幸福感为结果变量，进一步丰富和拓展了社会支持威胁模型的适用范围。

13.3.2.2 自尊的中介作用

刻板印象威胁通过自尊影响流动儿童幸福感。自尊作为个体更内在的特点，在外界环境如刻板印象威胁存在的不可改变的情况下，对调节幸福感有显著的作用。虽然自尊是自己对自己，而不是他人对自己的评价和体验，但它是个体不断内化他人对自己的评价和观点的产物（田录梅，李双，2005)。并且，因为流动儿童普遍年龄较小，其自尊发展尚处于他人的评价和意见具有重要影响的“自为自尊”阶段。已有研究表明，“自为自尊”的个体会以自己所具有的社会资本及社会符号来评价自己的能力，因此，城市人的看法和意见以及与城市人的关系成为流动儿童建构自尊的重要来源，城市人的消极评价会直接降低流动儿童的自尊心水平。长期感受到社会排斥的个体，尤其是处于自尊正在形成的流动儿童，更可能将他人对自己不公正的评价和态度内化成自我概念，从而影响其自我价值感（邓小晴，师宝国，2013）。并且，自尊能够影响个体的幸福感：高自尊水平被试往往从积极方面看待自己，相信自己在很多方面比别人优胜，在面临逆境时更为自信，同时高自尊水平者倾向于改变情境，能较好地应对各类问题，从而具有较高的幸福感。故此，在流动儿童群体中，刻板印象威胁会呈现出如上所说的作用方式，要提升流动儿童群体的幸福感，需要从调节自尊入手。

13.3.2.3 社会支持和自尊的链式中介作用

刻板印象威胁通过社会支持和自尊的序列中介作用正向预测幸福感。流动儿童被贴上污名标签，使得社会其他人对流动儿童产生疏远、排斥甚至敌视等伤害性态度和行为。此外，刻板印象威胁增强了流动儿童的内群体认同，减弱了他们的城市认同，强化了他们对城市文化的疏远，这不利于他们从城市社会中获得社会支持(范兴华，方晓义，刘杨，蔺秀云，袁晓娇，2012)。社会支持的降低会进一步导致其自尊水平降低（Lee，Dickson，Conley，Holmbeck，2014；刘霞，2008；刘杨，李泽，林丹华，2013；Kong，Ding，Zhao，2015），进而降低他们的幸福感（孔风，王庭照，李彩娜，和娟，2012；丁凤琴，王勇慧，王振宏，2011；胡美娟，彭文波，杨允，疏德明，刘电芝，2011；蔺秀云，方晓义，刘杨，兰菁，2009；Xu，Xue，2014；Kong，Ding，Zhao，2015）。

此外，本章研究发现，流动儿童刻板印象威胁可能主要通过影响其同学社会支持而影响流动儿童的自尊，而同学社会支持作为同伴关系的重要资源，这一结果与同伴关系在儿童、青少年的与社会适应中起着重要的作用相吻合。同伴关系是发展社会能力的重要背景，是满足社交需要、获得社会支持和安全感的重要源泉，有利于其自我概念和人格的发展（邹泓，1998)。因此，刻板印象威胁可能主要通过影响流动儿童的同学社会支持，进而影响其自尊，对其幸福感产生影响。

总体而言，社会支持和自尊是刻板印象威胁影响流动儿童幸福感的重要中介变量，这一机制与 Gamezy、Masten 和 Tellegen（1984）所提出的心理弹性的补偿模型(compensatory model）相符合，即高的社会支持和高自尊水平通过抵消刻板印象威胁压力的破坏性影响来对流动儿童产生保护作用。

14　刻板印象威胁对学校认同的影响

14.1　流动儿童的教育问题

随着改革开放以来我国社会经济的迅猛发展，中国的人口流动性大大增强，最典型的就是大量的农业人口涌入城市和经济发达地区。在我国，一般将流动人口理解为户籍不在本地，但在本地已居住相当长时间的人口，农民工群体就是典型的流动人口，且数量巨大。随着农民工进入城市的潮流，大量的农民工子女也跟随父母来到城市，成为流动儿童。流动儿童规模庞大，数量增长迅速。这一庞大的群体进入城市，最重要的就是他们的入学问题。农民工子女由于离开户籍地，必须要在城市中另寻学校入学接受义务教育。接收这一庞大群体入学，成为当地城市教育部门的一大任务。当前政府对流动儿童的入学政策奉行“以流入地区政府管理为主，以全日制公办中小学为主”的基本原则，公办学校应该成为解决流动儿童义务教育问题的主渠道。孙晓莉（2006）的一项对比研究发现，公立学校的流动儿童学校适应状况更好，在控制了性别、年龄、进城时间、家庭经济地位等重要社会人口学因素后，教育安置方式仍然对流动儿童的城市适应有重要预测作用，就读公立学校的流动儿童社会文化适应情况更好，更少产生孤独、抑郁等心理问题，自尊水平更高。

城市农民工子女正逐渐成为城市学校中的重要群体，在武汉等城市，农民工子女大多可以就近进入城市本地公立学校不收取借读费等额外费用，与城市儿童享受同样的教育。这就意味着，在公立学校中，更多城市儿童与流动儿童在一个学校甚至一个班级中共同学习。但与此同时，不仅城市居民对农民工及其子女有一定的排斥和偏见，与农民工子女较常接触的教师群体也往往对他们持有消极的刻板印象，比如愚笨、见识少、文化素质低、马虎、学习习惯差、注意力涣散等。城市农民工子女在面对消极的刻板印象时，很容易产生明显的刻板印象威胁效应。

流动儿童常常在公办学校中得不到公正的对待，在公办学校借读是我国流动儿童最主要的就读方式，虽然能够进入公办学校借读，但是他们的处境与公办学校其他学生并不相同。由于流动儿童的家庭大多比较贫困，在物质上很难与城里学生相比，无论在学习工具、衣着打扮还是价值观方面都与城市户籍儿童之间有巨大差距，很容易受到学校的排斥，这对流动儿童心理产生负面的影响，进而会影响到流动儿童的全面发展。流动儿童学习基础相对较差，跟随父母进入城市之后，在新的环境和教育条件下会产生不适应的现象，这很有可能会导致流动儿童学习成绩退步的现象。

而农民工子弟学校办学条件差，教育质量不高。农民工子弟学校是流动儿童接受教育的主要途径之一，就读于农民工子弟学校的流动儿童的数量也非常多。但是农民工子弟学校因为没有充足的资金保障，办学条件很难达到政府的标准。农民工子弟学校中的师资力量也是影响到教育质量的重要因素。农民工子弟学校的师资力量相对比较薄弱，主要表现在文化程度相对较低，教育教学的方法比较陈旧。同时由于农民工子弟学校教师的待遇很难与其他类型的学校相比，这也使得农民工子弟学校教师流动频繁，这对流动儿童的教育产生很大不利的影响，另外，在农民工子弟学校中，美术、音乐等科目授课老师的专业性和素质有待提高，这也影响到流动儿童的个人全面成长。

在现实中，公办学校由于要收取借读费等原因并不受到流动儿童家长的欢迎。在公办学校，农民工子女与城市儿童混合在一个学校甚至一个班级中，与城市儿童有较多的接触，他们有比较多的机会接触城市本地文化。但是不可避免的是教师、城市儿童对他们可能存在的歧视和农民工子女本身在对比中的自卑心可能被放大。而在农民工子弟学校，虽然学生不容易感受到对比和歧视的存在，但是环境的相对封闭使他们既不容易融入城市中，又脱离农村，农民工子女对自己的定位也会产生一定的矛盾和困难。

对于流动儿童来讲，他们的社会经济地位相对普遍较低，父母因忙于生计且文化程度不高，疏于对他们的教育指导，导致家庭功能欠缺（曾守锤，2009）；因流入地市民对他们有不同程度的歧视，以及语言的差别、家庭条件较差等原因，容易使他们产生自卑心理，妨碍了他们建立正常的同伴关系（方晓义等，2008）。总体而言，流动儿童的学校适应状况较城市儿童差（李晓巍等，2009）。

对流动儿童的研究多集中于教育权的平等获得、农民工子弟学校合法性等客观生活处境，鲜有涉及其主观认知。但是客观生活处境可通过政策逐步解决，更需要关注的是他们与城市社会间的关系。年长的农民工出于各种原因将会回到农村，更多地以城市过客的身份出现。而对于这些数量庞大、无太多乡土记忆又长期居于城市的流动儿童来说，他们如何看待自己与城市的关系，进而可能会有哪些行为取向、与城市社会间具有怎样的关系，是需要我们进行思考和回答的问题。从理论意义看，本章从刻板印象威胁、社会支持与学校认同的关系中，探讨变量的相关性。从现实意义看，希望通过本章研究的成果辨明社会支持的重要作用，对流动儿童的学校认同有更深入的了解，进而寻找有效的干预机制，为流动儿童提高学校认同感，促进学校在学习上提供帮助，也为流动儿童教育政策提供一定的依据。

14.2　刻板印象威胁、学校认同与社会支持的关系

14.2.1　刻板印象威胁

刻板印象威胁是指一定的文化对某些群体持有负性刻板印象，群体成员在特定情境下由于担心别人会以这种观念来判断他和对待他，同时担心自身的表现会证实这种刻板印象而产生的威胁感（Steele，Aronson，1995）。

刻板印象威胁产生的最明显的后果就是表现下降，如威胁组黑人被试在学业标准化测试中成绩下降，威胁组女性被试在谈判中表现不佳。刻板印象威胁可能损害受威胁者在刻板化任务中的表现。困难任务中个体的表现会因威胁唤醒而下降，而简单任务中则会因威胁唤醒而得到促进。

刻板印象威胁会产生一系列负面的影响，主要表现为导致个体行为上的表现下降和心理上的分离与不认同。心理上的分离和不认同是个体在经历刻板印象威胁的不同阶段的表现。在短暂的特定情境下，经历威胁会产生心理分离。此时，自尊水平不受外在反馈的影响，自我价值感不依赖于成功或失败。短期的分离使刻板印象威胁下的个体在任务中的动机和持续性得以保持，起到适应的作用。然而，长期的心理分离可能导致不认同。不认同主要包括领域不认同和远离刻板化群体。领域不认同即个体可能重新定义自我价值和认同，以至不再将刻板化的领域作为自我评价的基础。远离刻板化群体主要表现为对刻板化群体活动的喜爱程度下降和对消极刻板化群体特质的回避（阮小林，2009）。

14.2.2 学校认同

Tajfel (1978) 将社会认同定义为“个体认识到自己所在群体成员所具备的资格，以及这种资格在价值上和情感上的重要性”。王毅杰和史秋霞 (2010) 将流动儿童的社会认同定义为“基于城乡居民分类认识上的自我认定与情感归属”。他们发现，其社会认同具有多元化、多维性的特点。具体来讲，流动儿童已意识到城乡间的差别，但以分类意识为基础的自我认定具有多元化特征。除明确的自我认定外，还有较多儿童的认同处于模糊状态；自我认定与情感归属存在复杂关系，并与农村人自尊具有一定正面联系。同时，这一认同是在特定生活情境中逐渐形成的，其中，结构性身份、学校互动、日常生活事件及流动儿童有意识的群际比较都在不同程度上会激发他们对分类意识、群体身份和所属群体弱势地位的思考。可见，生活情境中各因素都在促成他们对自身相对不利群体地位的认识。

关于流动儿童的社会认同，目前的研究大多是关于其城市认同方面的，鲜有对于专门的学校认同的研究。目前大多数对于学校认同的研究都是针对大学生的，对于流动儿童只有一些学校适应和学校归属感的研究。大多数研究只关注流动儿童学校适应的某个或某些方面，缺乏对其学校适应状况的总体把握，这导致研究结果缺乏全面性。

学校适应是衡量流动儿童城市心理和行为适应的重要指标，对于正处于青少年发展阶段的流动儿童来说，关注他们的学校适应情况显得尤为重要。近年很多研究认为流动儿童的学校适应状况不容乐观，如流动儿童的学校适应情况不如城市儿童(谭千保，2010；李晓巍等，2009)，高危型学校适应流动儿童的比例相当高（包克冰，徐琴美，2006）等。而许传新 (2009) 的研究表明流动儿童在人际交往、学习、行为习惯方面适应良好。这提醒我们不能仅仅关注流动儿童学校适应的破坏性因素，而应该从其内在归属感、身份认同等角度探讨学校适应的保护性因素。流动儿童的学校适应受到多面因素的影响，从保护性因素来看，学校归属感对其学校适应有重要影响（余益兵，葛明贵，2010）。

学生感知到的学校气氛能显著预测其学校适应，学生的学校归属感与集体自尊紧密相关，学校归属感高的学生，眼中的个体往往是集体中的个体，能够正确评价自己的价值，成为与集体同在的人 (Kia-Keating，Ellis，2007)，拥有高私密性集体自尊的个体认为自己所属的群体很好，较容易对集体产生归属感（彭丽娟等，2012）。

流动儿童的学校归属感通过提高其集体自尊而促进学校适应。彭丽娟等人(2012)的研究表明：流动儿童的学校适应情况良好，但存在显著的性别差异；流动儿童的学校归属感和学校适应，以及变量各维度间显著相关，并且学校融入、学校环境、学校投入和同伴关系能显著预测流动儿童的学校适应；流动儿童的集体自尊在学校归属感和学校适应之间起部分中介作用。

14.2.3 社会支持

社会支持是指个体所感受到的来自其所在的社会网络成员的关心、尊重和重视的一种行为或信息（Cobb，1976）。对社会支持的研究起源于20世纪60年代人们探求生活压力对身心健康的影响研究。社会支持不仅可以缓冲生活压力的消极影响，还可以促进个体的社会适应和身心健康。对儿童社会支持的研究日益受到重视，研究者们从不同的角度揭示了儿童的社会支持的基本特征及其对儿童发展的影响。

以往研究对于社会支持与个体适应之间的关系进行了探讨，研究发现社会支持与个体适应具有显著的相关（Barrera，Ramsay，1981），社会支持水平与良好的生活满意度有着显著的正相关，而与孤独、抑郁和焦虑等消极情绪存在显著负相关(陶沙，2000)。社会支持对中学生的抑郁和过失行为有显著的缓冲作用（Windle，1992)。

寻求社会支持是我们应对压力的一种有效手段。当一个人在遇到心理压力时，他能够从这种社会支持关系中获得有效的帮助，比如父母、老师、同学和朋友等，都是社会支持力量。青少年社会支持研究表明，家庭和朋友是青少年社会支持的重要来源（颜桂梅，2008)。

对于处在青少年期的流动儿童来说，社会支持最重要的来源是家庭支持、学校的教师支持和同学支持。对青少年儿童来说，家庭的经济状况、成员的文化素养、成员之间的关系、儿童在家庭中所处的地位，都会影响其性格的形成。良好的师生关系，满足了流动儿童的情感需求，缓冲了外界消极评价对他们产生的不良影响，保护了他们的自尊（李小青等，2008)。社会支持各因子中对学生一般自我效能感影响最大的为同伴及他人支持，社会支持与初中生的心理健康状况有密切联系。学校需要关注学生的同伴交往，注意发现和协调他们交往中出现的问题（李慧芬，2008)。

研究发现社会支持与学校适应存在显著的正相关，亦即学生感知到的社会支持越多，学校适应越好。社会支持系统对青少年儿童学业成就和社会适应具有积极作用。社会支持在疏离感与亲社会行为的关系中发挥中介作用。初中流动儿童疏离感通过社会支持间接影响亲社会行为，提高社会支持可促进初中流动儿童的亲社会行为（邱剑，安芹，2012）。曾守锤（2011）的研究表明，社会支持对流动儿童的心理适应起保护作用。邓小晴（2013）的研究也表明社会支持对流动儿童的歧视知觉与自尊关系起部分中介作用。

在心理健康方面，邹泓等人（2008）发现，教育资源享有状况、师生关系、学业行为影响流动儿童的心理健康状况。刘正荣（2003）认为影响流动儿童心理健康的因素有两类：客观因素和主观因素。客观因素包括生活空间场所的变动、就读学校的类型、父母职业及收入状况等；主观因素包括对就读学校的满意度、对现实生活的满意度以及自我身份认同状况等。

在流动儿童适应方面，胡韬（2007）的研究发现，影响流动儿童社会适应的因素主要有个人志气、学校因素、社会歧视和家庭因素四个方面。何资桥（2007）探讨了自我效能、社会支持、父母教育方式对流动儿童的学习适应性发展的影响作用和机制。周海霞（2008）探究了班级环境、师生互动风格和同伴关系对流动儿童学习适应性发展的影响作用和影响机制。这些研究与本章研究中家庭支持、学校的教师支持和同学支持对学校认同的影响有一定的关联。

14.3 研究设计与方法

14.3.1 研究目的与假设

本研究所涉及的流动儿童主要是指原户籍在农村的农民工子女，目的在于探讨刻板印象威胁与流动儿童学校认同之间的关系，并在此基础上研究以教师支持、同学支持和家庭支持为核心的社会支持对此的中介作用。

根据研究目的和已有的研究成果，本研究有三个假设：（1）流动儿童刻板印象威胁与学校认同呈现负相关。（2）流动儿童社会支持与学校认同呈现正相关。（3）流动儿童的社会支持在刻板印象威胁对学校认同的影响中起中介作用。

14.3.2 被试

随机抽取武汉市等地区的小学五年级至高中二年级的流动儿童进行问卷调查，收到有效问卷486份，其中男生249人，女生214人。被试大多数为农民工随迁子女，平均在城市生活了9年多，部分在进城打工后户口转移到城市。

14.3.3 问卷材料

第一部分是基本的人口学变量，涉及被试的性别、年级、家庭基本情况、学习成绩等信息。其中 A24 题目“你来这个城市前在哪里生活？①农村②其他城市”筛选出本次研究所需要的流动儿童，共 486 人。问卷第二部分为刻板印象威胁量表，由 8 道题组成，有从非常不同意到非常同意的五个等级。第三部分为学校认同量表，由 5 道题组成，有从完全不符合到完全符合的七个等级。第四部分为社会支持量表，包括教师支持、同学支持、家庭支持。全部题目都以正向计分。

14.4 研究结果

14.4.1 验证性因素分析结果

经过 SPSS 分析，得出各量表的均值和标准差，由表 14-1 可以看到，流动儿童刻板印象威胁均值小于中值数据，而学校认同及社会支持的三个维度均值都高于中值数据。可见，流动儿童刻板印象威胁并不严重，而对于学校的认同感比较高，社会支持也比较高。

表 14-1 刻板印象威胁、学校认同和社会支持三维度各量表均值

	均值	标准差
刻板印象威胁	1.9958	0.87315
学校认同	4.5497	1.22912
教师支持	4.7469	1.63464
同学支持	4.7359	1.52764
家庭支持	5.2008	1.70036

14.4.2 刻板印象威胁、社会支持和学校认同的相关

如表 14-2 所示，相关性分析方面，刻板印象威胁与学校认同和社会支持维度都呈现一定的负相关：社会支持越高，刻板印象威胁越低；刻板印象威胁越高，学校认同越低。而学校认同与社会支持间呈显著的正相关，表明社会支持越高，学校认同越高。由此，我们考虑社会支持三个维度的中介作用。

表 14-2　刻板印象威胁、社会支持三维度和学校认同主要变量相关性

变量	1. 刻板印象威胁	2. 教师支持	3. 同学支持	4. 家庭支持	5. 学校认同
1. 刻板印象威胁					
2. 教师支持	-0.123^{**}				
3. 同学支持	-0.149^{**}	0.598^{**}			
4. 家庭支持	-0.260^{**}	0.530^{**}	0.463^{**}		
5. 学校认同	-0.150^{**}	0.552^{**}	0.410^{**}	0.396^{**}	

注：** 在 0.01 水平（双侧）上显著相关。

14.4.3　学校认同的中介作用

从表 14-2 我们还可以看到，流动儿童刻板印象威胁与学校认同、社会支持三个维度之间均呈现负相关，学校认同与社会支持三维度间呈现正相关。由此我们考虑社会支持在刻板印象威胁和学校认同之间的中介作用。

Baron 和 Kenny（1986）认为，中介效应存在要满足以下三个条件：（1）预测变量对潜在中介变量预测作用显著（路径 a）。（2）预测变量对结果变量预测作用显著（路径 c）。（3）当采用预测变量、潜在中介变量对结果变量进行回归时，潜在中介变量对结果变量的预测作用显著（路径 b），同时预测变量对结果变量的预测作用减弱（路径 c'）。在完全中介效应中，潜在的中介变量进入方程后，预测变量对结果变量的预测作用不再显著；在部分中介效应中，预测变量对结果变量的预测力减少但没有消除。由表 14-3 我们可知，在加入社会支持变量之前，刻板印象威胁与学校认同呈现显著的负相关，学校认同与教师支持之间呈现显著的正相关，学校认同与同学支持之间呈现显著的正相关，学校认同与家庭支持之间呈现显著的正相关，社会支持三个维度与刻板印象威胁呈现负相关，因此符合完全中介的要求：在变量之间呈现显著的相关关系。在加入社会中介的变量后，刻板印象威胁对学校认同的影响减弱了，所以可推断出流动儿童的社会支持三个维度在刻板印象威胁与学校认同的影响机制中，社会支持起着中介作用。

表 14-3　刻板印象威胁、社会支持和学校认同的回归统计

步骤及变量	β	t
第一层		

续表

步骤及变量	β	t
刻板印象威胁	0.044	−4.796
第二层		
刻板印象威胁	0.037	−3.113
教师支持	0.540	20.365
第三层		
刻板印象威胁	0.037	−2.808
教师支持	0.025	14.432
同学支持	0.027	3.456
第四层		
刻板印象威胁	0.038	−2.029
教师支持	0.026	12.384
同学支持	0.027	2.731
家庭支持	0.023	3.38

表 14-4　社会支持中介作用模型的各项拟合指数

X^2	df	X^2/df	$RMSEA$	$SRMR$	$NNFI$	GFI	CFI
553.487	51	10.853	0.0979	0.042	0.968	0.918	0.976

由表 14-4 可知社会支持中介作用的各项拟合都达到了可接受水平，拟合指数良好。刻板印象威胁、教师支持、同学支持、家庭支持和学校认同之间的关系如图 14-1 所示。

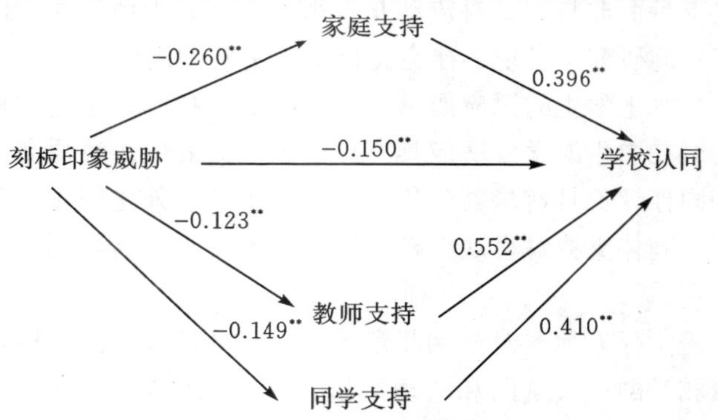

注：** 在 0.01 水平（双侧）上显著相关。

图 14-1　社会支持三个维度在变量间的中介作用模型

14.5 社会支持在刻板印象威胁影响学校认同中的作用

赵建平等人（2006）的研究发现，得到较多社会支持的人，心理更趋于健康，社会支持是影响心理健康的重要因素之一。赵笑梅等人（2010）的研究发现，社会支持对流动儿童的自尊具有很大的影响作用，得到的社会支持越多，流动儿童表现出的自尊水平也就越高。

作为学校的一分子，流动儿童对学校的认同不仅关系到他们本身的学习和生活，也会影响到其他的学生和学校的整体发展。在以流动儿童为主的学校中，要注意学校之间的对比。这些学校往往硬件设施、教师素养等方面不如城市公立学校，这就容易使学生产生对学校的自卑和不满情绪。这种情绪不利于学生对于学校的接纳和认同，学生易在心理上抵触这种“差学校”。在接纳流动儿童的公立学校中，流动学生近距离地与城市儿童对比，加上一些教师和城市儿童的偏见、歧视，流动儿童容易对学校产生疏离感，难以融入群体中，对学校的认同不易建立。从本次研究的问卷分析来看，目前流动儿童的学校认同是比较好的。

教师的支持对于流动儿童来说有极大的作用。特别是对于较低年级的儿童，教师的态度直接影响他们对学校和学习的态度。城市教师常常会对流动儿童有一定的偏见，随着偏见和歧视的减少，教师对流动儿童的支持作用更大，能够明显地促进流动儿童的学校认同。同学的作用对于流动儿童来说也十分重要，同伴的支持能使流动儿童减少自卑和疏离感，促进流动儿童对学校的认同。对于就读于公立学校的流动儿童来说，他们有较多的机会接触城市儿童。如果在交往的过程中，城市儿童给予的更多的是支持而非歧视，对流动儿童来说更有利于他们对于学校的认同。李文道等人（2003）的研究也发现，社会支持水平不同的初中生在学校适应的质量上存在差异，高支持水平学生的适应质量显著高于低支持水平学生的适应质量。教师支持、同学支持对初中生的学校适应具有显著的回归效应。教师支持对学生学习成绩、喜欢学校和同伴评价具有增益作用，对内化问题、外化问题、孤独感和逃避学校具有缓冲作用。同伴支持对喜欢学校和同伴评价具有增益作用，对内化问题和孤独感具有缓冲作用。

教师特别是班主任老师要对流动儿童多关心、多过问；加强班集体的感情联系作用，营造健康和谐的班级氛围和心理环境，在活动中鼓励他们主动与同学交往，培养他们积极稳定的情趣情感，使其能真正感受到来自教师的支持。作为教育工作者首先应公平地对待每一位学生，尽力减少偏见，避免对流动儿童持有消极刻板印象。如果消极刻板印象已经存在，教师应有意识地通过积极的暗示和提供榜样抵制消极刻板印象的影响，例如在学校中树立弱势群体成员的积极形象，从而减少刻板印象威胁效应的发生。

家庭的支持作用对于流动儿童的不论哪一方面都是有重要的积极作用的。和睦的家庭关系和家长适当的支持能使流动儿童在城市生活中有更多的归属感，对于增加流动儿童对学校的认同也有积极作用。父母的关爱对他们的健康成长起着重要的作用。家长要经常主动地与学校沟通联络，交换意见，切实关注孩子在学校的情况；常与孩子多沟通，多听听孩子心灵的渴望，让孩子感受到父母的关爱支持，使孩子从小就能在良好的家庭环境、学校环境和社会环境中健康成长。

15 刻板印象威胁和流动儿童无望感

流动儿童是我国经济社会发展过程中出现的特殊群体，对流动儿童的印象评价具有一定的特殊性。一方面，由于流动儿童本身社会经济地位较低，加上环境的变迁，社会大众对流动儿童群体产生了消极刻板印象，如“庇佑沐恩者”“自卑沉默者”“早熟懂事者”“无知少识者”等。另一方面，社会给予流动儿童的一些特殊关注，进一步标签化了流动儿童。这种边缘化的身份地位使流动儿童往往受到社会的不公平对待。基于流动儿童的典型特征，探究流动儿童面对刻板印象威胁情境下的相关心理表现，对于促进流动儿童的健康发展有重要意义。

无望感（hopelessness）最先由 Beck 提出，是指个体对未来失望甚至绝望的经验或悲观的看法。无望感是无望抑郁的核心成分，它不仅与抑郁有关，更与自杀倾向有关。研究发现个体对某一重大应激生活事件进行负性归因后，会产生无望感，进而体验无望抑郁。本章探讨刻板印象威胁对无望感的影响及其机制，为解决流动儿童刻板印象威胁带来的不利因素，促进流动儿童适应城市生活、融入城市、和城市儿童共享教育资源方面提出有意义的解决方法提供一些理论支持，也为政府部门的决策提供一定的依据。

15.1 刻板印象威胁和无望感

无望感理论认为，具有认知易感性的个体在遭遇应激事件后，倾向于对事件的原因、后果和自我特点进行负性推断，从而产生无望感，导致抑郁。其中，无望感是直接导致无望抑郁形成的充分的、必要的原因，即个体一旦产生无望感，抑郁的发生就不可避免。

无望感是无望抑郁的核心成分。Brandon（2006）以 162 名在校大学生为被试，进行了 6 周的纵向研究，发现具有负性推断类型的被试经历的负性生活事件越多，其表现出的抑郁症状程度就越严重。Hong（2006）发现个体对某一重大应激生活事件进行负性归因后，会产生无望感，进而体验无望抑郁。易红（2008）的研究表明，消极归因方式和负性生活事件共同预测了无望抑郁的产生，无望感在此过程中发挥部分中介作用，自尊发挥调节作用。辛自强（2007）发现，半数青少年存在不同程度的无望感，特别是有13.7%的人至少存在中等及以上程度的无望感而需要特别帮助。从影响因素角度看，控制信念对无望感的解释率最高，其次是社会支持，其中家庭支持显著有利于减少未来无望感，朋友或一般他人的支持无显著预测作用。

刻板印象威胁是个体担心自我行为表现会证实其所属群体的消极刻板印象的风险（Steele，Aronson，1995）。莫琼琼（2013）通过对城市农民工子女的刻板印象威胁效应的研究发现：教师群体持有的城市农民工子女的外显刻板印象中包含了积极特征、消极特征和中性特征，其中，教师群体在城市农民工子女的学习方面持有消极刻板印象。而在面对有关学习方面的消极刻板印象时，城市农民工子女的工作记忆测试成绩显著下降，即产生了刻板印象威胁效应。

流动儿童移入城市后面临着城乡间文化背景、生活方式、价值观念、学习方式的巨大差异与变化，这些适应过程中的困难与挫折更是众多流动儿童所要应对的直接压力。在这一过程中，流动儿童受到的刻板印象威胁可能使其产生无望感，从而对流动儿童的身心造成不良影响。因此，探讨刻板印象威胁对流动儿童无望感的影响具有重要现实意义。

15.1.1 自尊的作用

自尊是在应付生活挑战时的个人能力和个人价值的现在状态（Mruk，1999），其中，能力和价值是自尊的两个基本维度。梁丽婵（2013）发现，流动儿童知觉到的父母、教师、同伴的信任显著低于一般儿童；流动儿童知觉到的父母、教师、同伴的信任与孤独感、抑郁、焦虑呈显著负相关；流动儿童的信任知觉对孤独感、抑郁、焦虑既存在直接影响，也通过自尊的中介效应影响情绪适应情况。曾守锤（2009）对流动儿童的自尊水平、稳定性及其保护作用进行了研究发现，流动儿童的自尊水平得分显著低于城市儿童，且不太稳定；流动儿童的自尊与压力的交互作用显著，表明流动儿童的自尊是其应对压力、保持良好的社会适应的保护性因素。

有研究者比较了一般儿童与流动儿童在自尊水平上的差异。李小青等人（2008）对北京市1018名流动儿童和319名城市儿童进行研究，发现流动儿童的自尊发展水平存在显著的年级差异和校际差异，且流动儿童的自尊发展水平显著低于城市儿童，流动儿童的自尊与学业行为、师生关系的各维度均有显著相关，学业行为中的学习效能感、学习自信心和师生关系中的低冲突性、支持性、关系满意度可以显著预测流动儿童的自尊发展水平。

刘霞和申继亮（2010）从个体和群体两个水平探讨了流动儿童歧视知觉的特点以及与自尊的关系，发现流动儿童的歧视知觉整体处于中等水平，且个体的歧视知觉水平显著高于群体的歧视知觉水平；农民工子弟学校的流动儿童、高年级的流动儿童和流动男孩的歧视知觉较多；随着流动时间的增加，流动儿童的个体歧视知觉和群体歧视知觉存在减少趋势；不同水平的歧视知觉对流动儿童个体和集体自尊的影响存在一定差异，个体歧视知觉主要通过群体歧视知觉的中介间接地影响集体自尊。

15.1.2 控制感的作用

控制感是指为什么有些人会积极主动地应付困难处境而另外一些人则表现出消极态度的一种内心状态。Mnane（2000）提出控制感是指人相信自己能对客观环境和内心感受加以改变和操纵的知觉，也就是对自己能在多大程度上影响活动结果的知觉。控制感作为保持心态平衡的一种重要心理资源，它的强弱决定着个体能否积极主动地改善自己的处境。

此后，许多研究者也对控制感进行了研究和探索。Avrill（1973）将控制感分为行为控制感、认知控制感、决策控制感，并分别进行了实验研究，研究结果表明这三种控制感都与压力反应存在直接的联系，控制感水平越高，压力反应越少。闻吾森（2000）对社会支持、心理控制感和心理健康的关系的研究表明，社会支持和心理控制感都是影响心理健康水平的缓冲因素。李虹（2007）通过检验生命控制感对内在控制感和外在控制感与心理健康之间关系的调节和中介作用，发现生命控制感对内在控制感和外在控制感与自尊和一般健康状况之间的关系均存在调节作用。生命控制感能够调节内在或外在控制感引起的自尊和一般健康问题。这个发现说明，高内在控制感或高外在控制感的大学生能够从生命控制感获益。

控制感也可能导致消极后果。Rodin 等人（1980）在考察控制感与自尊的关系中发现，当控制感使个体可以获得希望的目标时，个体是渴望控制的。然而，当个体所具有的控制感使其无法逃避失败的责任时，较高的控制感反而会导致较低的自尊。在有些工作情境中，控制感并不能给个体带来任何益处，具有控制感的个体并不一定比不具有控制感的个体在压力情境中体验到更少的压力。因此，控制感是具有双重作用的心理因素。

15.2 刻板印象威胁影响流动儿童无望感的机制研究

近年来，有关农民工子弟学校、打工子弟学校的报道日渐增多，人们开始越来越关注流动儿童就读的学校，学术界也开始涉入这一领域。从研究内容上看，现有的研究主要集中在流动儿童学校存在的现状、特点、问题以及如何对这些学校进行规范与管理等方面上，缺乏对有关流动儿童心理状况的研究。在刻板印象威胁领域，只有少数有关研究文献，另有部分文献通过歧视知觉的角度来进行探讨；在流动儿童自尊的相关领域有部分研究进行了讨论，但是并没有探讨刻板印象威胁对流动儿童自尊的影响；在控制感以及无望感这两个领域，国内的研究比较少，关于流动儿童的研究更是空白。所以，在此基础上，本章研究引入自尊以及控制感作为中介变量，来探讨刻板印象威胁对流动儿童无望感的影响。

15.2.1 研究方法

本章研究采用问卷法，调查了全国多所学校的486名流动儿童。

问卷包括“刻板印象威胁量表”“无望量表”“自尊量表”“控制感量表”。其中，“刻板印象威胁量表”共八个题目，采用5点计分；“无望量表”包括六个题目，采用6点计分；“自尊量表”共十个题目，采用5点计分，其中第3、5、9、10题反向计分；“控制感量表”共十二个题目，采用7点计分。

15.2.2 研究结果

15.2.2.1 刻板印象威胁、无望感、控制感和自尊的相关性

各变量间的相关性为：刻板印象威胁与自尊之间呈负相关（$p<0.01$），刻板印象威胁与无望感呈正相关（$p<0.01$），刻板印象威胁与控制感呈负相关（$p<0.01$），自尊与无望感呈负相关（$p<0.01$），自尊与控制感呈正相关（$p<0.01$），无望感与控制感呈负相关（$p<0.01$），具体如表15-1所示。

表15-1 刻板印象威胁、无望感、控制感和自尊之间的相关性

	$M \pm SD$	刻板印象威胁	自尊	无望感	控制感
刻板印象威胁	2.111±0.914	1			
自尊	4.325±0.794	−0.361**	1		

续表

	$M \pm SD$	刻板印象威胁	自尊	无望感	控制感
无望感	2.234±1.028	0.420**	−0.496**	1	
控制感	4.278±0.720	−0.439**	0.457**	−0.539**	1

15.2.2.2 自尊、控制感的中介作用

自尊在刻板印象威胁与无望感之间的中介作用检验见表15-2。

表15-2 自尊的中介效应检验

第一步（系数c）	第二步（系数 a_1）	第三步（系数 b_1）	第四步（系数 c'）
0.4895**	−0.2825**	−0.4289**	0.2127**

从表15-2可知，刻板印象威胁对无望感具有预测力（$\beta=0.4895$，$p<0.01$），即回归系数 c 显著；刻板印象威胁对自尊的预测显著，即回归系数 a_1（$\beta=-0.2825$，$p<0.01$）显著；自尊对无望感的预测显著，即回归系数 b_1（$\beta=-0.4289$，$p<0.01$）显著。另外，在引入预测变量和中介变量后，c'（$\beta=0.2127$，$p<0.01$）显著。这说明在自尊的中介作用下，刻板印象威胁对无望感的影响起部分中介作用。

控制感在刻板印象威胁与无望感之间的中介作用检验见表15-3。

表15-3 控制感的中介效应检验

第一步（系数 c）	第二步（系数 a_2）	第三步（系数 b_2）	第四步（系数 c'）
0.4895**	−0.3758**	−0.4141**	0.2127**

从表15-3可知，刻板印象威胁对无望感具有预测力（$\beta=0.4895$，$p<0.01$），即回归系数 c 显著；刻板印象威胁对控制感的预测显著，即回归系数 a_1（$\beta=-0.3758, p<0.01$）显著；控制感对无望感的预测显著，即回归系数 b_1（$\beta=-0.4141, p<0.01$）显著。另外，在引入预测变量和中介变量后，c'（$\beta=0.2127$，$p<0.01$）显著。这说明在控制感的中介作用下，刻板印象威胁对无望感的影响起部分中介作用。

自尊以及控制感的中介效应如图15-1所示。

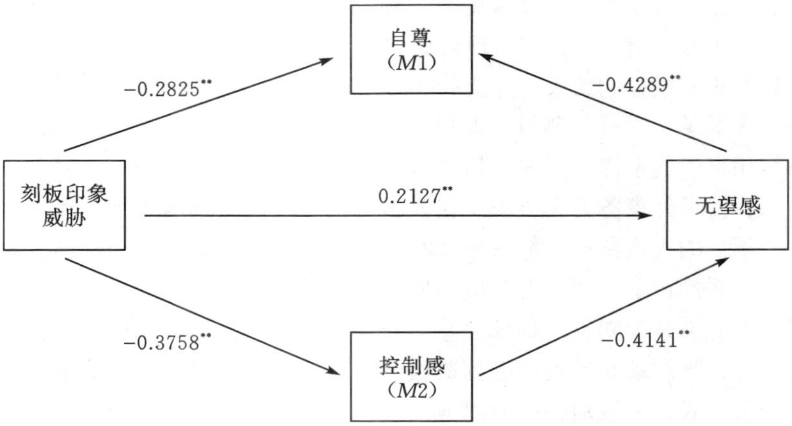

图 15-1　自尊以及控制感的中介效应示意图

15.3　自尊和控制感在刻板印象威胁影响无望感中的作用

对流动儿童这一领域的研究之前已有很多，但是对于刻板印象威胁与流动儿童无望感的关系的研究却很少。本章研究引入自尊及控制感作为中介变量，探讨刻板印象威胁对流动儿童无望感的影响，既丰富了这一研究领域，也为流动儿童的相关研究提出了一个新的理论设想和分析路径。本章研究为解决流动儿童刻板印象威胁带来的不利因素，促进流动儿童适应城市生活、融入城市、和城市儿童共享教育资源方面提供了一些理论支持，也为政府部门的决策提供一定的依据。

15.3.1　刻板印象威胁对无望感的影响

刻板印象威胁对流动儿童无望感存在预测作用，即刻板印象威胁会对流动儿童无望感的产生起正向作用。流动儿童大多出生在农村，他们跟随父母来到城市生活，而他们的父母在城市中从事的职业大部分是城市人所轻视的“低等”的工作，所以一般人对流动儿童的印象是“乡巴佬”“脏乱”“自卑”“好欺负”等负面评价。当流动儿童处于这种偏见和歧视的氛围时，就会担心别人以这种观点来判断和对待他们，同时担心自身的表现会证实这种刻板印象。因为他们处于一种紧张的威胁情境中，这种威胁感给他们带来巨大的压力，所以他们的行为反而可能验证这种负性的刻板印象。而无望感可能是个体发展过程中曾经出现或仍然不断出现的一系列压力生活事件的结果。经常面临无法控制的压力生活事件，不仅会造成个体对现实环境的习得性无助感，还会对未来产生消极的、悲观的预期，即无望感。显然，当他们长期处于这种威胁中时，就会获得习得性无助，从而产生无望感。

以往研究也有类似的结果。陈美芬（2005）采用卡特尔十六种人格量表对8—14岁外来务工人员子女进行了测量，发现外来务工人员子女具有缺乏自信、敏感、自卑、易感情用事、遇事忧虑不安、烦恼自扰、抑郁压抑等人格特征，并与本地儿童进行了对比，发现外来务工人员子女在人格的诸多因子上都与本地儿童存在显著差异，形成了不良的人格特征。范兴华（2012）通过考察应对方式与社会支持对歧视知觉与抑郁关系的调节作用，发现歧视知觉对抑郁有显著正向预测，积极应对、社会支持对流动儿童歧视知觉与抑郁关系有共同调节作用。这与本研究所报告的内容有相同的部分，当流动儿童长期受到刻板印象威胁时，容易产生无望感，形成倾向于抑郁的归因方式，采取消极的应对方法。长期如此，他们可能容易形成自卑、敏感、抑郁等特质。

15.3.2 自尊和控制感的中介作用

自尊在刻板印象威胁对无望感的影响中起部分中介作用。刻板印象威胁与自尊呈现负相关，即遭受刻板印象威胁的个体自尊水平会降低，自尊与无望感之间呈现负相关，即自尊水平越低，无望感越高。所以刻板印象威胁会通过降低个体的自尊水平从而让个体产生无望感。控制感也在刻板印象威胁对无望感的影响中起部分中介作用。刻板印象威胁与控制感呈现负相关，即遭受刻板印象威胁的个体控制感会降低，控制感与无望感之间呈现负相关，即控制感越低，无望感越高。

这与以往的研究结果一致，易红（2008）发现自尊在无望抑郁的产生过程中起调节作用，即消极归因方式、低自尊和负性生活事件共同作用导致了无望抑郁的产生，其中高水平自尊起缓冲作用，能缓解负性生活事件诱发个体产生无望抑郁的风险；自尊在无望抑郁的变化速率中不发生调节作用，但是自尊水平越高，无望抑郁的下降速率越快。这可能是由于高自尊水平个体往往具有较强的归属感和掌控感。当个体的无望抑郁持续发展时，个体的掌控感受到严重威胁，高自尊水平个体会努力采取措施，保护自身免受负性情绪困扰，重获高掌控感，因而表现为无望抑郁的下降速度呈加速趋势。

在媒体报道及大众刻板印象中，流动儿童学校往往与“非法”“整顿”“取缔”等词语相联系，作为非主流、不正规的教育场所受人排斥。外界不利因素影响流动儿童的学校认同，进而有可能影响他们的自我认识、自我评价和自尊。当流动儿童自尊水平降低时，他们的控制感也会相应地降低，低控制感者不会采取措施来保护自己免受负性情绪的困扰，从而产生无望感。梁丽婵（2013）发现在中小学阶段，儿童越来越在意他人对自己的评价，容易受到他人评价的影响，而流动儿童的信任知觉较低，这种消极的评价使他们不能很好地在集体、教师、同伴中找到自己的定位，从而导致自我价值感降低。

第四篇　刻板印象威胁的干预与展望

个体由于意识到他人对自己或所属的群体存在某种消极的刻板印象，不管其是否认同这种刻板印象，都有可能因这种消极信息的存在而感受到风险，担心自己验证了这个消极的刻板印象，便产生了刻板印象威胁（Steele，Aronson，1995）。显然，刻板印象威胁并非同等地存在于同一群体的所有成员之中，而是受到诸多因素的影响：群体认同、信念、动机、环境等。也正是因为如此，我们才有可能采取各种方法，来干预、削弱乃至消除刻板印象威胁的负面影响。

Steel 等人（2002）将刻板印象威胁看作认同威胁，因此，参照认同威胁模型的假设，当前有关刻板印象威胁干预的研究通常从集体表征、个人特质、情景线索三个方面进行。从社会认知图式的角度，可以通过对困难进行外归因、提供角色榜样、启动积极身份特征、提供多重社会身份等方式来削弱刻板印象威胁的消极影响；从自我的角度，可以通过鼓励自我肯定、树立智力增长观、改变内隐态度的等方法来干预；从情境的角度，可以重塑任务情境，使其不激活个体的受威胁身份，或是让任务看起来更具有挑战性，同样能降低威胁。

刻板印象威胁带来的负面影响诸多，从学业成绩到个体归属感降低、自我效能感降低等，长期来看，会导致教育和社会发展的失衡（Good，Aronson，Harder，2008）。因此，采用积极干预手段，尽可能减少刻板印象威胁的消极作用，具有非常重大的研究和现实意义。

本篇包括 5 章内容，其中，第 16 章采用树立角色榜样策略对降低女性方向感的刻板印象威胁提供了有效手段，第 17 章通过自我肯定的方法有效降低了高中女生的数学刻板印象威胁，第 18 章则通过反刻板印象为男生语文刻板印象威胁的降低提供了干预策略，第 19 章基于自我—情境调节匹配策略为减少性别刻板印象威胁提供有效的干预，第 20 章对刻板印象威胁进行了研究评价与展望。

16 女性方向感刻板印象威胁的干预

有关方向感（sense of direction）的研究，其本质上是一个心理旋转任务的研究。Martens、Johns、Greenberg 和 Schimel（2006），McGlone 和 Aronson（2006）的研究结果表明，在心理旋转任务上存在着与数学任务相似的影响。心理旋转任务一贯被认为是认知任务领域中最大且最可信的性别差异任务（Voyer，Voyer，Bryden，1995；Jansen-Osmann，Heil，2007）。心理旋转上的性别差异尽管是基于实验的（Sander，Quaiser-Pohl，Stigler，2010），但在近十年里一直保持稳定（Sander，Quaiser-Pohl，Stigler，2010），并且已有研究表明对于学前儿童（Hahn，Jansen，Heil，2010），甚至是婴儿（Moore，Johnson，2008；Quinn，Liben，2008）存在并保持这种稳定性直至成年。进而有人提出这存在着生理基础（Hausmann，Slabbekoorn，Van Goozen，Cohen-Kettenis，Güntürkün，2000；Heil，Kavšek，Rolke，Beste，Jansen，2011；Heil，Rolke，2002；Heil 等，1999）。而在心理旋转的测量中广泛使用的是心理旋转测试（Peters，Laeng，Latham，Jackson，1995；Vandenberg，Kuse，1978），其中还包括 3D 图像块的比较。本章侧重探讨女性方向感的刻板印象威胁的干预，为帮助改善女性方向感刻板印象威胁提供一些策略。

16.1 方向感与刻板印象威胁

由于感受到消极刻板印象的存在而损害个体在相关领域的表现，这种刻板印象威胁不仅会影响个体相对长期的技能获得（Bussey，Bandura，1999），而且对于那些基于活动等级测量的短期行为表现也有着很大的影响。通过 Steele 及其同事的研究（Steele，Aronson，1995；Steele，Spencer，Aronson，2002），当一个刻板印象的群组成员被放置到相应的被认定为这个群组会表现较差的情景中时，个体经历一种风险，处于该风险中的个体担心自己会验证所属群体的消极刻板印象，导致个体行为上的表现下降和心理上的分离与不认同，进而产生相应行为表现弱化。

刻板印象威胁效应已经在各个领域得到证实，例如女性的数学成绩（Spencer，Steele，Quinn，1999）、女性在谈判中的表现（Kray，Thompsom，Galinsky，2001）、男性同性恋者照顾小孩的能力（Bosson，Haymovitz，Pinel，2004）、女性驾车技能（Yeung，von Hippel，2008）等。同样地，由于心理旋转任务在性别上存在显著差异，也有学者对此进行了研究。McGlone和Aronson（2006）对各种不同社会身份的本科生进行了心理旋转测试（Mental Rotation Test，MRT），发现当女性的性别刻板印象启动后，她们在心理旋转任务中的表现会变差，证明了刻板印象威胁也影响心理旋转中的性别差异效应（Hausmann，Schoofs，Rosenthal，Jordan，2009）。

由于传统刻板印象威胁效应的相关研究通常是以已经存在的刻板印象为基础的，这使得将性别和各种完全的信念导向组合的实验难以完成。因此，我们更倾向于将其性别信念导向人为进行诱导，形成完备的信念导向。例如，Moè（2006，2009）和Pazzaglia（2006）在进行实验前告知被试先前的研究表明男性表现优于女性，或者女性表现优于男性，或者作为自然条件处理。结果表明，当被期望更有能力时MRT成绩上升，被期望能力差时MRT成绩下降。性别差异在自然条件组存在，但当被试被告知男性表现优于女性时差异更加显著，而最有趣的是当被试被告知女性表现优于男性时，性别差异消失了，这不仅仅是统计水平上的，连数值水平上的差异也没有了。这个结果表明性别信念可能完全解释在心理旋转中的性别差异。

16.2 基于真实地图的女性方向感的刻板印象威胁研究

16.2.1 实验一

对于Moè和Pazzaglia（2006）的实验来说，采用MRT进行测试，但这种方法相对抽象，没有很好地同现实结合起来。实验情景与现实生活毕竟存在一定距离，正如王沛（2003）指出的，目前大多数研究较难揭示刻板印象在社会认知中的真正作用及其发生范围，同时也无法深刻地剖析刻板印象的心理加工机制。随着当今社会发展，人口流动频繁，个体的活动范围越来越大，对于地图、导航的需求日益增多，这点在各大地图、导航行业的蓬勃发展上可见一斑。方向感对于个体的意义十分显著，因此，可以采用地图测试这种更具生态效度的方法进行相关研究。

16.2.1.1 研究方法

本研究招募了武汉某高校35名在校女学生分批次前来参与实验，年龄从18—28

岁（M=21.4；SD=4.4）不等。实验材料为网络上截取的30张Google地图，为排除文字干扰，将地图上文字进行处理，抹除文字。分别对每张地图随机指定一个5点3段的路径，选取中间的3个点作为标记点。实验采用组间测试，自变量为是否有女性在方向感上弱于男性的刻板印象信念引导，因变量是被试在地图指定点处方向判断的反应时和错误率。

将被试随机分为实验组和控制组，对于实验组呈现一段调查报告，指出女性在方向感上弱于男性。调查报告内容如下：

也许在人们心中质疑多年的——男性和女性谁更擅长辨别方向的问题已经有了答案。德国研究者发现男性和女性在确定方向时分别使用了大脑的不同部位，女性通过大脑皮层来获得事物的表象并以此来确定方位，而男人通常通过海马体来获得事物的几何学定位。通俗地说，就是女性多通过标志性的建筑物辨别方向，如往左是药店，再往右是杂货店。而男性则倾向通过几何学的方法来确定方位，如博物馆应该在南面。最新数据表明，更多的女性选择使用GPS装置。由汽车保险集团AAMI公布的问卷调查显示，女性比自己的男性伴侣更多需要借助GPS来辨别方向，AAMI的调查称，全国范围内，有64%的女性使用GPS系统寻找道路，而仅有40%的男性使用GPS系统导航。昆士兰大学心理学院的达布斯（Shelli Dubbs）表示，平均来看，在阅读地图方面，男性普遍好于女性。

按任意键继续……

控制组则对应地呈现白板画面，同样按任意键继续。在调查报告或是白板呈现之后，随机抽出10张地图呈现给被试。对于每张地图，程序模拟指定准备好的路径并用红线动画表示。动画表示完毕后呈现标记点，并询问被试在某个随机标记点处按红线所示路径应左转还是右转。同时记录其反应时和正确率。

16.2.1.2 研究结果

对所有试次的反应时进行对数转换，使其符合正态分布，并删除高于或低于平均数2.5个标准差的数据（Robinson，2007）。实验结果见表16-1。

表16-1 被试在实验组和控制组中的差异

因变量	分组	n	M	SD	t	df	p
反应时	实验组	16	7.61	0.53	-2.71^{*}	33	0.011
	控制组	19	7.08	0.62			

续表

因变量	分组	n	M	SD	t	df	p
错误率	实验组	16	35.63%	0.23	-2.10^{*}	33	0.045
	控制组	19	20.53%	0.18			

注：$^{*}p<0.05$，$^{**}p<0.01$，$^{***}p<0.001$。

表 16-1 的结果表明实验组（$M=7.61$，$SD=0.53$）在对地图方向的判别反应时长于控制组（$M=7.08$，$SD=0.62$），$t(33)=-2.71$，$p<0.05$。在错误率方面，实验组（$M=35.63\%$，$SD=0.23$）要高于控制组（$M=20.53$，$SD=0.18$；$t(33)=-2.10$，$p<0.05$）。这说明女性刻板印象威胁使得女性在方向感的判别能力明显下降。

比较实验组和控制组的反应时和错误率，发现实验组在这两项上均高于控制组 $t_1(33)=-2.71$，$p_1<0.05$；$t_2(33)=-2.10$，$p_2<0.05$。这表明刻板印象威胁存在，对实验组有弱化其行为表现的作用。这与心理旋转、数学测试的研究结果一致。但实验还存在着各种问题，有很多方面没有考虑完备。本实验是随机抽取 10 张地图，对任务难度没有进行控制，同时也没有考虑其他变量，例如被试对刻板印象的认同度等。因此，进一步设计实验二来研究更严格的实验控制下的女性方向感刻板印象威胁效应。

6.2.2 实验二

16.2.2.1 研究方法

本研究招募了武汉某高校 35 名在校女学生分批次前来参与实验，年龄从 18—28 岁（$M=21.4$；$SD=4.4$）不等。同时，为了控制地图难度，采用迷宫地图代替实际的 Google 地图，按生成地图的矩阵大小、分割块大小对地图难度分为低（20×20×2）、高（25×25×1）两组，再对地图路径的转向分为 45°、90°、120°三组。每组各有 5 张地图，对于以上两个维度两两交叉，得到 6 组共 30 张地图。然后分别对每张地图随机指定一个 5 点 3 段的路径，选取中间的 3 个点作为标记点。实验采用 2×3×2 多因素设计。因素 1 为地图难度（低、高）为组内变量；因素 2 为地图路径转向（45°、90°、120°），也是组内变量；因素 3 为组间变量（有无呈现女性在方向感上弱于男性的刻板印象信念引导）。因变量是被试在地图指定点处方向判断的反应时和错误率。

同样将被试随机分为实验组和控制组，与实验一相同，给实验组呈现一段调查报告，指出女性在方向感上弱于男性。调查报告内容和实验一相同。

控制组则对应地呈现白板画面，同样按任意键继续。在调查报告或是白板呈现之后，按随机次序将全部 30 张地图呈现给被试。对于每张地图，程序模拟指定准备好的路径并用红线动画表示。动画表示完毕后呈现标记点，并询问被试在某个随机标记点处按红线所示路径应左转还是右转，同时记录其反应时和正确率。在做完全部 30 张地图后，进行操作性检验，程序询问被试两个题目，获得其对个人以及女性的方向感的认同度，题目如下：

你认为女性的方向感如何？

1. 非常差　2. 很差　3. 有些差　4. 一般　5. 有些好　6. 很好　7. 非常好

你认为你的方向感如何？

1. 非常差　2. 很差　3. 有些差　4. 一般　5. 有些好　6. 很好　7. 非常好

16.2.2.2　研究结果

对所有试次的反应时进行对数转换，使其符合正态分布，并删除高于或低于平均数 2.5 个标准差的数据 (Robinson，2007)。实验结果如表 16-2 至表 16-4 所示。

表 16-2　方向感认同的操作性检验

因变量	分组	*n*	*M*	*SD*	*t*	*df*	*p*
操作性检验女性方向感认同	实验组	16	3.31	0.30	2.07*	33	0.0046
	控制组	19	4.05	0.21			
操作性检验个人方向感认同	实验组	16	3.31	0.37	1.21	33	0.0233
	控制组	19	3.94	0.36			

注：* $p<0.05$，** $p<0.01$，*** $p<0.001$。

表 16-3　反应时的多因素分析报告

变异来源	*MS*	*df*	*F*	*p*	η_p^2
分组	6.74	1	4.39*	0.044	0.117
误差（分组）	1.54	33			
难度	0.017	1	0.15	0.071	0.004
难度×分组	0.014	1	1.23	0.275	0.036
误差（难度）	0.114	33			
转向	0.170	2	3.74*	0.029	0.102
转向×分组	0.037	2	0.82	0.448	0.024

续表

变异来源	MS	df	F	p	η_p^2
误差（转向）	0.046	66			
难度×转向	0.057	2	1.67	0.196	0.048
难度×转向×分组	0.003	2	0.089	0.915	0.003
误差（难度×转向）	0.034	66			

注：$^{*}p<0.05$，$^{**}p<0.01$，$^{***}p<0.001$。

表 16-4　错误率的多因素分析报告

变异来源	MS	df	F	p	η_p^2
分组	2.12E-005	1	0.00	0.993	0.000
误差（分组）	0.267	33			
难度	0.043	1	1.19	0.283	0.035
难度×分组	0.002	1	0.068	0.795	0.002
误差（难度）	0.036	33			
转向	0.038	2	1.14	0.326	0.033
转向×分组	0.003	2	0.86	0.918	0.003
误差（转向）	0.033	66			
难度×转向	0.197	2	5.28**	0.007	0.138
难度×转向×分组	0.022	2	0.603	0.550	0.018
误差（难度×转向）	0.037	66			

注：$^{*}p<0.05$，$^{**}p<0.01$，$^{***}p<0.001$。

表 16-2 中的结果表明在女性方向感的认同度上，实验组（$M=3.31$，$SD=0.30$）显著低于控制组（$M=4.05$，$SD=0.21$），$t(33)=2.07$，$p<0.05$；在对个人的方向感的认同度上，实验组（$M=3.31$，$SD=0.37$）与控制组（$M=3.94$，$SD=0.36$）没有差异 $t(33)=1.21$，$p>0.05$。这说明给予被试的调查报告激活了被试的女性刻板印象，对于被试关于自身的能力认同并未发生变化。

表 16-3 表明，在反应时方面分组变量造成的差异显著，$p<0.05$；难度变量造

成的差异不显著，$p>0.05$；转向变量造成的差异显著，$p<0.05$；难度变量和分组变量的交互作用不明显，$p>0.05$；转向变量和分组变量的交互作用不明显，$p>0.05$；难度变量和转向变量的交互作用不明显，$p>0.05$，难度变量、转向变量和分组变量三者的交互作用不明显，这说明刻板印象存在，并且女性刻板印象威胁使得女性在方向感的判别上能力明显下降，地图背景的复杂程度对被试方向感判别没有影响，路径的转向角度变大使得女性在方向感的判别反应时明显增长。并且在影响被试反应时方面，难度变量、转向变量和分组变量三者都是正交的，彼此独立作用，没有相互作用。

表 16-4 表明，在反应时方面分组变量造成的差异不显著，$p>0.05$；难度变量造成的差异不显著，$p>0.05$；转向变量造成的差异显著，$p>0.05$；难度变量和分组变量的交互作用不明显，$p>0.05$；转向变量和分组变量的交互作用不明显，$p>0.05$；难度变量和转向变量的交互作用十分显著，$p<0.01$，难度变量、转向变量和分组变量三者的交互作用不明显。这说明难度变量、转向变量和分组变量交互作用中，刻板印象、地图背景的复杂程度、路径的转向角度对被试方向感判别的错误率没有影响。分组变量与难度变量、转向变量两个量是正交的。而难度变量、转向变量是非正交的，有相互作用。

为了进一步探讨它们的相互作用，本实验又对其做了边界均值分析，结果如图 16-1 和图 16-2 所示。

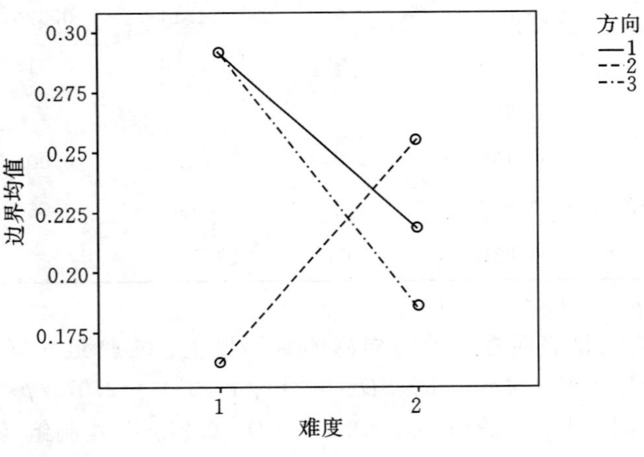

图 16-1　难度边界均值分析

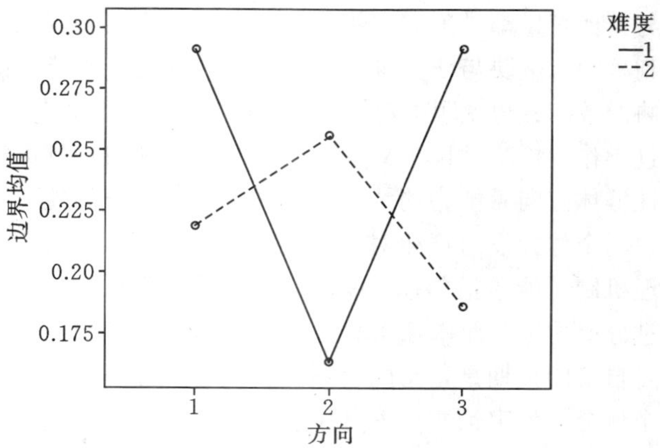

图 16-2　转向边界均值分析

图 16-1 和图 16-2 表明，转向的不同水平在难度 1 上存在显著差异，$F(2, 68)=5.12$，$p=0.008$，难度的不同水平在转向 2（90°）上有显著差异，$F(1, 34)=4.40$，$p=0.043$、在转向 3（120°）上有显著差异，$F(1, 34)=4.79$，$p=0.036$。这说明在难度 1 的情况下，路径的转向角度变大使得女性的方向感的判别错误率明显上升。在路径的转向角度是 90°或 120°时，背景复杂程度变高，使得女性的方向感的判别错误率明显上升。

16.3　女性方向感刻板印象威胁干预分析

对于刻板印象的实质，Fiske 及其同事（1993）认为个体一开始时往往会根据即时线索，诸如表征性别的视觉线索来归纳社会客体。在对目标分类之后，通常情况下个体通过“自上而下”的方式判断事物，而只有在一些不熟悉的情景下，才通过比较耗费心理资源的“自下而上”的方式判断事物。而在采用“自上而下”的方式判断时，个人依赖对目标的认知图式，特别是刻板印象，这样很容易产生刻板印象威胁。对于刻板印象本身，其作为一种认知图式具有稳定性、持久性。

在本章研究实验一中，实验组反应时、错误率明显高于控制组，表明刻板印象确实存在，并且对女性的方向感判断带来了负面作用，使其能力大大下降。这与其他实验室中的研究结论一致，说明在实际生活中刻板印象威胁确实存在，并且效果很明显，也说明了刻板印象威胁理论有着很强的普适性。

在本章实验二中，经多因素分析，在反应时方面分组变量造成的差异显著，说明刻板印象威胁存在，降低了女性方向感判别能力。并且无论在反应时还是错误率方面，分组变量与其他变量都是独立作用的，即刻板印象威胁效应并不受任务难度的影响。这说明刻板印象威胁与任务难度的影响是并行的，不能靠降低任务难度来减弱刻板印象威胁的效应，也说明了刻板印象在现实生活的危害是很大的。

本章研究通过操作性检验，说明文字材料唤醒了女性对性别的刻板印象，显著降低了个体对女性群体方向感能力的认同，但对于个人自身的能力，被试的认同度并没有降低，这说明个体并没有产生对自身能力的质疑。阮小林（2009）指出，刻板印象威胁的心理机制可能包括焦虑、唤醒、低预期、降低工作记忆容量、减少努力与过多注意、过分努力等。而本章实验说明了个体对于自身能力的认同并没有下降，说明了个体对自身的预期是正常的，不存在能力下降。而对于自己所属群体的预期下降，说明个体会因为害怕成为群体中变弱的一员，从而进行过多的努力，这却使得其表现下降。

对于任务本身，地图背景复杂度对个体反应时没有影响，而转向角度增大使得被试的反应时变长，说明在地图分辨时，个体仅仅关注于路径本身，而对于地图背景的复杂度并不关心。而且路径本身旋转度数越大，个体判断越困难。

而在错误率上，地图背景复杂度与转向角度存在显著的交互作用，这说明地图的背景复杂程度是一种内隐的因素，在对信息加工处理时会发生作用。许琴和罗宇(2010）指出，方向感的内部表征包括三种：最基本的表征是关于路标信息的表征，即对显著的、有路标作用的建筑物进行表征，并通过该建筑来引导个体的朝向和路线；第二种是自我参照表征（egocentric representation)，即以自我位置为参照标准来认识环境，物体位置是相对于观察者自己（如眼睛、头和躯体等）来表征的；第三种表征则为环境参照表征（allocentric representation)，即物体位置是相对于环境中其他物体（如标志性建筑、主要道路等）来表征的。

地图背景复杂程度属于环境参照表征，而转向角度属于路标信息。这说明在方向感加工过程中路标信息是十分重要的，而环境参照表征对方向感形成影响较小。因此在实际生活中，导航设备在绘制路线图时，应尽量减小导航路径的角度，最好采用圆弧性路线，这样可以减小个体的识别难度。

研究表明，难以通过减小任务难度来控制刻板印象效应。在本实验所设定的各种条件下，女性方向感的认同存在明显差异，但自我方向感没有差异，这说明刻板印象并不影响个体对自身能力的评估，但会影响对其所在群体中能力的评估，这使得个体过分努力反而表现下降。路径本身的转向角度越大，个体方向感判断越困难。地图背景复杂度对个体方向感判断无影响。

17　自我肯定对刻板印象威胁的干预

自我肯定是指当个体受到威胁时，通过肯定与威胁、无关领域中的自我价值，使自我系统恢复平衡，维持自我整体性（Steele，1988）。自我肯定不需要过多地歪曲信息或是对威胁信息作出新的解释，而是呈现出一种更加开放和宽容的态度。自我肯定可以通过完成自我价值观量表、描述重要的个人价值等方式来进行实验操纵。经过自我肯定的个体能更加客观、公正地处理威胁自我认同和群体认同的信息，促进个体的成长（石伟，刘杰，2009）。大量研究表明，自我肯定能在多种情境下降低个体的防御反应，使其以更加宽广的视野来看待自己。本章主要探究自我肯定在高中女生数学能力刻板印象威胁中的干预，为解决高中女生数学能力刻板印象威胁提供一些干预方法和理论支持。

17.1　自我肯定与刻板印象威胁的研究回顾

17.1.1　自我肯定理论

自我肯定理论基本前提是假设人们有保护自我完善感和自我价值的动机，基于这种动机，人们在遇到威胁信息的时候会通过激活自我肯定来实现自我系统的适应，从而保护自我完善感。而刻板印象威胁是指外界对于某些群体持有负面刻板印象，当个体存在于可能应验此负面刻板印象的情境中时，因担心别人会用所属群体的负面刻板印象来论断、评价自己，从而产生额外的威胁感或压力感（Steele，1995）。个体甚至不必相信这种刻板印象，只要他认可自己是属于这种群体，就可能因为感受到社会威胁而受到消极影响，同时还可能导致心理上的分离和不认同（王玉、高明华，2013）。自我肯定能够降低失调威胁（Steele，Liu，1983；Seele，1988），减少刻板印象威胁效应的发生（Fein，Spencer，1997；Spencer 等，1998；Steele，Aonson，1995）。

人们在面对威胁到自我的信息时，可能采用多种防御方式来降低这种威胁带来的不适感。这些防御反应一方面可以保护自我，但同时也可能让自我因为对客观信息的过度扭曲和忽视，从而失去学习和成长的机会。而自我肯定则可以有效地减少这些防御反应的发生（Baumeister，Heatherton，Tice，1993）。

17.1.1.1 自我肯定的操纵

我们通常会让被试通过描述或思考重要的个人价值或特质，以及参与能让其肯定自我价值的活动的方式实现对自我肯定的操纵，具体可能包括填写特定问卷或者回答小问题、按要求排序或写小短文、自我报告的方式或想象的方式来思考自己的积极特质等。最常见的是采用价值观量表，如 Allport 等人（1960）编撰的价值观量表包括理论、经济、审美、社会、政治、宗教六个方面，让被试挑出他们认为最重要的一项或几项并解释其原因。

研究者们通过一系列研究分离了两种不同类型的自我肯定：价值观肯定（value affirmation）和特质肯定（attribute affirmation）（McQueen，Klein，2006）。虽然通过这两种途径都能达到自我肯定应对威胁的目的，但是会对个体产生不同的影响。价值观肯定提升了个体的自我清晰性（self-clarity）（Cohen 等，2007；Harris，Napper，2005；Steele，Liu），而特质肯定则提升了个体的自尊（Cohen，Aronson，Steele，2000）。

17.1.1.2 自我肯定的效应

自我肯定可以促使个体以更客观的方式来对待对自我造成威胁的信息，而更少地表现同化偏差（biased assimilation），即更少地出于维护自我认同的目的，而将与自己不符的信念看得更加不可靠。同时，自我肯定也会影响人们的归因方式。通常我们会倾向于将自己的成功归为内因，而自我肯定则可以消除这种自我服务偏差，让我们可以更加客观、公正、坦然地解释成败。除此以外，有研究证明，经过自我肯定的个体可以降低对弱势群体的负性刻板印象，更加公正地对待弱势群体成员（Zarate，Garza，2002；Shrira，Martin，2005）。

在情绪控制方面，自我肯定可以减少个体因认知失调而带来的不适感。研究表明，个体因认知失调带来的不适感，可以通过自我肯定对某一个其他领域的自我整体性的维护来得到改善，从而降低对行为或态度的影响。同时，因内群体成员与自我不一致而导致的不适感也可以通过自我肯定来降低（Matz，Wood，2005）。

17.1.2 刻板印象威胁对学业表现的影响

当个体的自我认识受到挑战的时候，就会产生认同威胁，同样地，当个体某个有价值的社会身份有被贬低的可能性时，刻板印象威胁就发生了（Steele，1997，

2010；Steele，Aronson，1995）。仅仅是意识到社会或群体的身份可能导致贬损，就可以导致心理上的威胁效应的存在。例如，拉丁裔美国学生可能会担心由于那些有关他所属的种族的能力和智力上的负面刻板印象而遭受不公平的评判（Aronson，2002），这可以构成自我威胁（Cohen 等，2006），威胁到他在学校或工作上的归属感（Walton，Cohen，2007），同时也会增加额外的认知负担（Schmader，Johns，Forbes，2008），从而导致糟糕的表现（Steele 等，2002）。刻板印象威胁对学业表现的负面影响已经有了诸多论证（Steele 等，2002；Inzlicht，Schmader，2012），包括低社会经济地位的学生在学校的表现（Croizet，Claire，1998），白人学生对于亚洲人数学成绩较好的刻板印象（Aronson 等，1999），老人面对年龄和记忆的刻板印象（Abrams，Eller，Bryant，2006）

刻板印象和社会认同威胁很可能对拉丁裔美国学生的学业表现起到了某种影响，这在民俗学（Gandara，Contreras，2009）和实证研究（Gonzales，Blanton，Williams，2002）上都能找到证据。在教育环境下拉丁裔美国学生可能包含着这种刻板印象：相比于其他种族，他们自己所属的种族群体获得成功的可能性更小。这种刻板印象似乎源于美国移民的某种文化信念，那些母语是西班牙语的人们相较于那些出生在美国、母语是英语的人们，更难获得成功。研究表明，正是刻板印象威胁导致拉丁裔美国学生的学业表现不如他们的白人同学（Gonzales 等，2002；Schmader，Johns，2003）。这种威胁可能会抑制学生们发掘自己的潜力，并通过增加他们对失败和遭受拒绝的恐惧，来减少继续受教育的机会（Steele，2010）。

17.1.3 性别—数学刻板印象威胁研究

17.1.3.1 性别—数学刻板印象

外显的数学-性别刻板印象大约出现在儿童期的 8—9 岁之间（Hyde，Fennema，Ryan，Frost，Eccles，2002）。女孩早在小学一年级就表现出较低的数学能力自我知觉，同时，在数学能力的信心上也不如男孩（Eccles，Wigfield，2002；Fredricks，Eccles，2002）。同样地，与刻板印象相一致的女孩，数学成绩的分化也在小学低年级就表现出来，这正好验证性别认同的激活（Ambady，Shih，Kim，Pittinsky，2001）。父母在教养的过程中，也不断地通过内隐或是外显的方式向孩子传达着自己的信念或态度，他们可能会更多地给男孩购买数学方面的游戏，对女孩的数学成绩报以更低的期望等。父母所持有的性别刻板印象信念，对其子女对数学学科的自我评定、态度以及学业成绩均有重要的预示作用（吴镝，2012）。内隐联想测验（Implicit Association Test，IAT）实验研究表明，男性和女性都怀有强烈的内隐性别一数学刻板印象。内隐性别刻板印象对女性的数学兴趣和数学成绩的影响最为显著（Kiefer，Sekaquaptewa，2007）。

17.1.3.2 刻板印象威胁的应对

一些研究者认为，鼓励遭受刻板印象威胁的个体去思考“智力是一种可以靠自己的努力去提升的特质”，而非“固定不变的特质”，可以减少刻板印象对个体的负性影响（Aroson，Fried，Good，2002）。刻板印象威胁具有情境性，如果能重塑该情境，让群体成员认为其不能产生威胁，即可减少刻板印象威胁的消极作用。Rydell和McConnell（2009）从多重社会认同的角度来考虑这一问题，发现当同时给个体呈现一个与自我相关的积极刻板印象和消极刻板印象时，由于存在着多重社会认同，个体倾向于持有更为积极的自我观，即个体会增加对积极身份的认同，而减少对消极身份的认同。同时，联想训练也可以让个体以更加积极的态度去应对刻板印象威胁。

Grimm，Markman，Maddox和Baldwin（2009）考察了调节性匹配对数学表现的影响，结果发现，与非匹配的情形（积极刻板印象诱发的促进定向—减分亏损的奖赏结构，消极刻板印象诱发的预防定向—加分收益的奖赏结构）相比，调节匹配情形（积极刻板印象诱发的促进定向—加分收益的奖赏结构，消极刻板印象诱发的预防定向—减分亏损的奖赏结构）的数学表现要显著更好，表明可以通过改变任务特征（加分/减分框架）与积极/消极刻板印象诱发的促进/预防定向的匹配，从而减少刻板印象威胁效应，即与加分收益的奖赏结构的任务情境相比，女生面临刻板印象威胁时诱发的预防定向，与减分亏损的奖赏结构的任务情境相匹配，从而降低刻板印象威胁效应，其数学表现并不会比男生差。

17.1.4 自我肯定对刻板印象威胁的干预

个体在从出生到成长的过程中，会构建起一个“他是谁”“他想要成为谁”，包括道德观念和适应性的自传体式记忆（Steele，2010；Wilson，2011）。根据自我肯定理论，人们倾向于将自己看作有能力的、道德的、善良的，“充分适应性的”。对学生来说，这种适应性就意味着在学校表现优异（Marsh，Shavelson，1985），那么就少数民族的学生而言，存在这样一个潜在的威胁：他们可能会因自己的种族或民族群体而在学业环境中被贬低。然而，这并不意味着他们面对这种情况会束手无策。通常情况下，人们可以通过自我肯定从而在威胁环境中维持自我充分性（Steele，1988）。

对自己的价值肯定可以帮助个体维持自我完整性，并且在学业情境下，缓解个体所感受到的认同威胁。这种缓解并不是说减少对于“在空气中”存在多少威胁的知觉，而是说减少这种威胁在心理上的破坏性作用。通过这种途径，可以帮助学生将精力集中在眼前的研究、学习、测验任务上，而不是集中于这些任务的成功与否会对自我价值或是群体价值产生何种影响上。可见，自我肯定可以通过给予个体更加宏观的自我整体性，来减少认同威胁的影响。

17.2 研究目的与方法

17.2.1 研究目的

存在于数学领域的性别差异来源已久，从事数学方面工作的男性数量远远多于女性（Betz，1997；Tietjen，2004）。对此可能有许多原因可以解释，但是有一个原因是得到研究者们的认同的，即在学习阶段所持有的“女性数学学习能力不如男性”的性别刻板印象不仅会让女性数学成绩不如男性，同时也会成为另外一道“玻璃天花板”，将一些原本在数学方面有突出天分的女性拦在数学领域之外。自我理论对刻板印象威胁的积极效应已经得到了多方面的证实，通过自我肯定，保护自我完善感，使个体能够以更宽容、平和的态度来应对自我威胁，从而有效削弱刻板印象威胁的负面作用。因此，本章旨在考察自我肯定对高中女生数学能力刻板印象威胁的干预，是否能如预期一样降低这种威胁的消极影响。

17.2.2 研究方法

17.2.2.1 被试与实验设计

本章研究调查了来自某高中的高三 3 个普通文科班：高三（12）、（13）、（14）班。剔除男生数据结果以及无效数据，保留女生数据，共有（12）班 30 个女生，（13）班 34 个女生，（14）班 27 个女生，总计 91 个有效数据。本实验采用 2（自我肯定：自我肯定、非自我肯定）×2（威胁：威胁，不威胁）两因素被试间设计，因变量为数学测试成绩。实验采用问卷法，实验流程见图 17-1。

17.2.2.2 自我肯定问卷和非自我肯定问卷

自我肯定问卷和非自我肯定问卷采用 Cohen 等（2006）的自我肯定范式。

自我肯定操作是要求被试写出自己认为比较重要的价值，比如自己的特长爱好或者和父母、朋友相处的时光等；非自我肯定操作是要求被试写出自己清晨做了什么，比如“你在洗漱上花了多少时间?”“你花了多少时间从寝室到班级?”等。

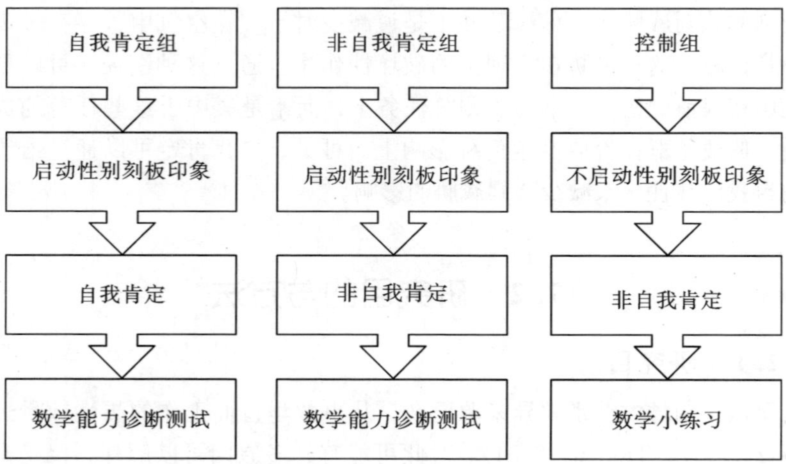

图 17-1　实验流程图

17.2.2.3　数学测试

数学测试分为数学能力诊断测试和数学小练习两者内容一样，只有标题不一样，标题为数学能力诊断测试可以增强刻板印象威胁效果。该数学测试题目选自 2009—2013 年全国卷数学高考题，经由该校资深数学教师评定，测试包含 8 道填空题。

本实验采用团体施测，纸笔测试。随机选取的高三 3 个文科班：(12)、(13) 和 (14) 班对其施测，并且分别在不同的情境中进行实验。(12) 班为自我肯定组、(13) 班为非自我肯定组，(14) 班为控制组，实验流程图如图 17-1。对于自我肯定组和非自我肯定组的被试，首先在实验中通过指导语引发刻板印象威胁效应，告诉被试很多人认为女生的数学成绩不如男生等。然后，要求自我肯定组的被试填写自我肯定问卷，非自我肯定组的被试填写非自我肯定问卷，并且要求被试在 10 分钟内填写完毕，并由主试同意收上来填好的问卷。最后给被试发放数学能力诊断测试，要求被试在 25 分钟之内完成。对于控制组的被试，先在指导语上告诉被试这节课做一份数学小练习题，然后给出 10 分钟时间要求被试填写非自我肯定问卷，最后给出 25 分钟时间要求被试填写数学小练习。

17.3　自我肯定对刻板印象威胁效应的作用分析

17.3.1　研究结果

本研究获得了被试的近 10 天内的摸底考试的数学成绩，该成绩能代表学生近期的数学能力。

3 个班级的数学测验的成绩如表 17-1 所示。

表 17-1　被试的数学成绩描述统计结果

自我肯定组		非自我肯定组		控制组	
M	SD	M	SD	M	SD
3.27	1.20	1.38	1.30	2.63	1.36

采用协方差分析控制了被试的数学水平的差异，也就是说控制了每个班的第一次摸底考试数学成绩。协方差分析结果折线图如图 17-2 所示。

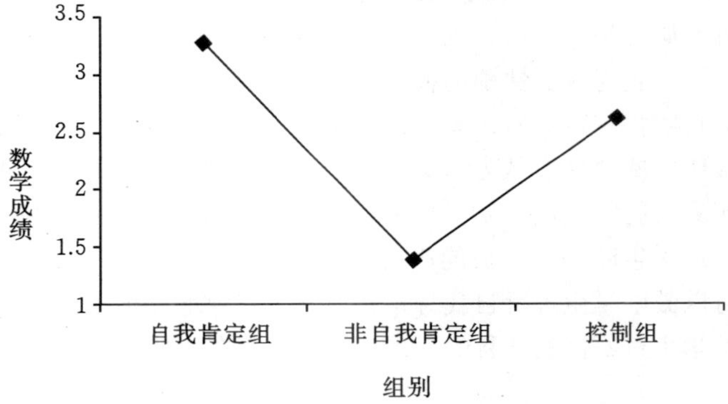

图 17-2　自我肯定与被试的数学成绩的折线图

对非自我肯定组和控制组比较发现，非自我肯定组数学成绩（$M=1.38$，$SD=1.30$）显著低于控制组（$M=2.63$，$SD=1.36$），$p=0.001$，显著低于 0.05 水平。因此认为威胁效果明显，即威胁之后的成绩要明显低于非威胁组的成绩。

对自我肯定组和非自我肯定组比较发现，自我肯定组数学成绩（$M=3.27$，$SD=1.20$）显著高于于非自我肯定组（$M=1.38$，$SD=1.30$），$p<0.001$。因此认为自我肯定的效果显著明显，即自我肯定后的数学成绩高于未自我肯定。

17.3.2　分析与讨论

对非自我肯定组的数学成绩和控制组比较发现，非自我肯定组的数学成绩显著低于控制组，这说明了启动数学—性别刻板印象成功，并且该刻板印象确实能够降低女性的数学成绩，这与前人的研究结果一致（Mc-Glone，Aronson，2006）。

这解释了为什么女性的数学成绩不如男性。人们普遍认为男生比女生聪明，这样的刻板印象在生活中处处常见，并且这样的刻板印象常常能够威胁到女生，因此阻碍了女生的数学学业成绩和在数学方面发挥更大的潜能。

对自我肯定组和非自我肯定组的数学成绩对比得知，自我肯定组的数学成绩显著低于非自我肯定组的，这说明了自我肯定的实验操纵对女生的数学成绩产生了显著的作用，维持了自我完善感，有效地抵御了刻板印象威胁所带来的消极影响，从而降低了被试的焦虑水平。自我肯定的操作中断了刻板印象威胁对女生数学学习方面造成的恶性循环，使女生在刻板印象威胁的情境下也能够比较正常地发挥自己的数学水平；非自我肯定组的被试因为受到刻板印象威胁的影响，产生焦虑情绪，在一定程度上影响其正常发挥，进而影响了数学成绩。

研究结果与前人的研究结果一致（Sherman，Hartson，2011；Schwinghammer，Stapel，Blanton，2006）。说明自我肯定在中国这样的集体文化主义的环境中也能够发挥作用，并且本研究拓展了以往的只有大学生作为被试的研究，证实了自我肯定在高中生这个群体中也能减弱性别刻板印象的负面影响。

总体而言，自我肯定对刻板印象威胁效应的减缓是显著的，不过，自我肯定也仅仅是抵御刻板印象威胁的有效方式之一。因此，未来研究可以尝试探索更多的方法来减少刻板印象威胁的负面影响。此外，在日常的教学过程中教师应该鼓励女生进行自我肯定，让学生以更加积极的心态来看待自己的数学能力。而且，教师面对偏科的学生也可以鼓励学生进行自我肯定，使学生客观地评价自己在学习中的优势、劣势，努力培养学生对不擅长学科的兴趣，促进学生在不擅长学科上的学习进步。

18　反性别刻板印象对刻板印象威胁的干预

Steele (1988) 认为能够对刻板印象威胁产生干预效果的反性别刻板印象信息需要包括个体在生活中不同于威胁领域的重要特质，或者参加威胁领域以外的具有重要价值的某项活动。而能够减少刻板印象威胁的角色模型的干预 (Stout 等，2011) 是针对女性在工作中的性别刻板印象威胁提出的，干预结果发现，向女性呈现成功范例能够减轻女性在负面刻板情境中的压力 (Marx 等，2005)。

此外，也有研究证实，当处于刻板印象威胁情况下，可以通过弱化团体之间的界限或创建一个更高级的身份的方法影响个体的表现。有研究采用引导想象的方法，让女生被试把自己想象成常春藤联盟高校的学生或是擅长数学成绩的大学生 (McGlone，Aronson，2006；Rydell 等，2009)，这样的方法同样也可以减轻女生的刻板印象威胁，并提升她们在数学上的表现。也就是说，女生如果能用积极的社会身份进行自我评估，就能缓解刻板印象威胁对女性数学成绩的消极影响。

另一个支持刻板印象威胁的有效的干预研究是对刻板印象威胁现象教学的实证研究。这种干预成功的原因在于为被试呈现关于事实和刻板印象威胁的知识有利于引出被试的焦虑情绪，因此可以让女性将她们的焦虑正确归因为刻板印象威胁而不是较差的能力 (Johns 等，2008)。

近期刻板印象威胁干预的研究证实，利用简单的情境线索可以产生预期从而缓解事物对人的有害影响，因此，本章主要探讨反性别刻板印象对刻板印象威胁的干预，针对情景线索的简单干预措施也可以保护女性免受或少受刻板印象威胁的消极作用。

18.1　反性别刻板印象对刻板印象威胁的减缓作用

反性别刻板印象对刻板印象威胁的缓解作用是有条件的，顾吉有 (2012) 研究发现了情绪在该过程中的调节作用，指出反刻板印象线索的呈现能够有效减弱学科性别刻板印象，但不能完全消除学科性别刻板印象。相比于消极情绪下启动的反刻板印象，积极情绪下启动反刻板印象更能抑制学科性别刻板印象。

这一研究启发我们在教学过程中需要淡化性别意识，教师要尽量将男、女生一视同仁，不要让女生在学习过程中受到任何的性别方面的不良暗示。此外，教师需要有意识地渗透一些反学科性别刻板印象的信息，比如课堂上选取的事例可以平衡优秀榜样的性别，并更多宣传反性别刻板印象的范例。通过这种方式给学生以积极的暗示和引导，这样长期潜移默化的影响有利于学生各展所长，最终实现更全面的发展（宋淑娟，2014）。

本实验设计了一种干预方案，依据反刻板印象角色模型的理论，了解为学生提供反刻板印象范例对学生性别-语文刻板印象威胁是否存在缓解效应。通过操纵干预方案的有无，对比前、后测男、女生的语文成绩是否存在差异，以此启发日后的初中生教学，有利于将学校性别平等教育落实到日常的教学情境中。

18.2 研究目的与方法

18.2.1 研究目的

针对初中生对象的年龄特点，制定干预策略，通过普及反性别刻板印象活动，消除初中生的性别—语文刻板印象威胁，从而减少其对初中男生语文成绩的消极影响。

本章研究假设为：在启动了初中生刻板印象威胁之后，实验组（反性别刻板印象组）男生的语文测验成绩显著高于控制组男生的语文成绩，而实验组女生的语文成绩与控制组女生的语文成绩差异不显著。

18.2.2 研究方法

18.2.2.1 被试

本章研究选取了武汉市洪山区某初中七年级 2 个班级共 80 名学生参与实验，其中男女生各 40 人，且两个班级中均存在男生语文成绩不如女生的现象。

18.2.2.2 实验材料

本实验中所涉及材料包含语文学科重要性量表及语文试卷，一份反性别刻板印象班会活动方案，主题为“在语文学习和文学领域的典型反性别刻板样例”。班会活动要求学生在课前搜集各自性别对应的人在语文领域表现优秀的事例，活动采取辩论赛的形式，男、女生在主试的带领下，就“男生还是女生更擅长语文学习”这一主题展开辩论。

18.2.2.3 实验程序

本章研究同样分为前后测，两次测试相隔一个月实施。每次测验均由受过训练的主试在两间教室里同时对两个不同班级进行施测。在后测开始之前，将两个班级被随机分配到干预组和对照组，其中干预组班级于正式施测之前会在主试的带领下开展反性别刻板印象主题的班会活动，对照组于同一时间在主试的带领下自习。班会或自习结束之后，由主试统一发放语文学科重要性量表和语文试卷，并告知被试有 90 分钟的时间完成测试。在每部分测试开始之前，主试都会说明测试的目的，并引导被试认真答题。测验结束之后，会向被试澄清实验目的，并进行答疑。

18.3 研究结果

18.3.1 描述性统计结果

实验剔除语文学科重要性量表得分低于 4 分的被试，共获得干预组与对照组各 40 份有效测验结果（男女各半）。随后使用 SPSS 21.0 对数据进行统计分析，干预组与对照组前、后测男、女生的语文成绩如表 18-1 所示。

表 18-1 干预组与对照组前、后测男、女生语文成绩描述性统计

组别	性别	前测		后测	
		M	*SD*	*M*	*SD*
干预组	男	64.50	12.71	69.85	12.02
	女	69.45	11.30	71.20	10.67
对照组	男	63.45	13.52	64.85	13.36
	女	69.00	11.58	71.90	10.19

18.3.2 结果分析

对本研究数据进行 2（组别：干预组，对照组）×2（性别：男，女）×2（实验操纵：前测，后测）的三因素重复测量方差分析，其中组别与性别为组间变量，实验操纵为组内变量。结果发现实验操纵的主效应显著，$F(1, 76) = 21.18$，$p < 0.001$，$\eta_p^2 = 0.21$，组别、性别与实验操纵的三因素交互效应显著，$F(1, 76) = 4.04$，$p = 0.05$，$\eta_p^2 = 0.05$，此外性别的主效应呈边缘显著，$F(1, 76) = 3.30$，

$p=0.07$，$\eta_p^2=0.04$。

因为本研究目的主要在于了解我们所进行的干预是否能够消除性别刻板印象威胁对男生语文成绩的影响，因此后续的简单效应分析主要关注干预组和对照组之间男生前后测语文成绩是否存在差异。结果发现，对于男生而言，组别与实验操纵的交互效应显著，$F(1, 38)=12.22$，$p=0.001$，$\eta_p^2=0.24$，如图 18-1 所示。进一步分析发现，启动了刻板印象威胁的男生语文成绩在经过了反刻板印象的干预之后得到了显著提高，$F(1, 19)=35.02$，$p<0.001$，$\eta_p^2=0.65$，而对照组的语文成绩并没有显著提高，$F(1, 19)=4.26$，$p=0.05$，$\eta_p^2=0.18$。

对于女生而言，实验操纵的主效应显著，$F(1, 38)=4.19$，$p=0.048$，$\eta_p^2=0.10$，在启动了刻板印象威胁之后女生的语文成绩显著高于前测成绩，但后测中实验组女生的语文成绩与对照组女生的语文成绩并不存在显著差异，$F(1, 38)=0.05$，$p=0.83$，$\eta_p^2=0.001$。

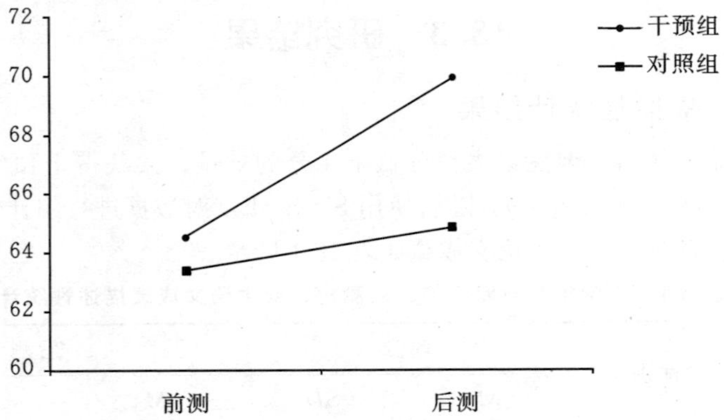

图 18-1　男生组别与实验操纵的交互效应

18.4　反刻板印象对性别—语文刻板印象威胁的干预作用

研究结果表明，对于男生而言，反刻板印象干预可以抵消性别刻板印象威胁对男生语文成绩的影响，相比对照组，男生干预组的语文成绩有了显著提高。虽然在干预之后女生的语文成绩也显著高于前测，但在干预组和对照组之间语文成绩的提高不存在显著差异，因此女生语文成绩的提高，更多的是因为启动了性别刻板印象威胁。本研究结果基本验证了我们的研究假设，即在性别刻板印象威胁情境下，经过反性别刻板印象干预的男生语文成绩有了显著提高，而女生的语文成绩并不会受到干预的影响。

综合以上两个结果可以推断出，对初中生进行反性别刻板印象干预有利于提高男生受到刻板威胁影响的语文成绩，且同时并不会对女生的语文成绩造成影响。因此反刻板印象干预可以作为提高男生语文成绩的有效方法，在实践中进一步推广。

已有研究证实在学校的互动中，教师传达出对男生和女生的不同学习期待(Meece，Glienke，Burg，2006)。在家庭中，家长也普遍认为男孩更适合学习理科，女孩更适合学习文科，传递出“男生的语文成绩不如女生”的刻板印象。教师、家长乃至社会传递给学生的关于语文学习的不同期待，给男生造成了负面的性别—语文刻板印象威胁。同时初中生处在由童年到青年的过渡期，具有意志薄弱、承受挫折的能力较差等特点，因此在遇到困难时容易灰心丧气，也更容易受到性别学科刻板印象威胁的影响。针对初中生的年龄特点，反性别刻板印象在一定程度上能够给他们克服困难的勇气，提高其自信水平，并达到解决问题的目的。本研究即在综合初中生的年龄特点基础上，结合已有刻板印象威胁的干预研究，对适合本研究对象特点的刻板印象威胁干预策略进行初步探讨，从而减缓性别—语文刻板印象威胁对初中男生语文成绩的消极影响。

本章研究验证了反性别刻板印象干预措施有利于缓减刻板印象威胁效应，同时我们也要注意到反性别刻板印象仅是抵御刻板印象威胁的有效方式之一。因此，未来的研究可以依据其他缓解刻板印象威胁的理论，尝试开发更多的干预方法减少刻板印象威胁的负面影响。同时本章研究结果启发我们，在日常的学校教学中，教师还可以鼓励学生以更加积极的心态正面地看待自身在语文学习中的不足，从而对症下药，提高学生各学科的学习成绩。

19 自我—环境调节匹配对刻板印象威胁的干预

19.1 自我—环境调节匹配减少刻板印象威胁的研究回顾

对刻板印象威胁的广泛关注进一步拓展了社会心理学的发现（Nguyen，Ryan，2008）。研究表明，刻板印象威胁在很多领域都普遍存在，从长期来看，刻板印象威胁效应的后果可能会导致教育和社会不平等（Good 等，2008），长期的刻板印象威胁会导致个体对刻板化领域的不认同感甚至是放弃对该领域的追求（Woodcock 等，2012）。本章主要探讨自我—环境调节匹配如何减少刻板印象威胁，为合作和竞争环境中刻板印象威胁的不利影响提供解决思路和理论支持。

19.1.1 减少刻板印象威胁效应的策略

很多学者对如何减少刻板印象威胁对学业成绩的消极影响进行了研究，归纳起来可以分为五种策略：降低对威胁群体的认同（Danaher，Crandall，2008；Rosenthal，Crisp，Suen，2007），提供对困难的外归因（Johns，Inzlict，Schmader，2008；Ben-Zeev，Fein，nzlicht，2005），鼓励自我价值肯定（Bowen，Wegmann，Webber，2013；Cohen，Garcia，Apfel，Master，2006），提供角色榜样（Aronson，McGlone，2009；Huguet，Régner，2007），强调智力增加的观点（Goff，Steele 和 Davies，2008）。

个体只有在刻板印象身份凸显的情境中遇到刻板印象威胁，即只有在特定的情境下才能产生威胁作用。个体在一种情境下会体验到威胁感，却在另一种情境下可能体验不到，比如女生在上数学课时可能会感受到威胁，但在语文课上就感受不到，而男生则相反。刻板印象威胁经常由看似无害，但又能引起消极刻板印象社会身份的情境所诱发（Inzlicht，Good，2006）。如 Inzlicht 和 Ben-Zeev（2000）的研究表明在群体中的人数的比例是影响个体在群体中完成与刻板印象相关任务表现的一个关键因素，特别是群体人数处于劣势时，会增加个体作为少数派的社会身份认同的辨识度，这会导致消极刻板印象的个体容易受到刻板印象威胁的影响。由于这种现象是增加了个体的刻板印象身份的识别度所导致的，故 Inzlicht 和 Good（2006）也将这种类型的刻板印象威胁称为基于辨别的刻板印象威胁（distinctiveness-based stereotype threat）。辨别理论（distinctiveness theory）指出，若个体作为一个少数派的特定社会群体存在于群体中，就会加深他从属于此群体的自我概念（Cota，Dion，1986）。当消极刻板印象身份可辨别性提高时，污名个体（stigmatized individual）属于少数派的情境就会降低其在刻板印象相关领域方面的表现（Inzlicht，Ben-Zeev，2000，2003；Inzlicht，Good，2006）。

因此，考虑到刻板印象威胁本质上是一种情境的威胁，从情境的角度来考察减少刻板印象威胁效应的干预策略，可能更具有针对性。并且对以往减少刻板印象威胁效应的策略加以分析，不难发现，重视被试的自我调节能力，如自我价值肯定、降低自我对威胁群体的认同等，对于减少刻板印象威胁具有怎样的作用，值得进一步探讨。

19.1.2 合作与竞争情境对减少刻板印象威胁效应的影响

竞争与合作是人类社会发展进程中两种普遍的社会关系，是社会心理学研究人际互动的热点问题之一。合作是指在人际互动中，不同个体或团体为了共同目标而协同活动，促使既有利于自己又有利于他人的结果得以实现的行为或意向。竞争则是指在人际互动中，不同的个体为同一目标展开争夺，促使某种只有利于自己的结果得以实现的行为或意向（佐斌，2009）。在合作的情境中，群体成员之间具有共同的兴趣和目标，Deutsch（1949）在合作与竞争理论中称之为促进性相互依存情境，即个体的目标与群体中成员的目标实现存在正相关，群体成员能实现目标，那么个体也能实现自己的目标，合作能使群体成员产生归属感（Gaertner，Mann，Dovidio，Murrell，Pomare，1990）。但在竞争的情境中，群体成员之间具有相互冲突的兴趣和目标，Deutsch（1949）称之为排斥性相互依存情境，即个体的目标与群体中成员的目标之间存在负相关，即只有在群体其他成员未实现目标的情况，个体才能获得目标。

基于以上所提的辨别理论，个体在合作的情境中，群体成员具有相互依赖性以及更多的群体认同，个体的刻板印象身份并不凸显，则不会出现刻板印象威胁效应；而在竞争的情境下，个体的刻板印象社会身份就会凸显，从而产生刻板印象威胁效应。如 Lee 和 Nass（2012）采用电脑化身考察了合作与竞争情境对基于辨别的刻板印象威胁的影响，结果发现，在低威胁情境中，合作目的的被试与竞争目的的被试表现无差异；而在高威胁情境中，合作目的的被试表现显著优于竞争目的的被试，即在高刻板印象威胁的相关任务中，若以合作为导向，则刻板印象威胁的现象可能会出现得少一些。Rosenthal 和 Crisp（2006）也表明当群体内消极刻板印象的成员与其他非刻板印象的成员之间的界限变得模糊时，刻板印象威胁效应会降低。

考虑到 Lee 和 Nass（2012）在研究中采用呈现在电脑屏幕上的游戏头像操控自变量，那么如果被试在面对面的真实情境中，合作与竞争情境对刻板印象威胁的影响是否存在相似的效应。因此，实验一拟在通过假被试来操控自变量，让被试在面对面的真实情境诱发被试的合作或竞争动机，进一步检验合作与竞争情境对刻板印象威胁效应影响的生态效度。

19.1.3 调节匹配对减少刻板印象威胁效应的作用

Higgins（1997）基于自我差异理论提出了自我调节理论，并引入调节定向的概念，形成调节定向理论（regulatory focus theory），即个体在实现目标的过程中会采取两种截然不同的自我调节的方式或倾向：促进定向（promotion focus）和预防定向（prevention focus）。采取促进定向的人更关注提升需要的满足，在乎他们的理想、愿望和抱负，渴望结果中的潜在收益。采取预防定向的人更关注安全需要的满足，更关注结果中的潜在损失（Higgins，1997；姚琦，乐国安，伍承聪，李燕飞，陈晨，2008）。两种调节定向在目标实现过程中的表征和体验模式完全不同，促进定向将期望的目标状态表征为抱负和完成，在目标追求过程中更关注有没有积极结果，更多地体验到与喜悦—沮丧相关的情绪；而预防定向将期望的目标状态表征为责任和安全，在目标追求过程中更关注有没有消极结果，更多地体验到放松—愤怒相关的情绪（姚琦，乐国安，2009）。此外，促进定向者通常采取的是积极进取、探索的信息加工策略，与整体加工风格（Förster，Higgins，2005）和创造性思维（Friedman，Förster，2001）有关；而预防定向者通常采取的是风险回避的信息加工策略，与局部加工风格（Förster，Higgins，2005）和分析性思维方式有关（Seibt，Förster，2004）。

在调节定向理论的基础上，Higgins（2000）进一步提出了调节性匹配理论（regulatory fit theory），即不同调节定向的个体分别使用各自所偏好的行为策略时，如促进定向个体使用渴望—接近策略，预防定向个体使用警惕—回避策略，就达成了调节性匹配（林晖芸，汪玲，2007）。调节性匹配会让个体对当前事情产生正确感，并且认为他们所做的事是重要的和有价值的，就会产生调节性匹配效应（regulatory fit effect），即个体的行为动机增强，积极情绪体验提升，进而提高任务表现成绩（Idson，Liberman，Higgins，2004；Cesario，Grant，Higgins，2004）。以往研究者考察了调节匹配对于情绪体验、任务表现、决策行为和态度评价等的效应。如 Keller 和 Bless（2006）考察了长期的和情境的自我调节机制对认知任务表现的影响，结果发现当情境诱发的调节机制与被试长期的自我调节定向相匹配时，提高了被试的任务表现成绩。姚琦、马华维和乐国安（2010）考察了调节匹配对期望和绩效关系的影响，结果发现调节匹配会进一步加强调节定向对期望和绩效关系的调节模式，不匹配会起到削弱作用。汪玲、林晖芸和逄晓鸣（2011）也发现，两种不同性质的调节定向（特质性调节定向和情境性调节定向）所达成的匹配都导致了信息价值评价的提高，并增加了情绪的强度。

Schmader、Johns 和 Forbes（2008）整合了解释刻板印象威胁心理机制的多种单一模型，提出了综合过程模型。该模型认为，刻板印象威胁会导致认知资源受限，进而降低成绩表现。同时，一些研究表明，预防定向也会导致认知资源受限（Seibt，Förster，2004），因而预防定向可能会加强刻板印象威胁的作用。如 Keller 和 Bless（2008）的研究表明在预防定向的情境中，激活消极刻板印象确实会降低被试的认知任务表现，而在促进定向的情境中不会如此。后来的研究进一步发现，由于预防定向会使个体在任务的初始阶段消耗更多的认知资源，使得认知资源更早地耗竭，以致在之后的阶段认知资源不足，任务表现受到影响（Ståhl，Laar，Ellemers，2012）。可见，以往研究认为预防定向会增加刻板印象威胁效应，但随后的研究指出单独考察调节定向的作用忽略了个体与情境的互动，必须综合两者考察调节匹配的作用。比如，Grimm，Markman，Maddox 和 Baldwin（2009）考察了调节性匹配对数学表现的影响，结果发现，与非匹配的情形（积极刻板印象诱发的促进定向—减分亏损的奖赏结构、消极刻板印象诱发的预防定向—加分收益的奖赏结构）相比，调节匹配情形（积极刻板印象诱发的促进定向—加分收益的奖赏结构、消极刻板印象诱发的预防定向—减分亏损的奖赏结构）下被试认知灵活性上升，数学表现要显著更好，在加分收益的奖赏结构的任务情境中，女生面临刻板印象威胁时诱发的预防定向，所以表现较差，但采用减分亏损的奖赏结构后，任务要求与个体内在调节定向相匹配，使刻板印象威胁效应消失，其数学表现并不会比男生差。由此可见，在考察调节定向对刻板印象威胁的影响时，情境因素不可忽视。

那么，在不同的合作与竞争情境下，调节匹配在减少刻板印象威胁效应上会发挥怎样的作用呢？对此进行探究将非常有意义。本研究的实验二将对此加以考察，在此假设：在预防定向的条件下，被试在高刻板印象威胁的竞争情境下的表现显著低于合作情境，而在促进定向的条件，被试在竞争与合作情境下的表现不存在显著差异。

19.1.4 研究目的与假设

如何减少刻板印象威胁效应越来越成为社会心理学家关注的热点问题，一些心理学者对此进行了系统全面的梳理（Schmader，Johns，Forbes，2008；管健，柴民权，2011；张晓斌，王沛，2009；阮小林等，2009），但鲜有研究从情境和自我调节的视角来探讨减少刻板印象威胁效应的策略。本研究将包含两个实验，分别考察合作与竞争情境，及调节匹配对减少刻板印象威胁效应的作用。在两个实验中，都将沿用前人证实的性别—数学刻板印象威胁效应（Inzlicht，Ben-Zeev，2000，2003；Lee，Nass，2012；罗苏梅，徐文明，2012）。

实验一将检测在刻板印象威胁条件下，相对于竞争情境，合作情境是否能提升被试在刻板印象威胁相关任务中的表现。为此，本研究检测的两个因素包括刻板印象威胁条件（高刻板印象威胁或低刻板印象威胁）和成员关系情境（合作或竞争），并以数学测验成绩作为因变量，以探究组内成员关系（合作或竞争）对刻板印象威胁的影响。

实验二在实验一的基础上，进一步考察在合作与竞争情境下，调节匹配对减少刻板印象威胁效应的作用，即试图说明相对于非匹配情形（预防定向—收益奖赏任务结构），在高刻板印象威胁竞争情境下，可通过调节匹配（诱发促进定向—收益奖赏任务结构）来减少刻板印象威胁效应。

19.2 合作和竞争情境减少刻板印象威胁效应

实验一旨在探究合作和竞争情境对减少刻板印象威胁效应的作用。在此假设，在高刻板印象威胁条件下，合作情境下女性被试在数学测试中的表现显著高于竞争情境，而在低刻板印象威胁条件下，合作与竞争情境下女性被试的数学测试表现不存在显著差异。

19.2.1 被试

被试为武汉某高校 52 名本科女生，年龄范围为 19～25 岁（$M=21.35$，$SD=1.41$）。被试均自愿参加，实验结束后，她们可以选择获得一本精美的笔记本或是一包纸巾作为报酬。

19.2.2 实验设计与材料

采用2×2的组间设计，自变量分别为刻板印象威胁条件（高 vs 低）和成员关系情境（合作 vs 竞争），52 名被试被随机分入四个组里。与前人（Inzlicht，Ben-Zeev，2000，2003；Lee，Nass，2012）运用虚拟头像设置刻板印象威胁组和控制组不同的是，本研究为了使情境更加真实，在实验中通过 2 名假被试来控制高、低刻板印象威胁条件：在高刻板印象威胁组中，2 名假被试为男生，使女被试成为少数派，以使得威胁凸显出来；而在低刻板印象威胁组（控制组）中，2 名假被试为女生，以使得性别数学刻板印象威胁不凸显。依据 Deutsch（1949）合作与竞争理论，一般实验程序都是给成对或成组被试一个任务，如果彼此反应协调一致，则会得到双方都希望得到的东西，则表现为合作情境；如果为了个人获得最高奖励而相互妨碍，则表现为竞争情境（方晓义，王耘，白学军，1992）。本实验在竞争关系情境中，被试被告知她们的目标是在数学测试的得分上击败另外 2 位选手；而在合作关系情境中，被试则被告知，她们的任务是帮助她们的小组在数学测试的平均分上胜过其他小组。被试们会被告知她们有机会获得双倍奖励，即在上述礼品中挑选两件作为回报：在竞争情境下的被试被告知，如果她的成绩高于另外 2 人，她将获得奖励；而在合作情境下的被试则被告知，如果她们小组的平均分高于其他小组，她们都将获得奖励。

因变量为数学测试成绩。实验材料首先从 Educational Testing Service（2003）中挑选了 30 道数学测试题，然后随机挑选了 15 名华中师范大学本科女生进行预测（这些被试不参与后面的实验），最后挑选了 15 道难度适中（0.3～0.733）的题目作为数学测试实验材料。测试的满分为 15 分，答对一题得 1 分，若一题有多个空，则每个空对应相应的分数。

19.2.3 实验程序

具体实验流程如下：（1）当被试来到实验室时，会被告知她将与另外 2 名同学（这 2 名同学为假被试）一起进行一个关于解决数学问题的小游戏。之后，3 个人（包含 2 个假被试）被领到一个隔间里，并分别坐到一个有电脑的桌子前。此时，实验将沿用 Steele 和 Aronson（1995）的研究，在电脑屏幕上呈现“数学能力测试”的指导语，并且将指导被试怎样在数学游戏中完成任务。（2）被试将按照指导语被分入合作或者竞争关系情境。（3）接下来，电脑屏幕将提示被试“在桌面的左侧翻盖着一套试卷，你需要在 15 分钟内完成这 15 道数学题”（Inzlicht，Ben-Zeev，2000），这时计时开始，屏幕上出现倒计时，被试开始答题。在数学测试阶段，一个关键的操作就是，假被试在某个时间点翻试卷，以增加假被试的可信度，并且可以使得被试更加专心地投入任务中去。假被试翻试卷的时间都是一样的，在还剩下 11 分钟的时候翻第一面，还剩 7 分钟的时候翻第二面、还剩 3 分钟的时候假装做完试卷翻回去检查。(4) 在倒计时结束以后，被试被提醒停止答题，并完成一个简短的后测问卷，问卷包括对实验自变量（即刻板印象威胁条件和成员关系情境）操作的测量，以及高考的数学分数。(5) 实验结束，主试感谢被试，让被试挑选礼物，并让被试自愿留下邮箱，以在一周后告诉其真实意图。

19.2.4 结果分析

19.2.4.1 刻板印象威胁与合作竞争情境的操作性检验

对于刻板印象威胁诱发的操作性检验采用 Kiefer、Ekaquaptewa 和 Barczyk (2006) 的 7 点量表问卷“如果我在数学测试中表现得不好，这可能是由于我是个女生”，被试对其符合程度进行按键反应（1＝非常不同意，7＝非常同意）。高刻板印象威胁组（2 个男性假被试）被试的得分（$M=3.85$，$SD=1.64$）显著高于低刻板印象威胁组（2 个女性假被试）被试的得分（$M=2.73$，$SD=1.76$），$t(50)=2.366$，$p<0.05$，说明本实验成功诱发了性别—数学刻板印象威胁条件。

合作和竞争关系情境的操作性检验，采用两道问卷题“我的首要目标是击败同组的其他两位同学”（竞争关系题目）；“我的首要目标是尽我最大的努力去提升我们组的平均成绩”（合作关系题目），对被试进行 7 分等级评价（1＝非常不同意，7＝非常同意）。在竞争关系题目上，被置于竞争关系情境中被试得分（$M=3.88$，$SD=1.79$）显著高于被置于合作关系情境中的被试得分（$M=2.12$，$SD=1.34$），$t(50)=4.03$，$p<0.01$。而在合作关系题目上，被置于合作关系情境中的被试得分（$M=5.62$，$SD=1.88$）显著高于被置于竞争关系情境中被试的得分（$M=3.54$，$SD=1.75$），$t(50)=4.13$，$p<0.01$，说明本实验成功诱发了合作和竞争关系情境。

19.2.4.2 数学成绩分析

被试数学成绩分布由 4.5 分到 14 分（$M=9.12$，$SD=2.42$）。首先检测本实验中数学测验与高考数学成绩的相关关系，经检测发现两者的 Pearson 相关不显著，$r=0.08$，$p=0.56$，说明被试在数学测验的得分并非由本身的数学能力造成的。

接着，采用 2（刻板印象威胁条件：高或低）×2（成员关系情境：竞争或合作）的方差分析检测发现，刻板印象威胁条件的主效应不显著，$F(1, 48)=0.85$，$p=$

0.36；合作和竞争关系的主效应不显著，$F(1, 48)=1.85$，$p=0.18$；合作和竞争关系与刻板印象威胁情境的交互效应边缘显著，$F(1, 48)=3.15$，$p=0.08$。进一步进行简单效应的分析，发现在高刻板印象威胁情境（2 个假被试为男性，被试属于少数派）中，合作关系的被试的数学成绩显著优于竞争关系的被试的数学成绩，$F(1, 48)=4.91$，$p<0.05$；而在低刻板印象威胁的情境中（被试与假被试均为女性），合作与竞争关系的被试的数学成绩差异不显著，$F(1, 48)=0.09$，$p>0.05$，如图 19-1 所示。

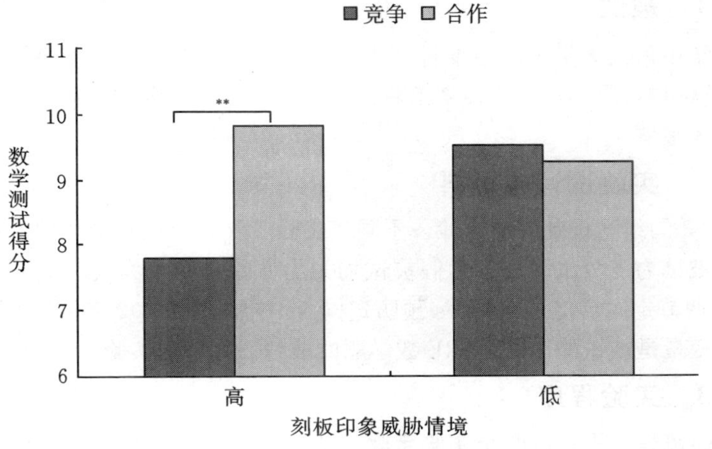

注：* $p<0.05$，** $p<0.01$，*** $p<0.01$。

图 19-1　在高或低刻板印象威胁条件下，被试在合作与竞争情境数学测试得分

19.2.5　讨论

本实验中，在竞争关系情境中得出的实验结论与前人的研究结论（Beaton 等，2007；Inzlicht，Ben-Zeev，2000，2003）是一致的，即在竞争情境中，处于高刻板印象威胁条件下（被试属于少数派）被试的数学成绩显著低于处于低刻板印象威胁条件下（被试与假被试均为女性）的被试成绩，但是在合作情境中，高低刻板印象威胁条件下被试在数学成绩上不存在显著差异。这一结果说明了，合作关系可以有效减少处于高刻板印象威胁情境中（受刻板印象威胁的群体属于少数派）的刻板印象威胁，从而使被试克服刻板印象威胁的影响，以提高被试的表现，这验证了本研究的假设。

19.3 调节匹配减少竞争情境中刻板印象威胁

实验二试图在实验一的基础上，考察调节匹配对于减少竞争情境中的刻板印象威胁效应的作用。此假设在预防定向条件下，高刻板印象威胁的竞争情境下女性的数学测试表现显著低于合作情境；而在促进定向条件下，高刻板印象威胁的竞争与合作情境下女性的数学测试表现不存在显著差异。

19.3.1 被试

被试为华中师范大学 102 名本科女生，年龄范围为 17～25 岁（$M=21.01$，$SD=1.50$）。被试均自愿参加，实验结束后，她们可以选择获得一本精美的笔记本或是一包纸巾作为报酬。

19.3.2 实验设计与材料

采用 2×3 的组间设计，与实验一不同，实验二仅研究高刻板印象威胁情境的情况，即女性被试为少数派，而 2 名假被试均为男性。自变量为成员关系情境（合作 vs 竞争）和调节定向（促进定向 vs 预防定向 vs 控制组），102 名被试被随机分入 6 个组里。因变量是被试的 15 道 GRE 数学题的成绩，材料与实验一相同。

19.3.3 实验程序

具体实验流程如下：前两个实验步骤与实验一相同。之后，被试将分别被诱发出三种调节定向：促进定向和预防定向，以及一个控制组。本实验将通过两个步骤来诱发不同的调节定向。

屏幕将会提示被诱发促进定向的被试写下她们认为她们希望在大学学习中获得哪些东西；而被诱发预防定向的被试则被要求写下她们认为她们应该在大学学习中获得哪些东西；控制组中没有此步骤（Higgins，Roney，Crowe，Hymes，1994；Zaal 等，2011）。接着，被试们将被要求完成一个简短的迷宫任务（Friedman，Förster，2001），此时屏幕将会出现指导语：被诱发促进定向的被试，需要将自己想象成一只老鼠，站在迷宫的入口处，而在迷宫的出口处有一块奶酪，被试需要尽量保持想象，并穿过迷宫以获取奶酪；而被诱发防御取向的被试则会被要求想象自己是只站在迷宫入口处的老鼠，但是天空中盘旋着一只正在捕食的老鹰，被试需要尽量保持想象，并穿过迷宫，以逃脱老鹰的追捕；控制组没有此步骤。接着，被诱发促进定向和预防定向的被试进入下一个界面进行迷宫任务，迷宫图片如图 19-2 和图 19-3 所示。

图 19-2 诱发促进定向的迷宫任务

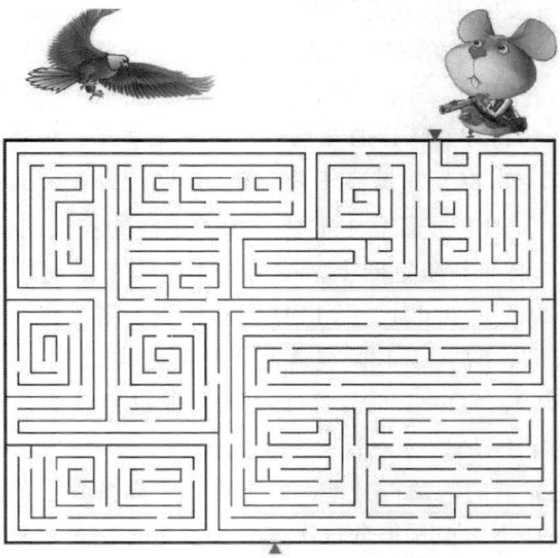

图 19-3 诱发预防定向的迷宫任务

当完成调节定向的诱发以后（控制组的被试不被诱发任何调节定向），所有被试将被引导进入数学测试，测试过程与实验一的完全一样。在倒计时结束以后，被试被提醒停止答题，并完成一个后测问卷，问卷包括自变量（成员关系、调节定向）

操作的测量、调节定向问卷（RFQ）中文版以及高考的数学分数。最后，实验结束，主试感谢被试，让被试挑选礼物，并让被试自愿留下邮箱，以在一周后告诉其真实意图。

19.3.4 结果分析

19.3.4.1 合作竞争情境与调节定向的操作性检验

合作和竞争关系情境的检验与实验一方法相同，在竞争关系题目上，被置于竞争情境中的被试得分（$M=4.43$，$SD=1.95$）显著高于被置于合作情境中的被试得分（$M=2.04$，$SD=1.23$），$t(100)=7.40$，$p<0.001$。而在合作关系题目上，被置于合作情境中的被试得分（$M=5.73$，$SD=1.48$）显著高于被置于竞争情境中的被试得分（$M=2.98$，$SD=1.46$），$t(100)=9.41$，$p<0.001$，说明本实验对于成员关系这一因素的处理是有效的，成功激发了被试合作和竞争关系情境。

调节定向诱发的操作性检验是通后调节定向问卷测量完成的（Stáhl，Laar，Ellemers，2012），问卷包括两个问题，“在测验中，我的主要目标是又快又好地回答问题”（促进定向），“在测验中，我的主要目标是尽可能地避免表现得太糟糕”（预防定向）。被试进行 7 分等级评价（1＝非常不同意，7＝非常同意）。

经方差分析发现，在促进定向上，被诱发不同调节定向的被试得分差异显著，$F(2, 99)=15.812$，$p<0.001$，经 LSD 事后检测，结果显示，被诱发促进取向的被试得分（$M=6.47$，$SD=0.66$）显著高于控制组的得分，$p<0.01$，控制组被试的得分（$M=5.50$，$SD=1.21$）显著高于被诱发预防定向的被试的得分（$M=4.82$，$SD=1.59$），$p<0.05$；而在预防定向上，被诱发不同调节定向的被试得分差异显著，$F(2, 99)=17.20$，$p<0.001$，经 LSD 事后检测，结果显示，被诱发预防定向的被试得分（$M=5.53$，$SD=1.13$）显著高于控制组被试的得分，$p<0.05$，控制组被试得分（$M=4.09$，$SD=1.60$）高于被诱发促进定向的被试的得分（$M=3.56$，$SD=1.52$），差异不显著，$p=0.13$。

可以看出，在促进定向的问题得分上，处于促进定向条件下的被试、控制组的被试和处于预防定向条件下的被试得分依次递减，且差异显著，而在预防定向的问题得分上恰好相反，说明本实验成功地诱发了被试的促进和预防定向。

19.3.4.2 数学成绩分析

15 道数学题的成绩分布由 3 分到 14.67 分（$M=8.94$，$SD=2.40$）。与实验一一样，首先检测本实验中数学测验与高考数学成绩（$M=119.20$，$SD=13.37$）的相关关系，经检测发现两者的 Pearson 相关不显著（$r=0.04$，$p=0.67$），说明数学成绩的差异是由实验对因变量的控制造成的，而与被试先前的数学能力无关。

接着，采用 2（成员关系情境：合作 vs 竞争）×3（调节定向：促进定向 vs 防御定向 vs 控制组）的方差分析检验，结果显示，成员关系情境的主效应显著，$F(1, 96)=7.17$，$p<0.01$；调节定向的主效应不显著，$F(2, 96)=1.82$，$p=0.168$；成员关系与调节定向的交互效应边缘显著，$F(2, 96)=2.39$，$p=0.097$。进一步进行简单效应的分析，结果显示，被诱发促进定向的被试中，处于合作与竞争条件下被试的成绩差异不显著，$F(1, 96)=0.05$，$p=0.82$；而被诱发预防定向的被试中，处于合作条件下被试的成绩显著高于处于竞争条件下被试的成绩，$F(1, 96)=5\ 13$，$p<0\ 05$；在未诱发任何调节定向（控制组）的被试中，与实验一结果一样，处于合作条件下被试的成绩显著高于处于竞争条件下被试的成绩，$F(1, 96)=6.77$，$p<0.05$，如图 19-4 所示。

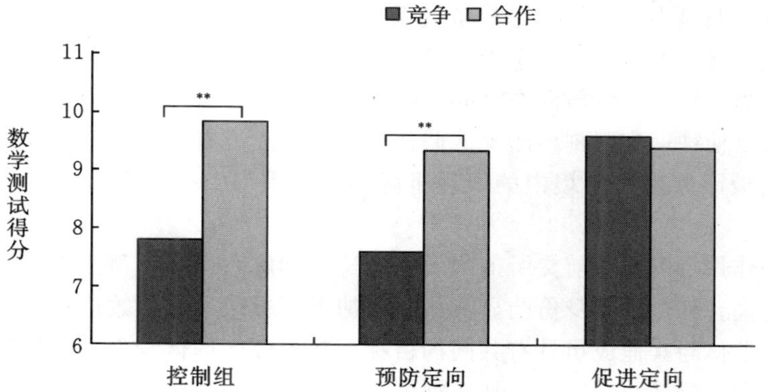

注：* $p<0.05$，** $p<0.01$，*** $p<0.01$。

图 19-4　不同调节定向被试在合作与竞争情境中数学测试得分情况

19.3.5　讨论

实验二的主要目的在于检验在高刻板印象威胁条件中，相对于预防定向，促进定向是否有助于减少竞争情境中的刻板印象威胁效应。在高刻板印象威胁条件下，被诱发了预防定向与控制组的被试，在竞争情境中的成绩显著低于合作情境，而被诱发了促进定向的被试的数学成绩在合作与竞争情境中不存在显著差异。这表明在高刻板印象威胁条件下，相对于预防定向，诱发促进定向有助于减少竞争情境中的刻板印象威胁效应，提升刻板化个体在其与刻板印象威胁有关领域中的表现。

19.4 自我—环境调节匹配对刻板印象威胁的作用分析

本章研究通过两个实验扩展了之前人们关于如何减少刻板印象威胁效应的研究领域，实验一发现合作情境有助于降低刻板印象威胁效应，即在合作情境下，即使被试处于少数派，其在刻板印象威胁相关任务中的表现并不会受到影响，且显著优于竞争情境中的任务表现。实验二在实验一的基础上，进一步考察调节定向对减少合作与竞争情境中刻板印象威胁效应的作用，发现相对于预防定向，诱发被试的促进定向有助于减少竞争情境中刻板印象威胁效应，从而提升刻板化个体在其威胁领域中的表现。

19.4.1 合作情境有助于降低刻板印象威胁效应

本研究实验一运用2名男性假被试给被试造成高刻板印象威胁的情境，以使得刻板印象身份凸显出来。此时在竞争关系情境中，被试会感觉到更大的失败风险，其数学成绩要显著低于合作关系中被试的成绩；而若2名假被试是女性，则刻板印象身份不凸显，那么竞争与合作时的成绩之间没有显著差异。简而言之，小组内合作的关系可以使被试克服刻板印象威胁情境，使其成绩有所提升，而竞争则会使得被试在高刻板印象威胁情境中的表现下降。此结果与 Lee 和 Nass（2012）的发现一致。

合作的作用可以通过前文所提的辨别理论来理解。在竞争情境中，刻板化群体的可辨识度高，其刻板化身份凸显，从而增加了刻板印象威胁效应；而在合作情境中，刻板化群体与其他成员具有共同的目标，其刻板化群体身份辨别性降低，从而降低了刻板印象的威胁，提高了其在刻板化领域的表现成绩。也许可以通过减少这样的刻板印象的线索，以减少刻板印象威胁对被试的影响。这与前人的研究结果是一致的（Spencer，Steele，Quinn，1999），即若告知被试先前的数学测试中，女性被试的数学成绩比男性的差，而相比于未告知此信息的被试来说，被试的数学成绩会有所下降。

此外，合作可能使被试形成另一种社会身份，使得污名身份不那么突出。Mcglone 和 Aronson（2006）就曾证明，当突出女性被试名牌私立大学的身份时（相比没有突出该身份时），她们的空间推理能力更强。合作可能淡化了个人的身份认同而增强了作为小组成员的身份认同，使得刻板印象威胁不那么凸显了，导致合作条件下的被试的成绩显著优于竞争条件下被试的成绩。实验一证明了合作的情境能有效地促进少数派在刻板印象威胁情境中的表现，合作情境让处于刻板印象威胁条件下的被试相信，他们每个人的表现对于完成团队任务来说都是至关重要的，这可以提升被试在刻板印象相关任务上的表现，这为如何干预刻板印象威胁提供了理论基础，具有实际应用的价值。

相对于 Lee 和 Nass（2012）在研究中运用呈现在电脑屏幕上的游戏头像操控自变量来说，实验一在研究方法上通过假被试来操控自变量，被试面对面的情境更加真实，能更好地诱发被试的合作或竞争动机，也能更好地制造压力情境。更重要的是，这种方法更能模拟实验室外的情境，提高了生态效度。

19.4.2 促进定向有助于降低竞争情境中的刻板印象威胁效应

实验二进一步考察了调节定向对于降低合作与竞争情境中刻板印象威胁效应的作用。结果发现，将被试置于高刻板印象威胁条件下，诱发了预防定向与控制组的被试在竞争情境中的得分显著低于在合作情境中被试的得分；而诱发促进定向的被试，则在竞争和合作情境中的数学成绩差异不显著。这说明了相对于预防定向，诱发促进定向有助于减少竞争情境中的刻板印象威胁效应，提升被试在刻板印象威胁相关任务中的表现，与本研究的假设一致，也与之前人们的发现一致，即刻板印象威胁在预防定向的条件下会随着时间的推移降低女性的数学成绩，而不是在促进定向的条件（Seibt，Förster，2004）。本研究实验二中促进定向有助于降低竞争情境中的刻板印象威胁效应的结果，可以通过前文所提到的调节匹配理论来理解。

实验二的任务情境主要是一种收益奖赏的情境，即被试们会被告知她们有机会获得双倍奖励，即在上述礼品中挑选两件作为回报：在竞争情境下的被试被告知，如果她的成绩高于另外两人，她将获得奖励；而在合作情境下的被试则被告知，如果她们小组的平均分高于其他小组，她们都将获得奖励。实验二所诱发的被试的促进定向与这种收益奖赏的任务情境相匹配，而预防定向则与收益奖赏的任务情境不匹配，而实验二发现，预防定向条件下，被试在合作情境下的数学表现显著高于竞争情境，这与实验一结果一致。而在促进定向条件下，被试在合作与竞争情境数学表现不存在差异，这可以理解为与非匹配的情形（预防定向—收益奖赏）相比，匹配情形下（促进定向—收益奖赏）被试的数学表现更好，表明调节匹配有助于降低刻板印象威胁效应。这一发现与前文提到的 Grimm 等人（2009）的结果相吻合，即当任务是减分亏损的奖赏结构时，女性在刻板印象威胁条件诱发的预防定向，正好与减分亏损任务匹配时，其数学表现与男性不存在显著差异，这种调节匹配也减少了刻板印象威胁效应。

19.4.3 局限与展望

本章研究考察了合作与竞争情境，以及调节匹配对减少性别—数学刻板印象威胁效应的作用，主要存在如下局限和未来值得进一步研究的方向：

第一，刻板印象威胁激活研究范式的群体规模和群体地位值得进一步考察。本章研究沿用了之前人们（Cota，Dion，1986；Inzlicht，Ben-Zeev，2000，2003）的研究范式，使用三人小组来进行研究，出于资金、时间、场地上的考虑，本章研究只考虑了全是女生和女生属于少数派（即小组中只有1名女生）的情况，所以并不能得知在更多人或一个人的情况下，以及女生属于多数派或优势群体的情况（如口头表达能力），合作与竞争情境下对刻板印象威胁效应存在怎样的影响值得进一步探讨。

第二，其他调节匹配情形值得探究。本章研究主要操作的是收益的奖赏任务结构情境，在此任务情境中，促进定向与之相匹配，而预防定向则不匹配。进一步考察其他调节匹配情形，如亏损的奖赏任务结构情境，此时刻板印象威胁所诱发的预防定向与之相匹配，是否有助于降低刻板印象威胁效应，值得进一步检验。

第三，研究领域的内容值得拓展。本章研究主要选取的是普遍存在的性别—数学刻板印象领域，考察刻板印象威胁对女性的影响。目前，心理学家呼吁增加对重要弱势群体的研究（Lott，2002），因此关注现实社会中的弱势群体（如流动儿童等），进行刻板印象威胁本土化研究，将成为未来研究的方向。

20 刻板印象威胁研究展望

目前，围绕刻板印象威胁这一重要社会心理学领域，国内外已经取得了丰硕的成果，其研究发现对于理解人性具有重要启示，但尚存在一些问题，有待未来理论和实证研究探索和解决。

20.1 刻板印象威胁研究尚存在的问题

20.1.1 不同操作方式产生的刻板印象威胁是否相同

当前研究所采用的激活刻板印象威胁方式呈现多样化的特点。例如，有的研究通过描述测验是具有能力诊断性的或不具有诊断性的来操作刻板威胁（Marx，Stapel，Muller，2005；Steele，Aronson，1995），有的研究告知被试后面将参与的测验存在或不存在群体差异（Johns，Schmader，Martens，2005；Keller，Dauenheimer，2003），有的研究在测试前激活群体成员信息（Stricker，Ward，2004），或者提醒被试在任务中存在的群体差异（Beilock，Rydell，McConnell，2007；Yeung，von Hippe，2008），还有的研究通过与刻板印象有关的媒体材料的曝光等来产生刻板印象威胁（Davies，Spencer，Quinn，Gerhardstein，2002；Davies，Spencer，Steele，2005），而这些采用不同操作方式产生的刻板印象威胁的实质和程度等是否相同，可能值得研究者进一步思考。此外，当前刻板印象威胁研究中所采用的控制组也存在很大的差异，一些研究采用的控制组被描述为测验是平等的或不存在诊断性（Jamieson，Harkins，2007；Kiefer，Sekaquaptewa，2007），另一些则直接将没有提及诊断性问题组作为控制组（Harrison，Stevens，Monty，Coakley，2006），还有些研究的控制组与刻板印象没有关联（Ambady，Paik，Steele，Owen-Smith，Mitchell，2004；Keller，2002）。这样的话，作为基线的控制组不同，比较的结果可能也存在差异。当然，目前的元分析为这些不同的操作手段的比较提供了一个相对可行的途径，但是这些不同操作是否产生相同的刻板印象威胁有待进一步研究。

20.1.2 不同类型的刻板印象威胁效应有何不同

刻板印象威胁包含不同的类型，这些不同类型可以体现在两个方面：一方面，按照威胁产生来看，威胁对象可以包括自我威胁和群体威胁，而威胁来源包括自我/内群体/外群体，这样通过威胁对象和来源的不同组合，就可以形成6种不同类型的刻板印象威胁（Shapiro，Neuberg，2007）。另一方面，按照刻板印象群体来划分，包括性别、年龄、种族和不同社会阶层、流动人群等，呈现出不同内容形态的刻板印象威胁。在这些不同群体分类中，有的群体是偏自然属性的、相对稳定不变的，如性别；有些群体是偏社会属性的，如流动儿童；有的虽同属于偏自然属性，也存在差异，如性别和年龄不同。相对于性别的不可跨越性而言，每个人都会变老，年龄相对具有界限跨越的可变性。

有研究者发现，不同类型的刻板印象威胁效应可能存在不同的心理机制，例如，Wout，Danso，Jackson和Spencer（2008）认为，对于自我和群体不同类型的刻板印象威胁而言，群体威胁主要受到群体认同的调节作用。同样地，对于不同群体形态的刻板印象威胁而言，也存在不同的效应和机制。这些不同类型的刻板印象威胁存在怎样的不同，遵循怎样的共同规律呢？对此问题的探讨将成为未来研究的一个方向。

20.1.3 刻板印象威胁心理机制是什么

刻板印象威胁效应的心理机制迄今为止仍然是一个“黑箱”。以往很多研究提供了单一具体变量调节或中介刻板印象威胁和成绩表现下降的证据，例如，增加唤醒、增加自我关注、转移注意力、产生过度谨慎、促使低期望或减少努力。Schmader、Johns和Forbes（2008）通过对以往零散刻板印象加工机制研究进行整合，认为刻板印象威胁通过多重机制来影响行为，包括生理压力、动机监控以及情绪反应，这些因素共同限制了认知资源，进而导致成绩表现下降。但这种多重因素共同作用的加工机制尚处于理论层面，目前在实证上存在一些局限，比如，由于对不同中介变量的操作程序不同，研究者几乎不可能在一个单一的实验中涵盖所有可能的潜在中介变量，因此，当前对刻板印象威胁心理机制的探讨，一般研究者会基于具体的研究情境选择可能产生影响的中介变量加以研究。假如多重中介变量共同起作用，就很难同时加以测量，并且也很难比较哪个中介变量在影响刻板印象威胁效应中作用更大，而其中有些中介变量可能会依赖于具体的情境和任务。因此，刻板印象威胁效应到底如何发生的心理机制目前尚处于探索阶段。

20.1.4 如何有效干预刻板印象威胁效应

当前，研究已表明有很多方法可以减小刻板印象威胁效应，例如树立榜样、自我肯定等。由于刻板印象威胁存在不同类型，而操作方式不同激活的刻板印象威胁本身也存在不同，那么对于这些不同类型的刻板印象威胁效应则可能存在不同的心理加工机制，要有效干预刻板印象威胁效应需要具有针对性。因此，弄清楚不同类型刻板印象威胁效应的潜在心理机制，是有的放矢地降低刻板印象威胁效应的前提。并且，当前干预刻板印象威胁效应的研究大多采用实验室实验，如何更好地提升生态效度将是研究者进一步需要考虑的问题。除此之外，目前的干预策略大多探讨的是降低刻板印象威胁效应在当前的情境中短期有效，那这些策略是否具有长期效应，也有待进一步进行追踪或纵向研究设计考察。

20.2 刻板印象威胁研究的启示

20.2.1 对受威胁对象的启示

对刻板印象威胁现象的存在、可能产生的效应、产生的心理机制和应对策略等进行研究，最大的受益者应该是受威胁对象，如女性群体和流动儿童等。普遍存在的"女生数学不如男生""女性驾驶能力差""流动儿童学业成绩不行"等刻板印象，会无形中对目标群体成员产生不良影响。因此，刻板印象威胁研究的发现对这些受威胁对象具有很大的启示，让他们可主动地去寻求干预策略来降低可能的刻板印象威胁效应。例如，很多研究表明了自我肯定的有效性，即当目标群体对象在某些情境下受到威胁感到焦虑等时，可采用肯定自我价值的方式，从而减少刻板印象威胁对表现的消极影响。

20.2.2 对教育者和决策者的启示

对于教育者和决策者等而言，了解刻板印象威胁现象及背后的机制是很有必要的。对于教育者来说，可以为创建更安全认同的教育环境做出自己的努力，例如，鼓励女生或流动儿童等群体，让学生认识到普遍存在的一些消极刻板印象是不合理的，向学生强调智力是可塑的而不是天生固定不变的，即持有智力增长观而不是固定观等理念。同时，可以为学生树立角色榜样，肯定他们的价值，提供支持等方式来有效消除可能存在的刻板印象威胁的负面影响。对于决策者而言，要尽可能地搭建公平和平等的平台，例如，在招聘雇用和晋升等领域，以及女性从事传统的男性化工作等领域，消除对女性的消极刻板印象和偏见，提供更多的平等就业和晋升机会，努力在组织机构中创设一种认同安全的环境，释放目标群体成员更多因为刻板印象威胁而被隐藏的潜能，并给予他们更多的肯定和鼓励等，进而消除刻板印象威胁的消极效应。

20.2.3 对社会媒体的启示

社会媒体对民众产生的影响是巨大的，因此，社会媒体更应该了解无处不在的刻板印象威胁现象的知识，从而更好地扮演传播者的角色。例如，“女司机”一词曾一度成为媒体的“宠儿”，以及对“流动儿童”等的负面新闻报道等都可能无形中通过反复曝光强化了人们固有的消极刻板印象，从而导致刻板印象威胁效应等。由此，对社会媒体工作者而言，更应该了解刻板印象威胁背后的原理，一方面可以用更有趣生动的民众乐于接受的方式如公益广告等，向人们宣传普遍存在的刻板印象和刻板印象威胁效应；另一方面可以多宣传一些正面的反刻板印象的例子，为这些相对弱势的目标群体树立角色榜样等，充分发挥社会媒体宣传推广的影响作用，从而为创建和谐平等氛围做出应有的贡献。

20.3 刻板印象威胁的未来研究方向

20.3.1 研究视角的新颖化

当前，对刻板印象威胁的研究绝大多数都关注的是这种普遍存在的刻板印象威胁可能产生的消极影响。正如硬币的正反面，有没有可能刻板印象威胁的存在，对于目标群体成员具有某种意义上的积极效应呢？当然，这里所说的刻板印象威胁的积极效应，不同于以往研究者所发现的刻板印象威胁的促进效应。所谓刻板印象威胁的促进效应是一种与目标群体成员相关的积极刻板印象而导致的成绩表现提升的现象，例如，亚洲人的数学比白人更好的积极刻板印象会提升亚裔学生的数学测验表现（Shih，Ambady，Richeson，Fujita，Gray，2002）。在这里，我们更想涉及的是，同样的消极刻板印象群体成员，例如前文提到的“女性驾驶能力不如男性”的女司机群体，那么是否这种刻板印象威胁的存在，反而会让女性在驾驶的时候更小心谨慎，进而规避了风险事故发生的可能性呢？从某种层面上讲，刻板印象威胁的存在具有积极意义，对于消极刻板印象的群体成员而言，会激活他们的防御保护机制。例如，一项有关社会情境对元认知的影响的新近研究发现，刻板印象威胁会改善元认知对视觉搜索任务过程与结果的监控水平，证明了刻板印象威胁对认知过程的积极影响（Huguet，Hainguerlot，Vergnaud，2019）。在什么情境或程度下，刻板印象威胁会对自我及任务本身产生积极意义，将成为未来一个有趣的研究方向。

20.3.2 研究领域的多样化

关于刻板印象威胁的关注对象很多聚焦在一些消极刻板印象的弱势群体，例如女性、老年人、黑人等，而一些积极刻板印象群体，例如男性、年轻人和白人等，这些相对优势群体在其擅长或不擅长的不同情境中，会产生怎样的刻板印象威胁效应？例如，有研究者表明男性身份是不稳定的，并非一成不变的，需要努力获取的，那么，在某些情境，是否男性会感受到更多的刻板印象威胁呢？进一步拓展研究对象范围，尤其是关注优势群体的威胁效应，将是一个有价值的方向。同样，每个目标群体成员都不是单一的身份，他们会具有多重群体身份，这些身份中有些是消极刻板印象群体成员身份，有些又是积极刻板印象群体成员身份，那么，这些交叉分类的群体成员身份，又如何对刻板印象威胁产生影响，具有怎样的影响权重呢？对此进行探讨将更具有现实意义。

此外，当前的刻板印象威胁聚焦领域大多在学业成绩表现上，而跟人们生活联系更紧密的人际交往、工作、择偶、招聘和决策等，这些不同的情境领域中，刻板印象威胁效应又以怎样的方式存在并产生影响，对这些多样化领域的探讨，对人们更具有实践应用价值。

20.3.3 研究方法的多元化

由于刻板印象威胁存在不同类型，以及心理加工机制的多元因素，往往很难在一个单一的情境实验中考察多个中介变量。如何通过巧妙的科学手段，整合构建刻板印象威胁效应产生的心理加工机制的模型，将成为值得研究者思考的问题。并且，以往对刻板印象威胁因变量的测量大多采用自我报告法，如何结合采用一些内隐社会认知的方法，以及采用功能磁共振成像术（fMRI）、事件相关电位（ERP）等进一步探讨刻板印象威胁效应的神经生理机制，为以往的研究结果提供客观的指标支撑，也将成为未来探究的趋势。

目前，随着大数据时代的到来，这些普遍存在刻板印象威胁在网络等数字化媒介下有怎样的体现呢？如何采用自下而上的数据驱动揭示出刻板印象威胁效应的网络环境规律，也将是个有趣并值得探索的课题。同时，当前对干预刻板印象威胁效应的研究大多在实验室中进行，为了进一步提高生态效度和推广性，结合采用更多的现场研究和临床研究，也将成为未来研究的重要方向。

20.3.4 研究内容的本土化

刻板印象威胁的研究近年在西方已比较丰富，国内心理学者对此进行了系统全面的梳理，但鲜有实证研究。并且，西方大多数研究都聚焦在性别、种族领域。目前，心理学家呼吁增加对重要弱势群体的研究（Lott，2002），因此关注中国的弱势群体、移民问题和社会阶层等社会现实群体，对他们进行刻板印象威胁本土化研究迫在眉睫。例如，对中国农民工、流动儿童、留守儿童、低社会阶层等消极刻板印象的关注。同样，随着全球化国际化的发展，对来华留学生的消极种族刻板印象的关注，结合现场研究等手段，揭示出刻板印象威胁效应的心理机制和应对策略，将具有重要的理论和现实意义。

参考文献

[1] 包克冰，徐琴美．学校归属感与学生发展的探索研究 [J]．心理学探新，2006，26 (2)：51-54.

[2] 蔡华俭，杨治良．大学生性别自我概念的结构 [J]．心理学报，2002，34 (2)：168- 174.

[3] 蔡华俭．Greenwald 提出的内隐联想测验介绍 [J]．心理科学进展，2003，11 (3)：339-344.

[4] 曾守锤，李其维．流动儿童社会适应的研究：现状、问题及解决办法 [J]．心理科学，2007，30 (6)：1426-1428.

[5] 曾守锤．流动儿童的自尊及其稳定性和保护作用的研究 [J]．华东师范大学学报：教育科学版，2009，27 (2)：64-69.

[6] 曾守锤．流动儿童的社会适应状况及其风险因素的研究 [J]．心理科学，2010，33 (2)：456-458.

[7] 曾守锤．流动儿童的压力和社会支持状况及社会支持保护作用的研究 [J]．心理科学，2011，34 (3)：631-635.

[8] 陈芳，张庆豪．老年大学学员主观幸福感及影响因素研究 [J]．中国健康心理学杂志，2005，13 (2)：153-154.

[9] 陈美芬．外来务工人员子女人格特征的研究 [J]．心理科学，2006，29 (1)：178-180.

[10] 邓小晴，师宝国．流动儿童歧视知觉与自尊：社会支持与流动时间的作用 [J]．中国特殊教育，2013 (8)：48-54.

[11] 丁凤琴，王勇慧，王振宏．国防大学生文化取向、自尊与主观幸福感的特点及其关系 [J]．心理发展与教育，2011，27 (4)：374-381.

[12] 董妍，俞国良．青少年学业情绪问卷的编制及应用 [J]．心理学报，

2007，39 (5)：852-860.

[13] 段成荣，杨舸．我国流动儿童最新状况——基于 2005 年全国 1%人口抽样调查数据的分析 [J]．人口学刊，2008，25 (6)：23-31.

[14] 范兴华，陈锋菊．流动儿童歧视知觉与抑郁：应对方式与社会支持的调节 [J]．中国临床心理学杂志，2012，20 (4)：539-542.

[15] 范兴华，方晓义，刘杨，等．流动儿童歧视知觉与社会文化适应：社会支持和社会认同的作用 [J]．心理学报，2012，44 (5)：647-663.

[16] 方晓义，范兴华，刘杨．应对方式在流动儿童歧视知觉与孤独情绪关系上的调节作用 [J]．心理发展与教育，2008，24 (4)：93-99.

[17] 方晓义，王耘，白学军．儿童合作与竞争行为发展研究综述 [J]．心理发展与教育，1992，8 (1)：38-42.

[18] 傅宏，陈庆荣，王港．老龄化社会心理问题研究和心理服务实践——以江苏为例 [J]．中国科学院院刊，2017，32 (2)：138-147.

[19] 高兵．民族刻板印象威胁效应 [J]．心理科学进展，2012，20 (8)：67-72.

[20] 辜美惜，郑雪，邱龙虎．我国流动儿童心理研究现状述评 [J]．心理科学，2010，33 (4)：910-912.

[21] 管健，柴民权．刻板印象威胁：新议题与新争议 [J]．心理科学进展，2011，19 (12)：1842-1850.

[22] 郭志刚．社会统计分析方法 [M]．北京：中国人民大学出版社，1999.

[23] 国家人口计生委流动人口司．中国流动人口发展报告 2010 [M]．北京：中国人口出版社，2010.

[24] 郝世宁．从女性称谓语变化看女性地位变化 [J]．现代妇女（下旬)，2011 (1)：15-17.

[25] 郝振，崔丽娟．受歧视知觉对流动儿童社会融入的影响：中介机制及自尊的调节作用 [J]．心理发展与教育，2014，30 (2)：137-144.

[26] 何志芳，刘建平．大学生性别—学科刻板印象的加工模式实验研究 [J]．中国临床心理学杂志，2007，15 (6)：577-579.

[27] 贺庆利，余林，马建苓．老年刻板印象研究现状及展望 [J]．心理科学进展，2013，21 (3)：495-505.

[28] 贺雯，梁宁建．刻板印象激活的行为效应 [J]．心理科学，2006，29

(3)：740-743.

[29] 侯娟，邹泓，李晓巍．流动儿童家庭环境的特点及其对生活满意度的影响[J]．心理发展与教育，2009，25 (2)：78-85.

[30] 侯舒艨，袁晓娇，刘杨，等．社会支持和歧视知觉对流动儿童孤独感的影响：一项追踪研究 [J]．心理发展与教育，2011，27 (4)：401-411.

[31] 胡美娟，彭文波，杨允，等．当代农民工感知社会支持、自尊和主观幸福感的关系 [J]．心理科学，2011，34 (6)：1414-1421.

[32] 孔风，王庭照，李彩娜，等．大学生的社会支持、孤独及自尊对主观幸福感的作用机制研究 [J]．心理科学，2012，35 (2)：408-411.

[33] 李川云，吴振云．改变老化态度对老年人记忆作业影响的研究 [J]．中国老年学杂志，2001，21 (1)，3-6.

[34] 李虹，林崇德，商磊．生命控制感对内外在控制感与心理健康之间关系的调节和中介作用 [J]．心理科学，2007，30 (3)：519-523.

[35] 李金波，杨军．新课改高考前后高中生学业成绩与能力的性别差异研究——以浙江省 2006～2014 年高考数据为例 [J]．教育测量与评价：理论版，2015 (9)：52-56.

[36] 李田伟，陈旭，廖明英．社会支持系统在中学生学业压力源和应对策略间的中介作用 [J]．心理发展与教育，2007，23 (1)：35-40.

[37] 李文道，邹泓，赵霞．初中生的社会支持与学校适应的关系 [J]．心理发展与教育，2003，19 (3)：73-81.

[38] 李文道，孙云晓．我国男生“学业落后”的现状、成因与思考 [J]．教育研究，2012 (9)：38-43.

[39] 李小青，邹泓，王瑞敏，等．北京市流动儿童自尊的发展特点及其与学业行为、师生关系的相关研究 [J]．心理科学，2008，31 (4)：909-913.

[40] 李晓巍，邹泓，王莉．北京市公立学校与打工子弟学校流动儿童学校适应的比较研究 [J]．中国特殊教育，2009 (9)：81-86.

[41] 李晓巍，邹泓，张俊，等．流动儿童歧视知觉产生机制的质性研究：社会比较的视角 [J]．心理研究，2008，1 (2)，66-70.

[42] 李艳红．国内流动儿童社会适应研究述评 [J]．中国特殊教育，2012 (6)：50-55.

[43] 连淑芳．刻板印象的自动激活实验研究 [J]．心理科学，2004，27 (1)：

95-96.

[44] 梁丽婵，边玉芳．流动儿童的信任知觉与情绪适应的关系及自尊的中介作用［J］．中国临床心理学杂志，2013，21（1）：122-125.

[45] 林晖芸，汪玲．调节性匹配理论述评［J］．心理科学进展，2007，15（5）：749-753.

[46] 林耀华．民族学通论（修订本）［M］．北京：中央民族大学出版社，1997.

[47] 蔺秀云，方晓义，刘杨，等．流动儿童歧视知觉与心理健康水平的关系及其心理机制［J］．心理学报，2009，41（10）：967-979.

[48] 蔺秀云，王硕，张曼云，等．流动儿童学业表现的影响因素——从教育期望、教育投入和学习投入角度分析［J］．北京师范大学学报：社会科学版，2009，215（5）：41-47.

[49] 刘霞，申继亮．流动儿童歧视知觉与自尊的关系［J］．心理科学，2010，33（3）；695-597.

[50] 刘霞，赵景欣，申继亮．歧视知觉对城市流动儿童幸福感的影响：中介机制及归属需要的调节作用［J］．心理学报，2013，45（5）：568-584.

[51] 刘霞．个体和群体歧视知觉对流动儿童主观幸福感的影响［J］．心理科学，2013，36（1）：116-121.

[52] 刘晅，佐斌．性别刻板印象维护的心理机制［J］．心理科学进展，2013，14（3），456-461.

[53] 刘杨，李泽，林丹华．歧视与新生代农民工主观幸福感：社会支持和自尊的中介作用［J］．中国临床心理学杂志 2013，21（6）：1013-1021.

[54] 罗苏梅，徐文明．大学生数学刻板印象威胁的实验研究［J］．教育学报，2012，21（5）：34-40.

[55] 马芳，梁宁建．内隐数学-性别刻板印象的 SEB 研究［J］．心理科学，2006，29（5）：1116-1118.

[56] 马芳，梁宁建．数学性别刻板印象的内隐联想测验研究［J］．心理科学，2008，31（1）：35-39.

[57] 莫琼琼，贺雯．城市农民工子女刻板印象威胁效应的实证研究［J］．中国特殊教育，2014（2）：85-89.

[58] 倪士光，李虹．流动儿童认同整合与歧视知觉的关系：社会支持和应对方式的作用［J］．心理发展与教育，2014，30（1）：31-38.

[59] 庞中英. 族群、种族和民族 [J]. 欧洲研究，1996 (6)：4-15.

[60] 彭凯平，刘钰，曹春梅，等. 虚拟社会心理学：现实，探索及意义 [J]. 心理科学进展，2011，19 (7)：933-943.

[61] 任娜，佐斌，汪国驹，等. 美德情境下年轻人对老年人的内隐态度 [J]. 中国临床心理学杂志，2012，20 (2)：203-206.

[62] 阮小林，张庆林，杜秀敏，等. 刻板印象威胁效应研究回顾与展望 [J]. 心理科学进展，2009，17 (4)：836-844.

[63] 申荷永，高岚. 心理健康教育 [M]. 广州：济南大学出版社，1995.

[64] 师保国，徐玲，许晶晶. 流动儿童幸福感、安全感及其与社会拒斥的关系 [J]. 心理科学，2009，32 (6)：1452-1454.

[65] 石伟，刘杰. 自我肯定研究述评 [J]. 心理科学进展，2009，17 (6)：1287-1294.

[66] 宋淑娟，刘华山. 数学—性别刻板印象对女生的威胁效应：场认知风格的调节作用 [J]. 心理与行为研究，2015，13 (3)：302-305.

[67] 宋淑娟，刘华山. 反刻板印象信息对减弱数学-性别刻板印象威胁效应的作用 [J]. 中国临床心理学杂志，2014，22 (3)：386-389.

[68] 宋淑娟. 从数学—性别刻板印象威胁的视角谈女生的数学学习 [J]. 中学数学杂志，2009 (6)：1-3.

[69] 孙芳萍，陈传锋. 学业情绪与学业成绩的关系及其影响因素研究 [J]. 心理科学，2010，33 (1)：204-206.

[70] 孙晓莉. 流动儿童学校适应性现状研究 [J]. 现代教育科学，2006 (6)：20-21.

[71] 孙云晓. 拯救男孩 [M]. 北京：作家出版社，2010.

[72] 孙志军，彭顺绪，王骏，等. 谁在学业竞赛中领先？——学业成绩的性别差异研究 [J]. 北京师范大学学报：社会科学版，2016 (3)：47-48.

[73] 谭千保. 城市流动儿童的社会支持与学校适应的关系 [J]. 中国健康心理学杂志，2010，18 (1)：68-70.

[74] 陶沙. 大学新生社会支持的特点与变化的研究 [J]. 心理发展与教育，2000，16 (1)：1-5.

[75] 田录梅，李双. 自尊概念辨析 [J]. 心理学探新，2005，25 (2)：26-29.

[76] 汪玲，林晖芸，逄晓鸣. 特质性与情境性调节定向匹配效应的一致性

[J]. 心理学报，2011，43 (5)：553-560.

[77] 王沛，刘峰. 社会认同理论视野下的社会认同威胁 [J]. 心理科学进展，2007，15 (5)：822-827.

[78] 王沛. 刻板印象与社会情境因果建构的相互影响 [J]. 心理科学，2003，26 (4)：738-739.

[79] 王瑞敏，邹泓. 北京市流动儿童主观幸福感的特点 [J]. 中国心理卫生杂志，2010，24 (2)：131-148.

[80] 王晓炜. 性别角色理论研究进展 [J]. 校园心理，2014，12 (3)：173-175.

[81] 王雁飞. 社会支持与身心健康关系研究述评 [J]. 心理科学，2004，27 (5)：1175-1177.

[82] 王毅杰，史秋霞. 流动儿童社会认同的策略性选择 [J]. 社会科学研究，2010 (1)：90-96.

[83] 王玉，高明华. 刻板印象威胁研究述评 [J]. 商业经济，2013 (9)：75-77.

[84] 温忠麟，张雷，侯杰泰，等. 中介效应检验程序及其应用 [J]. 心理学报，2004，36 (5)：614-620.

[85] 闻吾森，王义强，赵国秋，等. 社会支持、心理控制感对心理健康的影响 [J]. 浙江医学，2000，22 (3)：150-152.

[86] 辛自强，池丽萍，耿柳娜，等. 青少年社会支持评价量表的修订与应用 [J]. 中国心理卫生杂志，2007，21 (6)：379-381.

[87] 邢淑芬，刘霞，赵景欣，等. 歧视知觉对流动儿童群体幸福感的影响及内部机制 [J]. 心理发展与教育，2011，27 (6)：654-661.

[88] 许传新. 流动人口子女公立学校适应性及影响因素研究 [J]. 青年研究，2009 (3)：18-26.

[89] 许琴，罗宇，刘嘉. 方向感的加工机制及影响因素 [J]. 心理科学进展，2010，18 (8)：1208-1221.

[90] 颜素珍，戴媛媛. 论社会角色理论视野下大学生道德素质提升途径 [J]. 中国高等教育，2009 (22)：22-24.

[91] 杨亚平，王沛. 刻板印象的理论与研究方法综述 [EB/OL]. 北京：中国科技论文在线，2008 [2008-07-09]. http：//www. paper. edu. cn/releasepaper/

content/.

[92] 姚琦，乐国安，伍承聪，等. 调节定向的测量维度及其问卷的信度和效度检测 [J]. 应用心理学，2008，14 (4)：318-323.

[93] 姚琦，乐国安. 动机理论的新发展：调节定向理论 [J]. 心理科学进展，2009，17 (6)：1264-1273.

[94] 姚琦，马华维，乐国安. 调节匹配对期望与绩效关系的影响 [J]. 应用心理学，2010，16 (1)：73-79

[95] 易红，冯正直. 无望抑郁症状问卷（HDSQ）的中文版修订 [J]. 中国临床心理学杂志，2008，16 (1)：18-21.

[96] 殷融，张菲菲. 群体认同在集群行为中的作用机制 [J]. 心理科学进展，2015，23 (9)：1637-1646.

[97] 余益兵，葛明贵. 初中生感知的学校气氛的特点及其与学校适应的关系：学校态度的中介作用 [J]. 中国临床心理学杂志，2010，18 (2)：225-227.

[98] 俞国良，董妍. 学习不良青少年与一般青少年学业情绪特点的比较研究 [J]. 心理科学，2006，29 (4)：811-814.

[99] 俞海运，梁宁建. 刻板解释偏差测量 [J]. 心理科学，2005，28 (1)：42-44.

[100] 袁晓娇，方晓义，刘杨，等. 流动儿童压力应对方式与抑郁感、社交焦虑的关系：一项追踪研究 [J]. 心理发展与教育，2012，28 (3)：283-291.

[101] 袁晓娇，方晓义，刘杨，等. 流动儿童社会认同的特点、影响因素及其作用 [J]. 教育研究，2010 (3)：37-45.

[102] 张宝山，袁菲，徐靓鸽. 刻板印象威胁效应的消除：干预策略及其展望 [J]. 心理科学，2014，37 (1)：197-204.

[103] 张静，田录梅，张文新. 同伴拒绝与早期青少年学业成绩的关系：同伴接纳、友谊支持的调节作用 [J]. 心理发展与教育，2013，29 (4)：353-360.

[104] 张晓斌，王沛. 刻板印象威胁发生机制：认知神经研究进展 [J]. 中国特殊教育，2009 (11)：77-81.

[105] 张莹瑞，佐斌. 社会认同理论及其发展 [J]. 心理科学进展，2006，14 (3)：475-480.

[106] 张韫黎，陆昌勤. 挑战性—阻断性压力（源）与员工心理和行为的关系：自我效能感的调节作用 [J]. 心理学报，2009，41 (6)：501-509.

[107] 赵凤青，李娟，张宝山．老年刻板印象威胁效应的作用机制与干预 [J]．中国老年学杂志，2015 (35)：6278-6281.

[108] 赵建平，葛操．初中生社会支持与心理健康的相关研究 [J]．中国健康心理学杂志，2006，14 (2)：132-135.

[109] 周浩，龙立荣．共同方法偏差的统计检验与控制方法 [J]．心理科学进展，2004，12 (6)，942-942.

[110] 周皓．流动儿童心理状况的对比研究 [J]．人口与经济，2008 (6)：7-14.

[111] 周丽清．内隐老年刻板印象的年龄差异及其与认知老化的关系 [J]．中国健康心理学杂志，2007，15 (10)：901-903.

[112] 朱智贤．心理学大辞典 [M]．北京：北京师范大学出版社，1989.

[113] 邹泓，刘艳，李晓巍．流动儿童受教育状况及其与心理健康的关系 [J]．教育科学研究，2008 (8)：49-53.

[114] 邹泓．同伴关系的发展功能及影响因素 [J]．心理发展与教育，1998，14 (2)：39-44.

[115] 邹庆宇，姜月．内隐刻板印象研究方法进展 [J]．心理科学，2006，29 (2)：505-507.

[116] 佐斌，刘晅．基于 IAT 和 SEB 的内隐性别刻板印象研究 [J]．心理发展与教育，2006，22 (4)：57-63.

[117] 佐斌，温芳芳，朱晓芳．大学生对年轻人和老年人的年龄刻板印象 [J]．应用心理学，2007，13 (3)：231-236.

[118] 佐斌，张阳阳，赵菊，等．刻板印象内容模型：理论假设与研究 [J]．心理科学进展，2006，14 (1)：138-145.

[119] 佐斌．社会心理学 [M]．北京：高等教育出版社，2009.

[120] ABDOU C M, FINGERHUT A W, JACKSON J S, et al. Healthcare stereotype threat in older adults in the health and retirement study[J]. American Journal of Preventive Medicine, 2016, 50(2): 191-198.

[121] ABRAMS D, CRISP R J, MARQUES S, et al. Threat inoculation: experienced and imagined intergenerational contact prevents stereotype threat effects on older people's math performance[J]. Psychology and Aging, 2008, 23(4): 934-939.

[122] ABRAMS D, ELLER A, BRYANT J. An age apart: The effects of

intergenerational contact and stereotype threat on performance and intergroup bias[J]. Psychology and Aging, 2006, 21(4): 691-702.

[123] ABRAMS D, SWIFT H J, DRURY L. Old and Unemployable? How Age - Based Stereotypes Affect Willingness to Hire Job Candidates [J]. Journal of Social Issues, 2016, 72(1): 105-121.

[124] AMBADY N, PAIK S K, STEELE J, et al. Deflecting negative self-relevant stereotype activation: the effects of individuation [J]. Journal of Experimental Social Psychology, 2004, 40(3): 401-408.

[125] ANDERMAN L H, KAPLAN A. The role of interpersonal relationships in student motivation: Introduction to the special issue [J]. The Journal of Experimental Education, 2008, 76(2): 115-119.

[126] ANDREOLETTI C, LACHMAN M. Susceptibility and resilience to memory aging stereotypes: Education matters more than age[J]. Experimental Aging Research, 2004(30): 129-148.

[127] APPEL M. Anti - immigrant propaganda by radical right parties and the intellectual performance of adolescents[J]. Political Psychology, 2012, 33(4): 483-493.

[128] APPEL M, KRONBERGER N. Stereotypes and the achievement gap: Stereotype threat prior to test taking[J]. Educational Psychology Review, 2012, 24(4): 609-635.

[129] APPEL M, KRONBERGER N, ARONSON J. Stereotype threat impairs ability building, Effects on test preparation among women in science and technology[J]. European Journal of Social Psychology, 2011, 41(7): 904-913.

[130] APPEL M, WEBER S, KRONBERGER N. The influence of stereotype threat on immigrants: Review and meta-analysis [J]. Frontiers in psychology, 2015, 6 (90a): 900.

[131] ARMSTRONG B, GALLANT S N, LI L, et al. Stereotype threat effects on older adults' episodic and working memory: A meta-analysis [J]. Gerontologist, 2017, 57 (suppl 2): 193-205.

[132] ARONSON J, GOOD C. The development and consequences of stereotype vulnerability in adolescents [J]. Adolescence Education Newsletter, 2002, 74 (2): 299-330.

[133] ARONSON J, FRIED C B, GOOD C. Reducing the effects of stereotype threat on African American college students by shaping theories of intelligence[J]. Journal of Experimental Social Psychology, 2002, 38(2): 113-125.

[134] ARONSON J, LUSTINA M J, GOOD C, et al. When white men can't do math: necessary and sufficient factors in stereotype threat[J]. Journal of Experimental Social Psychology, 1999, 35(1): 29-46.

[135] ASHFORTH B E. Role transitions in organizational life: an identity-based perspective[J]. Academy of Management Review, 2001, 26(4): 670.

[136] AYRES M M, LEAPER C. Adolescent girls' experiences of discrimination: An examination of coping strategies, social support, and self-esteem[J]. Journal of Adolescent Research, 2013, 28: 479-508.

[137] BANAJI M R, DHARDIN C. Automatic stereotyping[J]. Psychological Science, 1996, 7(3): 136-141.

[138] BARBER S J. An examination of age-based stereotype threat about cognitive decline: Implication for stereotype-threat research and theory development[J]. Perspectives on Psychological Science, 2017, 12(1): 62-90.

[139] BARBER S J, LEE S R. Stereotype threat lowers older adults' self-reported hearing abilities[J]. Gerontology, 2015, 62(1): 81-85.

[140] BARBER S J, MATHER M. Stereotype threat can both enhance and impair older adults' memory[J]. Psychological Science, 2013, 24(12): 2511-2529.

[141] BARBER S J, MATHER M. Stereotype threat can reduce older adults' memory errors[J]. Quarterly Journal of Experimental Psychology, 2013, 66(10): 1888-1895.

[142] BEATON A, TOUGAS F, RINFRET N, et al. Strength in numbers?: Women and mathematics[J]. European Journal of Psychology of Education, 2007, 22(3): 291-306.

[143] BEILOCK S L. On the causal mechanisms of stereotype threat: can skills that don't rely heavily on working memory still be threatened?[J]. Personality and Social Psychology Bulletin, 2006, 32(8): 1059-1071.

[144] BEILOCK S L, RYDELL R J, MCCONNELL A R, et al. Stereotype threat and working memory: mechanisms, alleviation, and spillover [J]. Journal of

Experimental Psychology: General, 2007, 136(2): 256-276.

[145] BEN-ZEEV T, FEIN S, INZLICHT M. Arousal and stereotype threat[J]. Journal of Experimental Social Psychology, 2005, 41(2): 174-181.

[146] BERDAHL J L. The sexual harassment of uppity women[J]. Journal of Applied Psychology, 2007, 92(2): 425-437.

[147] BERKMAN E T, HUTCHERSON C A, LIVINGSTON J L, et al. Self-control as value-based choice[J]. Current Directions in Psychological Science, 2007, 26(5): 422.

[148] BLASCOVICH J, SPENCER S J, QUINN D, et al. African Americans and high blood pressure: The role of stereotype threat[J]. Psychological Science, 2001, 12(3): 225-229.

[149] BOSSON J K, MICHNIEWICZ K S. Gender dichotomization at the level of ingroup identity: What it is, and why men use it more than women[J]. Journal of Personality and Social Psychology, 2013, 105(3): 425.

[150] BOSSON J K, VANDELLO J A. Precarious manhood and its links to action and aggression[J]. Current Directions in Psychological Science, 2011, 20(2): 82-86.

[151] BOSSON J K, HAYMOVITZ E L, PINEL E C. When saying and doing diverge: the effects of stereotype threat on self-reported versus non-verbal anxiety[J]. Journal of Experimental Social Psychology, 2004, 40(2): 247-255.

[152] BOSSON J K, VANDELLO J A, BURNAFORD R M, et al. Precarious manhood and displays of physical aggression[J]. Personality and Social Psychology Bulletin, 2009, 35(5): 623-634.

[153] BOWEN N K, WEGMANN K M, WEBBER K C. Enhancing a brief writing intervention to combat stereotype threat among middle-school students[J]. Journal of Educational Psychology, 2013, 105(2): 427-435.

[154] BRELET L B, MOTÁK L, GINET M. Enhancing older driver' safety: On effects induced by stereotype threat to older adults' driving performance, working memory and self-regulation[J]. Geriatrics, 2016, 1(20): 2-18.

[155] BRODISH A B, DEVINE P G. The role of performance-avoidance goals and worry in mediating the relationship between stereotype threat and performance[J]. Journal of Experimental Social Psychology, 2009, 45(1): 180-185.

[156]BROWN R P, JOSEPHS R A. A burden of proof: Stereotype relevance and gender differences in math performance [J]. Journal of Personality and Social Psychology, 1999, 76(2): 246.

[157]BRUBAKER M S, NAVEHBENJAMIN M. The effects of stereotype threat on the associative memory deficit of older adults[J]. Psychology & Aging, 2018, 33(1): 17-29.

[158]BURKE P J. The past, present, and future of an identity theory[J]. Social Psychology Quarterly, 2000, 63(4): 284-297.

[159]CADINU M, MAASS A, FRIGERIO S, et al. Stereotype threat: the effect of expectancy on performance[J]. European Journal of Social Psychology, 2010, 33(2): 267-285.

[160] CARLSON S M, MOSES L J. Stereotype threat affects financial decision making[J]. Psychological Science, 2010, 21(10): 1411-1416.

[161] CESARIO J, GRANT H, HIGGINS E T. Regulatory fit and persuasion: transfer from "feeling right"[J]. Journal of Personality and Social Psychology, 2004, 86(3): 388-404.

[162] CHALABAEV A, SARRAZIN P, CURY F, et al. When avoiding failure improves performance: stereotype threat and the impact of performance goals [J]. Motivation & Emotion, 2012, 36(2): 130-142.

[163] CHASTEEN A L, BHATTACHARYYA S, HORHOTA M, et al. How feelings of stereotype threat influence older adults' memory performance [J]. Experimental Aging Research, 2005(31): 235-260.

[164]CHERNEY I D, CAMPBELL K L. A League of Their Own, Do Single-Sex Schools Increase Girls' Participation in the Physical Sciences? [J] Sex Roles, 2011, 65(9): 712-724.

[165] CHUNG B G, EHRHART M G, HOLCOMBE EHRHART K, et al. Stereotype threat, state anxiety, and specific self-efficacy as predictors of promotion exam performance[J]. Group & organization management, 2010, 35(1): 77-107.

[166]CLARK J K, THIEM K C, BARDEN J, et al. Stereotype validation: The effects of activating negative stereotypes after intellectual performance[J]. Journal of Personality and Social Psychology, 2015, 108(4): 531.

[167]COHEN G L, ARONSON J, STEELE C M. When beliefs yield to evidence: Reducing biased evaluation by affirming the self[J]. Personality and Social Psychology Bulletin, 2000, 26(9): 1151-1164.

[168]COHEN G L, GARCIA J, APFEL N, et al. Reducing the racial achievement gap: a social-psychological intervention[J]. Science, 2006, 313(5791): 1307-1310.

[169]COHEN S. Social relationships and health[J]. American Psychologist, 2004, 59(8), 676-684.

[170]COTA A, DION K. Salience of gender and sex composition of ad hoc groups: An experimental test of distinctiveness theory[J]. Journal of Personality and Social Psychology, 1986(50): 770-776.

[171] CROIZET J C, DESPRÉS G, GAUZINS M E, et al. Stereotype threat undermines intellectual performance by triggering a disruptive mental load[J]. Personality and Social Psychology Bulletin, 2004, 30(6): 721-731.

[172] CUDDY A J C, NORTON M I, FISKE S T. This old stereotype: The pervasiveness and persistence of the elderly stereotype[J]. Journal of Social Issues, 2005, 61(2): 267-285.

[173]CUDDY A J, FISKE S T. Doddering but dear: Process, content, and function in stereotyping of older persons[J]. Ageism: Stereotyping and prejudice against older persons, 2002(3): 26.

[174]D'AILLY H. Children's autonomy and perceived control in learning: A model of motivation and achievement in Taiwan[J]. Journal of Educational Psychology, 2003, 95(1): 84-96.

[175]DANAHER K, CRANDALL C S. Stereotype threat in applied settings re-examined[J]. Journal of Applied Social Psychology, 2008(38): 1639-1655.

[176] DANIELS L M, STUPNISKY R H, PEKRUN R, et al. A longitudinal analysis of achievement goals: from affective antecedents to emotional effects and achievement outcomes[J]. Journal of Educational Psychology, 2009, 101(4): 948-963.

[177]DAVIES P G, SPENCER S J, STEELE C M. Clearing the air: identity safety moderates the effects of stereotype threat on women's leadership aspirations[J]. Journal of Personality and Social Psychology, 2005, 88(2): 276-287.

[178]DAVIES P G, SPENCER S J, QUINN D M, et al. Consuming images: How

television commercials that elicit stereotype threat can restrain women academically and professionally[J]. Personality and Social Psychology Bulletin, 2002, 28(12): 1615-1628.

[179] DÉSERT M, PRÉAUX M, JUND R. So young and already victims of stereotype threat: socio-economic status and performance of 6 to 9 years old children on raven's progressive matrices[J]. European Journal of Psychology of Education, 2009, 24(2): 207-218.

[180] DIJKSTERHUIS A, SPEARS R, POSTMES T, et al. Seeing one thing and doing another: Contrast effects in automatic behavior[J]. Journal of Personality and Social Psychology, 1998, 75(4): 862.

[181] EDWARDS J R, LAMBERT L S. Methods for integrating moderation and mediation: a general analytical framework using moderated path analysis [J]. Psychological Methods, 2007, 12(1): 1.

[182] EHRLINGER J, DUNNING D. How chronic self-views influence (and potentially mislead) estimates of performance [J]. Journal of Personality and Social Psychology, 2003, 84(1): 5-17.

[183] ELLER A, ABRAMS D. Come together: Longitudinal comparisons of Pettigrew's reformulated intergroup contact model and the Common Ingroup Identity Model in Anglo-French and Mexican-American contexts[J]. European Journal of Social Psychology, 2004(34): 229-256.

[184] ELLIOT A J, MCGREGOR H A. Test anxiety and the hierarchical model of approach and avoidance achievement motivation [J]. Journal of Personality and Social Psychology, 1999, 76(4): 628.

[185] ELLIOT A J, SHELL M M, HENRY K B, et al. Achievement goals, performance contingencies, and performance attainment: an experimental test [J]. Journal of Educational Psychology, 2005, 97(4): 630-640.

[186] ELSE-QUEST N M, HYDE J S, LINN M C. Cross-national patterns of gender differences in mathematics: a meta-analysis[J]. Psychological Bulletin, 2010, 136(1): 103-27.

[187] FINGERHUT A W, ABDOU C M. The role of healthcare stereotype threat and social identity threat in lgb health disparities[J]. Journal of Social Issues, 2017, 73(3): 493-507.

[188] FINNIGAN K M, CORKER K S. Do performance avoidance goals moderate the effect of different types of stereotype threat on women's math performance? [J] Journal of Research in Personality, 2016(63): 36-43.

[189] FLORE P C, WICHERTS J M. Does stereotype threat influence performance of girls in stereotyped domains? A meta-analysis [J]. Journal of School Psychology, 2015, 53(1): 25-44.

[190] FOLKMAN S. Stress: appraisal and coping [M]. New York: Springer, 2013.

[191] FÖRSTER J, HIGGINS E T. How global versus local perception fits regulatory focus [J]. Psychological Science, 2005, 16(8): 631-636.

[192] FÖRSTER J, HIGGINS E T, WERTH L. Threat of stereotype disconfirmation: Motivational antecedents and cognitive consequences [J]. Social Cognition, 2004(22): 54-74.

[193] FRAZIER P, KEENAN N, ANDERS S, et al. Perceived past, present, and future control and adjustment to stressful life events [J]. Journal of Personality and Social Psychology, 2011, 100(4): 749-765.

[194] FRIEDMAN R, FÖRSTER J. The effects of promotion and prevention cues on creativity [J]. Journal of Personality and Social Psychology, 2001, 81(6): 1001-1013.

[195] GAERTNER S L, MANN J A, DOVIDIO J F. How does cooperation reduce intergroup bias? [J] Journal of Personality and Social Psychology, 1990, 59(4): 692-704.

[196] GALLO L C, MATTHEWS K A. Understanding the association between socioeconomic status and health: Do negative emotions play a role? [J] Psychological Bulletin, 2003, 129(1): 10-51.

[197] GALLO L C, BOGART L M, VRANCEANU A, et al. Socioeconomic status, resources, psychological experiences, and emotional responses: A test of the reserve capacity model [J]. Journal of Personality and Social Psychology, 2005, 88(2): 386-399.

[198] GAO L, WHEELER S C, SHIV B. The "shaken self": Product choices as a means of restoring self-view confidence [J]. Journal of Consumer Research, 2008, 36(1): 29-38.

[199] GEE G L. A Multilevel analysis of the relationship between institutional and

individual racial discrimination and health status[J]. American Journal of Public Health, 2002(4),92: 615-623.

[200] GILMAN R, ANDERMAN E M. The relationship between relative levels of motivation and intrapersonal, interpersonal, and academic functioning among older adolescents[J]. Journal of School Psychology, 2006, 44(5): 375-391.

[201] GOFF P A, STEELE C M, DAVIES P G. The space between us: Stereotype threat and distance in interracial contexts [J]. Journal of Personality and Social Psychology, 2008, 94(1): 91-107.

[202] GOOD C, ARONSON J, HARDER J A. Problems in the pipeline: Stereotype threat and women's achievement in high-level math courses [J]. Journal of Applied Developmental Psychology, 2008, 29(1): 17-28.

[203] GRAVES L E, RIDGERS N D, ATKINSON G, et al. The effect of active video gaming on children's physical activity, behavior preferences and body composition [J]. Pediatric Exercise Science, 2010, 22(4): 535.

[204] GREENBERG J, SHELDON S, et al. Why do people need self- esteem? Converging evidence that self- esteem serves an anxiety buffering function[J]. Journal of Personality and Social Psychology, 1992, 63 (6): 913-922.

[205] GREENWALD A G, MCGHEE D E, SCHWARTZ J L. Measuring individual differences in implicit cognition: the implicit association test[J]. Journal of Personality & Social Psychology, 1998, 74(6): 1464.

[206] GRIMM L R, MARKMAN A B, MADDOX W T, et al. Stereotype threat reinterpreted as a regulatory mismatch [J]. Journal of Personality and Social Psychology, 2009, 96(2): 288.

[207] HAHN N, JANSEN P, HEIL M. Preschoolers' mental rotation: sex differences in hemispheric asymmetry[J]. Journal of Cognitive Neuroscience, 2010, 22 (6): 1244-1250.

[208] HALPERN D F. Beliefs about cognitive gender differences: accurate for direction, underestimated for size[J]. Sex Roles, 2011, 64(5-6): 336-347.

[209] HARKINS S G. Mere effort as the mediator of the evaluation-performance relationship[J]. Journal of Personality & Social Psychology, 2006, 91(3): 436-55.

[210] HARTLEY B L, SUTTON R M. A stereotype threat account of boys'

academic underachievement[J]. Child Development, 2013, 84(5): 1716-1733.

[211] HAUSMANN M. Arts versus science—Academic background implicitly activates gender stereotypes on cognitive abilities with threat raising men's (but lowering women's) performance[J]. Intelligence, 2014(46): 235-245.

[212] HAUSMANN M, SCHOOFS D, SROSENTHAL H E, et al. Interactive effects of sex hormones and gender stereotypes on cognitive sex differences—a psychobiosocial approach[J]. Psychoneuroendocrinology, 2009, 34(3): 389-401.

[213] HAUSMANN M, SLABBEKOORN D, VAN GOOZEN S H, et al. Sex hormones affect spatial abilities during the menstrual cycle [J]. Behavioral Neuroscience, 2000, 114(6): 1245.

[214] HEIL M, KAVŠEK M, ROLKE B. Mental rotation in female fraternal twins: evidence for intra-uterine hormone transfer? [J]. Biological Psychology, 2011, 86 (1): 90-93.

[215] HESS T M, HINSON J. Age-related variation in the influences of aging stereotypes on memory in adulthood[J]. Psychology and Aging, 2006, 21(3): 621-625.

[216] HESS T M, HINSON J T, HODGES E A. Moderators of and mechanisms underlying stereotype threat effects on older adults' memory performance [J]. Experimental Aging Research, 2009, 35(2): 153-177.

[217] HESS T M, HINSON J T, STATHAM J A. Explicit and implicit stereotype activation effects on memory: Do age and awareness moderate the impact of priming? [J] Psychology and Aging, 2004, 19(3): 495-505.

[218] HIGGINS E T, RONEY C, CROWE E, et al. Ideal versus ought predilections for approach and avoidance: Distinct self-regulatory systems[J]. Journal of Personality and Social Psychology, 1994, 66(22): 276-286.

[219] HIPPEL C V, KALOKERINOS E K, HAANTEP K. Age-Based Stereotype Threat and Work Outcomes: Stress Appraisals and Rumination as Mediators [J]. Psychology & Aging, 2019, 34(1): 68-84.

[220] HIPPEL V C, KALOKERINOS E K, HENRY J D. Stereotype threat among older employees: Relationship with job attitudes and turnover intentions[J]. Psychology and Aging, 2013, 28(1): 17-27.

[221] HONG R Y, GWEE K, KARIA M. The role of event-specific pessimistic

inferences in the etiological chain of hopelessness depression [J]. Personality and Individual Differences, 2006, 41(6): 1119-1129.

[222] HUGUET P, REGNER I. Stereotype threat among schoolgirls in quasi-ordinary classroom circumstances [J]. Journal of Educational Psychology, 2007, 99 (3): 545.

[223] HUGUET P, REGNER I. Counter-stereotypic beliefs in math do not protect school girls from stereotype threat[J]. Journal of Experimental Social Psychology, 2009, 45(4): 1024-1027.

[224] HUNGER J M, MAJOR B, BLODORN A, et al. Weighed down by stigma: How weight - based social identity threat contributes to weight gain and poor health [J]. Social and Personality Psychology Compass, 2015, 9(6): 255-268.

[225] IDSON L C, LIBERMAN N, HIGGINS E T. Imagining how you'd feel: the role of motivational experiences from regulatory fit [J]. Personality and Social Psychology Bulletin, 2004, 30(7): 926-937.

[226] IHME T A, MÖLLER J. "He who can, does; he who cannot, teaches?": Stereotype threat and preservice teachers[J]. Journal of Educational Psychology, 2015, 107(1): 300-308.

[227] INZLICHT M, BEN-ZEEV T. A threatening intellectual environment: Why females are susceptible to experiencing problem-solving deficits in the presence of males [J]. Psychological Science, 2000, 11(5): 365-371.

[228] INZLICHT M, BEN-ZEEV T. Do high-achieving female students underperform in private? The implications of threatening environments on intellectual processing[J]. Journal of Educational Psychology, 2003(95): 796-805.

[229] INZLICHT M, KANG S K. Stereotype threat spillover: how coping with threats to social identity affects aggression, eating, decision making, and attention[J]. Journal of Personality & Social Psychology, 2010, 99(3): 467-481.

[230] INZLICHT M, ARONSON J, GOOD C. A particular resiliency to threatening environments[J]. Journal of Experimental Social Psychology, 2006, 42(3): 323-336.

[231] JAMIESON J P, HARKINS S G. Mere effort and stereotype threat performance effects[J]. Journal of Personality & Social Psychology, 2007, 93(4): 544.

[232] JAMIESON J P, HARKINS S G. Distinguishing between the effects of

stereotype priming and stereotype threat on math performance[J]. Group Processes & Intergroup Relations, 2012, 15(3): 291-304.

[233] JANSEN-OSMANN P, HEIL M. Suitable stimuli to obtain (no) gender differences in the speed of cognitive processes involved in mental rotation[J]. Brain and Cognition, 2007, 64(3): 217-227.

[234] OSBORNE J W, WALKER C. Stereotype Threat, Identification with Academics, and Withdrawal from School: Why the most successful students of colour might be most likely to withdraw[J]. Educational Psychology, 2006, 26(4): 563-577.

[235] JOHNS M, INZLICHT M, SCHMADER T. Stereotype threat and executive resource depletion: examining the influence of emotion regulation [J]. Journal of Experimental Psychology General, 2008, 137(4): 691-705.

[236] JOHNS M, SCHMADER T, MARTENS A. Knowing is half the battle: teaching stereotype threat as a means of improving women's math performance [J]. Psychological Science, 2010, 16(3): 175-179.

[237] JONES P R. Reducing the Impact of Stereotype Threat on Women's Math Performance, Are Two Strategies Better Than One? [J]. Electronic Journal of Research in Educational Psychology, 2011, 9(2): 587-616.

[238] KANG S K, CHASTEEN A L. The moderating role of age group identification and perceived threat on stereotype threat among older adults [J]. International Journal of Aging & Human Development, 2009, 69(3): 201-220.

[239] KAYE L K, PENNINGTON C R. Exploring the effects of stereotype threat in the context of digital gaming[J]. Association for Psychological Science, 2016(38): 115-116.

[240] KELLER J. When Negative Stereotypic Expectancies Turn Into Challenge or Threat: The Moderating Role of Regulatory Focus[J]. Swiss Journal of Psychology, 2007, 66(3): 163-168.

[241] KELLER J, BLESS H. Regulatory fit and cognitive performance: The interactive effects of chronic and situationally induced self-regulatory mechanisms on test performance[J]. European Journal of Social Psychology, 2006, 36(3): 393-405.

[242] KELLER J, BLESS H. Expectancy effects on cognitive test performance: Regulatory focus as a catalyst[J]. European Journal of Social Psychology, 2008(38):

187-212.

[243] KIA-KEATING M, ELLIS B H. Belonging and connection to school in resettlement: young refugees, school belonging, and psychosocial adjustment [J]. Clin Child Psychol Psychiatry, 2007, 12(1): 29-43.

[244] KIEFER A, SEKAQUAPTEWA D, BARCZYK A. When appearance concerns make women look bad: Solo status and body image concerns diminish women's academic performance [J]. Journal of Experimental Social Psychology, 2006, 42(1): 78-86.

[245] KINIAS Z, SIM J. Facilitating Women's Success in Business: Interrupting the Process of Stereotype Threat Through Affirmation of Personal Values [J]. Journal of Applied Psychology, 2016, 101(11): 1-40.

[246] KOPITS E, CROPPER M. Traffic fatalities and economic growth [J]. Accident Analysis & Prevention, 2005, 37(1): 169-178.

[247] KRENDL A C, AMBADY N, KENSINGER E A. The dissociable effects of stereotype threat on older adults' memory encoding and retrieval [J]. Journal of Applied Research in Memory & Cognition, 2015, 4(2): 103-109.

[248] KRENDL A C, RICHESON J A, KELLEY W M. The Negative Consequences of Threat [J]. Psychological Science, 2008, 19(2): 168-175.

[249] KULIK C T, PERERA S, CREGAN C. Engage me: the mature-age worker and stereotype threat [J]. Academy of Management Journal, 2016, 2015(6): 11653-11653.

[250] KUNDA Z, SPENCER S J. When Do Stereotypes Come to Mind and When Do They Color Judgment? A Goal-Based Theoretical Framework for Stereotype Activation and Application [J]. Psychological Bulletin, 2003, 129(4): 522-544.

[251] KURTZ-COSTES B, HELMKE L A, ULKII-STEINER B. Gender and doctoral studies: The perception of PhD students in an American university [J]. Gender and Education, 2006, 18(2): 137-155.

[252] LACHMAN M E, WEAVER S L. The sense of control as a moderator of social class differences in health and well-being [J]. Journal of Personality & Social Psychology, 1998, 74(3): 763-73.

[253] LAMBERT A E, SEEGMILLER J K, STEFANUCCI J K, et al. On working

memory capacity and implicit associations between advanced age and dangerous driving stereotypes[J]. Applied Cognitive Psychology, 2013, 27(3): 306-313.

[254] LAMBERT A E, WATSON J M, STEFANUCCI J K, et al. Stereotype Threat Impairs Older Adult Driving[J]. Applied Cognitive Psychology, 2016, 30(1): 22-28.

[255] LAMONT R A, SWIFT H J, ABRAMS D. A Review and Meta-Analysis of Age-Based Stereotype Threat: Negative Stereotypes, Not Facts, Do the Damage[J]. Psychology and Aging, 2015, 30(1): 180-193.

[256] RAPHAEL L. Stereotype Threat and Lift Effects in Motor Task Performance: The Mediating Role of Somatic and Cognitive Anxiety[J]. The Journal of Social Psychology, 2013, 153(6): 687-699.

[257] LEAVITT P A, COVARRUBIAS R, PEREZ Y A, et al. Frozen in Time: The Impact of Native American Media Representations on Identity and Self-Understanding[J]. Journal of Social Issues, 2015, 71(1): 39-53.

[258] LEE C, DICKSON D A, CONLEY C S, et al. A Closer Look at Self-Esteem, Perceived Social Support, and Coping Strategy: A Prospective Study of Depressive Symptomatology Across the Transition to College[J]. Journal of Social & Clinical Psychology, 2014, 33(6): 560-585.

[259] LEE J E R, NASS C. Distinctiveness-based stereotype threat and the moderating role of coaction contexts[J]. Journal of Experimental Social Psychology, 2012, 48(1): 192-199.

[260] LEFCOURT, H M, MILLER R S, WARE E E. Locus of control as a modifier of the relationship between stressors and moods [J]. Journal of Personality and Social Psychology, 1981, 41(41): 357-369.

[261] LEVY B. Improving memory in old age through implicit self stereotyping[J]. Journal of Personality and Social Psychology, 1996, 71(6): 1092-1107.

[262] LEVY B. Stereotype embodiment[J]. Current Directions in Psychological Science, 2009, 18(6): 332-336.

[263] LEVY B R, LEIFHEIT-LIMSON E. The stereotype-matching effect: Greater influence on functioning when age stereotypes correspond to outcomes[J]. Psychology and Aging, 2009, 24(1): 230-233.

[264] LEYENS J P, DESERT M, CROIZET J C, et al. Stereotype threat: are lower status and history of stigmatization preconditions of stereotype threat? [J]. Personality & Social Psychology Bulletin, 2000, 26(10): 1189-1199.

[265] LIN H C. Fuzzy PLS path modeling of interpersonal relationship, social support, job achievement and subjective well-being of school principals[J]. International Journal of Intelligent Technologies and Applied Statistics, 2014, 7(4): 323-337.

[266] LIU F, ZUO B. The Class Stereotype-Driven False Memories in a Source Monitoring Framework[J]. Acta Psychologica Sinica, 2013, 45(11): 1261-1273.

[267] LOGEL C R, WALTON G M, SPENCER S J, et al. Unleashing Latent Ability: Implications of Stereotype Threat for College Admissions [J]. Educational Psychologist, 2012, 47(1): 42-50.

[268] LOGEL C, ISERMAN E C, DAVIES P G, et al. The perils of double consciousness: the role of thought suppression in stereotype threat [J]. Journal of Experimental Social Psychology, 2009, 45(2):299-312.

[269] LOTT B. Cognitive and behavioral distancing from the poor [J]. American Psychologist, 2002, 57(2), 100-110.

[270] LU A, FENG Y, YU Z, et al. Anxiety and mind wandering as independent consequences of stereotype threat[J]. Social Behavior and Personality: An International Journal, 2015, 43(4): 537-558.

[271] LYONS E M, SIMMS N, BEGOLLI K N, et al. Stereotype Threat Effects on Learning From a Cognitively Demanding Mathematics Lesson [J]. Cognitive Science, 2018, 42(2): 678-690.

[272] MARTENS A, JOHNS M, GREENBERG J, et al. Combating stereotype threat: The effect of self-affirmation on women's intellectual performance[J]. Journal of Experimental Social Psychology, 2006, 42(2): 236-243.

[273] MARTINY S E, NIKITIN J. Social identity threat in interpersonal relationships: Activating negative stereotypes decreases social approach motivation[J]. Journal of Experimental Psychology: Applied, 2019, 25(1): 117.

[274] MARX D M, STAPEL D A. Retracted: It's all in the timing: measuring emotional reactions to stereotype threat before and after taking a test [J]. European Journal of Social Psychology, 2006, 36(5): 687-698.

[275] MARX D M, STAPEL D A, MULLER D. We can do it: The interplay of construal orientation and social comparisons under threat[J]. Journal of Personality and Social Psychology, 2005, 88(3): 432-446.

[276] MATZ D C, WOOD W. Cognitive dissonance in groups: the consequences of disagreement[J]. Journal of personality and social psychology, 2005, 88(1): 22.

[277] MAZEROLLE M, RÉGNER I, BARBER S J, et al. Negative aging stereotypes impair performance on brief cognitive tests used to screen for predementia [J]. The Journals of Gerontology Series B: Psychological Sciences and Social Sciences, 2017(72): 932-936.

[278] MAZEROLLE M, RÉGNER I, MORISSET P, et al. Stereotype threat strengthens automatic recall and undermines controlled processes in older adults[J]. Psychological Science, 2012, 23(7): 723-727.

[279] MAZEROLLE M, RÉGNER I, RIGALLEAU F, et al. Stereotype threat alters the subjective experience of memory[J]. Experimental Psychology, 2015, 62(6): 395-402.

[280] MAZEROLLE M, RÉGNER I, MORISSET P, et al. Stereotype threat strengthens automatic recall and undermines controlled processes in older adults[J]. Psychological Science, 2012, 23(7): 723-727.

[281] MCGLONE M S, ARONSON J. Stereotype threat, identity salience, and spatial reasoning[J]. Journal of Applied Developmental Psychology, 2006, 27(5): 486-493.

[282] MCGLONE M S, ARONSON J, KOBRYNOWICZ D. Stereotype threat and the gender gap in political knowledge[J]. Psychology of Women Quarterly, 2010, 30(4): 392-398.

[283] MEADOR, AUDREY. Examining recruitment and retention factors for minority stem majors through a stereotype threat lens[J]. School Science and Mathematics, 2018, 118(1-2): 61-69.

[284] MEADOWS L A, KASLOW N J. Hopelessness as mediator of the link between reports of a history of child maltreatment and suicidality in African American women[J]. Cognitive Therapy and Research, 2002, 26(5): 657-674.

[285] MEECE J L, ANDERMAN E M, ANDERMAN L H. Classroom goal

structure, student motivation, and academic achievement [J]. Annual Review of Psychology, 2006, 57(1): 487-403.

[286] MEECE J L, GLIENKE B B, BURG S. Gender and motivation[J]. Journal of School Psychology, 2006(44): 351-373.

[287] MEGA C, RONCONI R, DE BENI R. What Makes a Good Student? How Emotions, Self-Regulated Learning, and Motivation Contribute to Academic Achievement[J]. Journal of Educational Psychology, 2014, 106 (1): 121-131.

[288] MEISNER B A. A meta-analysis of positive and negative age stereotype priming effects on behavior among older adults[J]. Journals of Gerontology, Series B: Psychological Sciences and Social Sciences, 2012, 67(1): 13-17.

[289] MENEGHETTI C, MUFFATO V, SUITNER C. Map learning in young and older adults: The influence of perceived stereotype threat [J]. Journal of Applied Research in Memory and Cognition, 2015(42): 77-82.

[290] MICHINOV N. When downward comparison produces negative affect: The sense of control as moderator [J]. Social Behavior and Personality, 2001, 29 (5): 427-444.

[291] MICHINOV N. Social comparison, perceived control, and occupational burnout[J]. Applied Psychology, 2005, 54(1): 99-118.

[292] MOÈ A, PAZZAGLIA F. Following the instructions! : effects of gender beliefs in mental rotation[J]. Learning & Individual Differences 2006, 16(4): 369-377.

[293] MORAN J M, MACRAE C N, HEATHERTON T F, et al. Neuroanatomical evidence for distinct cognitive and Affective components of self[J]. Journal of Cognitive Neuroscience, 2006, 18(9): 1586-1594.

[294] MRAZEK M D, CHIN J M, SCHMADER T, et al. Threatened to distraction: mind-wandering as a consequence of stereotype threat [J]. Journal of Experimental Social Psychology, 2011, 47(6): 1243-1248.

[295] MURPHY M C, STEELE C M, GROSS J J. Signaling threat: how situational cues affect women in math, science, and engineering settings[J]. Psychological Science, 2007, 18(10): 879.

[296] MUZZATTI B, AGNOLI F. Gender and mathematics, attitudes and stereotype threat susceptibility in Italian children[J]. Developmental Psychology, 2007,

43(3): 747-59.

[297]NGUYEN H H, RYAN A M. Does stereotype threat affect test performance of minorities and women? a meta-analysis of experimental evidence [J]. Journal of Applied Psychology, 2008, 93(6): 1314-1334.

[298]NORTH M S, TFISKE S. An inconvenienced youth? Ageism and its potential intergenerational roots[J]. Psychological Bulletin, 2012, 138(5):982.

[299]NORTH M S, TFISKE S. Modern attitudes toward older adults in the aging word: A cross-cultural meta-analysis [J]. Psychological Bulletin, 2015, 141 (5): 993-1021.

[300] NOSEK B A, BANAJI M R, GREENWALD A G. Math = male, me = female, therefore math≠me[J]. Journal of Personality and Social Psychology, 2002, 83 (1): 44.

[301]NUSSBAUM A D, STEELE C M. Situational disengagement and persistence in the face of adversity[J]. Journal of Experimental Social Psychology, 2007, 43(1): 127-134.

[302]O'BRIEN L T, MAJOR B. Group status and feelings of personal entitlement: The roles of social comparison and system-justifying beliefs[J]. Social and Psychological Bases of Ideology and System Justification, 2009: 427-443.

[303]O'BRIEN L T, MAJOR B. System-justifying beliefs and psychological well-being: the roles of group status and identity [J]. Personality & Social Psychology Bulletin, 2005, 31(12): 1718-1729.

[304]WOSBORNE J. Testing stereotype threat: Does anxiety explain race and sex differences in achievement? [J]. Contemporary Educational Psychology, 2001, 26(3): 291-310.

[305]DEBRA L O, RICHARD D H. Hostile environments, stereotype threat, and math performance among undergraduate women[J]. Current Psychology, 2000(19):338-356.

[306] OWENS J, MASSEY D S. Stereotype Threat and College Academic Performance: A Latent Variables Approach[J]. Social Science Research, 2011, 40(1): 150-166.

[307]PANSU P, RÉGNER I, MAX S, et al. A burden for the boys: evidence of

stereotype threat in boys' reading performance [J]. Journal of Experimental Social Psychology, 2016(65): 26-30.

[308] PAOLINI S, HARWOOD J, RUBIN M, et al. Positive and extensive intergroup contact in the past buffers against the disproportionate impact of negative contact in the present[J]. European Journal of Social Psychology, 2014, 44(6): 548-562.

[309] SUN P, JIANG H, CHU M, et al. Gratitude and school well-being among Chinese university students: Interpersonal relationships and social support ad mediators [J]. Social Behavior & Personality: an international journal, 2014, 42(10): 1689-1698.

[310] PEKRUN R. The control-value theory of achievement emotions: Assumptions, corollaries and implications for educational research and practice [J]. Educational Psychology Review, 2006, 18(4): 315-341.

[311] PEKRUN R, ELLIOT A J, MAIER M A. Achievement Goals and Discrete Achievement Emotions: A Theoretical Model and Prospective Test [J]. Journal of Educational Psychology, 2006, 98(3): 583- 597.

[312] PEKRUN R, ELLIOT A J, MAIER M A. Achievement goals and achievement emotions: Testing a model of their joint relations with academic performance [J]. Journal of Educational Psychology, 2009, 101(1): 115-135.

[313] PEKRUN R, GOETZ T, FRENZEL A C, et al. Measuring emotions in students' learning and performance: The Achievement Emotions Questionnaire (AEQ) [J]. Contemporary Educational Psychology, 2011, 36(1): 36-48.

[314] PICHO K, STEPHENS J M. Culture, Context and Stereotype Threat, A Comparative Analysis of Young Ugandan Women in Coed and Single-Sex Schools [J]. The Journal of Educational Research, 2012, 105(1): 52-63.

[315] PINTRICH, PAUL R. Multiple goals, multiple pathways : The role of goal orientation in learning and achievement[J]. Journal of Educational Psychology, 2000, 92 (3): 544-555.

[316] PLANTE I, DE LA SABLONNIÈRE, ROXANE, et al. Gender stereotype endorsement and achievement-related outcomes: The role of competence beliefs and task values[J]. Contemporary Educational Psychology, 2013, 38(3): 225-235.

[317] PODSAKOFF P M, MACKENZIE S B, LEE J Y, et al. Common method biases in behavioral research: a critical review of the literature and recommended

remedies. [J]. Journal Applied Psychology, 2003, 88(5): 879-903.

[318] PUTWAIN D W, SYMES W. Achievement goals as mediators of the relationship between competence beliefs and test anxiety [J]. British Journal of Educational Psychology, 2012, 82(2): 207-224.

[319] NORAZIZAN S A R S, YEOH S F, CHAN Y F B. Environmental Barriers and Correlations of Self-Rated Driving Confidence among Older Malaysian Drivers[J]. Asian Social Science, 2010, 6(7): 18.

[320] RÉGNER I, SMEDING A, GIMMIG D, et al. Individual differences in working memory moderate stereotype-threat effects. Psychological Science, 2010(21): 1646-1648.

[321] HARVEY R D. Individual Differences in the Phenomenological Impact of Social Stigma[J]. The Journal of Social Psychology, 2001, 141(2): 174-89.

[322] BLAKE M R, ERIC W M, SAMUEL L G. Intergroup threat and outgroup attitudes: a meta-analytic review [J]. Personality & Social Psychology Review An Official Journal of the Society for Personality & Social Psychology Inc, 2006, 10(4): 336.

[323] ROBERTS L M, DUTTON J E. Exploring positive identities and organizations: Building a theoretical and research foundation[M]. London: Psychology Press, 2009.

[324] ROSENTHAL H E S, CRISP R J. Reducing stereotypethreat by blurring intergroup boundaries [J]. Personality and Social Psychology Bulletin, 2006, 32(4): 501-511.

[325] ROSENTHAL H E S, CRISP R J. Choking under pressure: when an additional positive stereotype affects performance for domain identified male mathematics students[J]. European Journal of Psychology of Education, 2007, 22(3): 317-326.

[326] ROSENTHAL H E S, CRISP R J, SUEN M W. Improving performance expectancies in stereotypic domains: task relevance and the reduction of stereotype threat[J]. European Journal of Social Psychology, 2007, 37(3): 586-597.

[327] RYAN K E, RYAN A M. Psychological Processes Underlying Stereotype Threat and Standardized Math Test Performance[J]. Educational Psychologist, 2005, 40

(1): 53-63.

[328]RYDELL R J, MCCONNELL A R, BEILOCK S L. Multiple social identities and stereotype threat: Imbalance, accessibility, and working memory[J]. Journal of personality and social psychology, 2009, 96(5): 949.

[329] SALEEM M, RAMASUBRAMANIAN S. Muslim Americans' responses to social identity threats: Effects of media representations and experiences of discrimination[J]. Media Psychology, 2017, 1-21.

[330] SANDER E, QUAISER-POHL C, STIGLER C. Factors in fluencing the development of mental-rotation ability. The role of socio-cultural background[J]. European Journal of Developmental Science, 2010(4): 18-30.

[331] SANSONE C, THOMAN D B. Interest as the missing motivator in self-regulation[J]. European Psychologist, 2005(10): 175-186.

[332] SANSONE C, THOMAN D B, SMITH J L. Interest and self-regulation: Understanding individual variability in choices, efforts, and persistence over time[M] // HOYLE R. Handbook of personality and self-regulation. Malden: Blackwell, 2010.

[333] SANSONE C, WEIR C, HARPSTER L, et al. Once a boring task always a boring task? Interest as a self-regulatory mechanism[J]. Journal of Personality and Social Psychology, 1992, 63(3): 379-390.

[334] SCHEEPERS D, ELLEMERS N. When the pressure is up: the assessment of social identity threat in low and high status groups[J]. Journal of Experimental Social Psychology, 2005, 41(2): 192-200.

[335] SCHMADER T. Gender identification moderates stereotype threat effects on women's math performance[J]. Journal of Experimental Social Psychology, 2002, 38 (2): 194-201.

[336] SCHMADER T. Stereotype threat deconstructed[J]. Current Directions in Psychological Science, 2010, 19(1), 14-18.

[337] SCHMADER T, JOHNS M. Converging evidence that stereotype threat reduces working memory capacity[J]. Journal of Personality and Social Psychology, 2003, 85(3): 440.

[338] SCHMADER T, JOHNS M, FORBES C. An integrated process model of stereotype threat effects on performance[J]. Psychological Review, 2008, 115(2):

336-356.

[339] SEATON E K, CALDWELL C H, SELLERS R M, et al. An intersectional Approach for understanding perceived discrimination and psychological well-Being among African American and Caribbean black youth[J]. Developmental Psychology, 2010, 46(5): 1372-1379.

[340] SEIBT B, FÖRSTER J. Stereotype threat and performance: how self-stereotypes influence processing by inducing regulatory foci[J]. Journal of Personality & Social Psychology, 2004, 87(1): 38-56.

[341] SETTLES I H, BUCHANAN N C T, COLAR B K. The impact of race and rank on the sexual harassment of black and white men in the U. S. military[J]. Psychology of Men & Masculinity, 2012, 13(13): 256-263.

[342] SHAPIRO J R. Different groups, different threats: A multi-threat approach to the experience of stereotype threats[J]. Personality and Social Psychology Bulletin, 2011, 37(4): 464-480.

[343] SHAPIRO J R, NEUBERG S L. From stereotype threat to stereotype threats: Implications of a multi-threat framework for causes, moderators, mediators, consequences, and interventions[J]. Personality and Social Psychology Review, 2007, 11(2): 107-130.

[344] SHERMAN D K, HARTSON K A, BINNING K R, et al. Deflecting the trajectory and changing the narrative: how self-affirmation affects academic performance and motivation under identity threat[J]. Journal of Personality and Social Psychology, 2013, 104(4): 591-618.

[345] SHIH M, AMBADY N, RICHESON J A, et al. Stereotype performance boosts[J]. Journal of Personality and Social Psychology, 2002, 83(3): 638-647.

[346] SHIH M, PITTINSKY T L, AMBADY N. Stereotype susceptibility: identity salience and shifts in quantitative performance[J]. Psychological Science, 1999, 10(1): 80-83.

[347] SHIM S S, RYAN A M, ANDERSON C J. Achievement goals and achievement during early adolescence: Examining time-varying predictor and outcome variables in growth-curve analysis[J]. Journal of Educational Psychology, 2008, 100(3): 655-671.

[348]SIMONS T, ROBERSON Q. Why managers should care about fairness: the effects of aggregate justice perceptions on organizational outcomes [J]. Journal of Applied Psychology, 2003, 88(3): 432.

[349]SINGH S, KUMAR D, PATEL A K, et al. Stereotype threat and academic achievements in students of various social groups [J]. Indian Journal of Health and Wellbeing, 2017, 8(12): 1444-1448.

[350] SMITH D M, MARTINY S E. Stereotype Threat in Sport: Recommendations for Applied Practice and Research[J]. The Sport Psychologist, 2018, 32(4): 311-320.

[351] SMITH J L. Understanding the process of stereotype threat: A review of mediational variables and new performance goal directions [J]. Educational Psychology Review, 2004(16): 177-206.

[352] SPENCER S J, LOGEL C, DAVIES P G. Stereotype threat [J]. Annual Review of Psychology, 2016(67):415-437.

[353]SPENCER S J, STEELE C M, QUINN D M. Stereotype threat and women's math performance[J]. Journal of Experimental Social Psychology, 1999, 35(1): 4-28.

[354]STĂHL T, LAAR C V, ELLEMERS E. The role of prevention focus under stereotype threat: Initial cognitive mobilization is followed by depletion [J]. Journal of Personality and Social Psychology, 2012, 102(6): 1239-1251.

[355] STEELE C M, ARONSON J. Stereotype threat and the intellectual test performance of African-Americans [J]. Journal of Personality and Social Psychology, 1995, 69(5): 797-811.

[356]STEELE C M. The psychology of self-affirmation: sustaining the integrity of the self[J]. Advances in Experimental Social Psychology, 1988(21): 261-302.

[357] STEELE C M, ARONSON J. Stereotype threat and the intellectual test performance of African Americans [J]. Journal of Personality and Social Psychology, 1995, 69(5): 797.

[358] STEELE C M, ARONSON J . Stereotype threat and the intellectual test performance of African Americans [J]. Journal of Personality and Social Psychology, 1995, 69(5): 797- 811.

[359]STEELE C M, SPENCER S J, ARONSON J. Contending with group image:

the psychology of stereotype and social identity threat[J]. Advances in Experimental Social Psychology, 2002, 34(02): 379-440.

[360] STEINBERG J R, OKUN M A, AIKEN L S. Calculus GPA and Math Identification as Moderators of Stereotype Threat in Highly Persistent Women[J]. Basic and Applied Social Psychology, 2012, 34(6): 534-543.

[361] STEPHEN N M, TOWNSEND S S M, MARKUS H R, et al. A cultural mismatch: Independent cultural norms produces greater increases in cortisol and more negative emotions among first-generation college students[J]. Journal of Experimental Social Psychology, 2012, 48(6):1389-1393.

[362] STONE J. Battling doubt by avoiding practice: the effects of stereotype threat on self-handicapping in white athletes[J]. Personality and Social Psychology Bulletin, 2002, 28(12): 1667-1678.

[363] STONE J, MCWHINNIE C. Evidence that blatant versus subtle stereotype threat cues impact performance through dual processes[J]. Journal of Experimental Social Psychology, 2008, 44(2): 445-452.

[364] STONE J, LYNCH C I, SJOMELING M, et al. Stereotype threat effects on black and white athletic performance[J]. Journal of Personality and Social Psychology, 1999, 77(6): 1213.

[365] STOUT J G, DASGUPTA N, HUNSINGER M , et al. STEMing the tide: using ingroup experts to inoculate women's self-concept in science, technology, engineering, and mathematics (STEM)[J]. Journal of Personality & Social Psychology, 2011, 100(2):255-70.

[366] TELLHED U, JANSSON A. Communicating gender-equality progress, reduces social identity threats for women considering a research career[J]. Social Sciences, 2018, 7(2): 18.

[367] THOMAN D B, SMITH J L, SILVIA P J. The resource replenishment function of interest[J]. Social Psychological and Personality Science, 2011, 2(6): 592-599.

[368] THOMAN D B, SMITH J L, BROWN E R, et al. Beyond performance: a motivational experiences model of stereotype threat[J]. Educational Psychology Review, 2013, 25(2): 211-243.

[369] THOMAS A K, DUBOIS S J. Reducing the burden of stereotype threat eliminates age differences in memory distortion[J]. Psychological Science, 2011, 22(12): 1515-1517.

[370] THOMPSON M P, KASLOW N J, KINGREE J B, et al. Partner violence, social support, and distress among inner-city African American women[J]. American Journal of Community Psychology, 2000(28): 127-143.

[371] TITZE C, JANSEN P, HEIL M. Mental rotation performance in fourth graders, No effects of gender beliefs (yet?) [J]. Learning & Individual Differences, 2010, 20(5): 459-463.

[372] VAN DE POL J, VOLMAN M, BEISHUIZEN J. Scaffolding in teacher-student interaction: A decade of research[J]. Educational Psychology Review, 2010, 22(3): 271-296.

[373] VANDELLO J A, BOSSON J K. Hard won and easily lost: A review and synthesis of theory and research on precarious manhood. [J] Psychology of Men & Masculinity, 2013, 14(2): 101.

[374] VANDELLO J A, BOSSON J K, COHEN D, et al. Precarious manhood[J]. Journal of personality and social psychology, 2008, 95(6): 1325.

[375] VERMEULEN L, CASTELLA E N, JANSSEN D, et al. Playing under threat. Examining stereotype threat in female game players[J]. Computers in Human Behavior, 2016(57): 377-387.

[376] VICK S B, SEERY M D, BLASCOVICH J, et al. The effect of gender stereotype activation on challenge and threat motivational states [J]. Journal of Experimental Social Psychology, 2008, 44(3): 624-630.

[377] VOSS P, WOLFF J K, ROTHERMUND K. Relations between views on ageing and perceived age discrimination: A domain-specific perspective[J]. European Journal of Ageing, 2017, 14(1): 5-15.

[378] WALTON G M, SPENCER S J. Latent ability: Grades and test scores systematically underestimate the intellectual ability of negatively stereotyped students [J]. Psychological Science, 2009, 20(9): 1132-1139.

[379] WALTON G M, LOGEL C, PEACH J M, et al. Two brief interventions to mitigate a "chilly climate" transform women's experience, relationships, and

achievement in engineering [J]. Journal of Educational Psychology, 2015, 107 (2): 468-485.

[380] WANG Q, YU G, PEDRAM C, CHEN C. Higher self-esteem is linked to greater stereotype threat among academically low-achieving students[J]. Social Behavior and Personality: An International Journal, 2018, 46(7): 1123-1132.

[381] WEAVER J R, VANDELLO J A, BOSSON J K, et al. The proof is in the punch: Gender differences in perceptions of action and aggression as components of manhood[J]. Sex Roles, 2010, 62(3-4): 241-251.

[382] WEBER S, APPEL M, KRONBERGER N. Stereotype threat and the cognitive performance of adolescent immigrants: The role of cultural identity strength [J]. Contemporary Educational Psychology, 2015(42): 71-81.

[383] WEGER U W, HOOPER N, MEIER B P, et al. Mindful maths: Reducing the impact of stereotype threat through a mindfulness exercise [J]. Consciousness and Cognition, 2012, 21(1): 471-475.

[384] WEN F F, ZUO B, WU Y, et al. Reducing the effect of stereotype threat: The role of coaction contexts and regulatory fit [J]. Social Psychology of Education, 2016, 19(3), 607-626.

[385] WHITE K, ARGO J J. Social identity threat and consumer preferences [J]. Journal of Consumer Psychology, 2009, 19(3): 313-325.

[386] WHITE K, STACKHOUSE M, ARGO J J. When social identity threat leads to the selection of identity-reinforcing options: The role of public self-awareness [J]. Organizational Behavior and Human Decision Processes, 2018(144): 60-73.

[387] WOODCOCK A, HERNANDEZ P R, ESTRADA M, et al. The consequences of chronic stereotype threat: Domain disidentification and abandonment [J]. Journal of Personality & Social Psychology, 2012, 103(4): 635-646.

[388] WRAGA, MARYJANE, HELT, et al. Neural basis of stereotype-induced shifts in women's mental rotation performance [J]. Social Cognitive & Affective Neuroscience, 2007, 2(1): 12-19.

[389] XU L I, XUE Z. Adult attachment orientations and subjective well-being: Emotional intelligence and self-esteem as moderators [J]. Social Behavior & Personality: an international journal, 2014(42): 1257-1265.

[390] YZERBYT, VINCENT Y C, ALASTAIRROCHER, et al. Fencing off the deviant: The role of cognitive resources in the maintenance of stereotypes[J]. Journal of Personality and Social Psychology, 1999, 77(3): 449-462.

[391] ZAAL M P, LAAR C V, TOMAS S, et al. Social change as an important goal or likely outcome: How regulatory focus affects commitment to collective action[J]. British Journal of Social Psychology, 2012, 51(1): 93-110.

[392] ZHANG B S, LIN Y, GAO Q Y, et al. Effects of aging stereotype threat on working self-concepts: An event-related potentials approach[J]. Frontiers in Aging Neuroscience, 2017(9): 1-14.

[393] WEGMANN K M. "His skin doesn't match what he wants to do": Children's perceptions of stereotype threat[J]. American Journal of Orthopsychiatry, 2017, 87(6): 615-625.

后　记

心理学是一棵枝繁叶茂的大树，这棵树有很多分支，分支上又有很多枝丫，每个心理学者在做的就是去采摘某个枝丫上的一个小小叶芽。的确如此，我们每天投入大量的时间和心力去专注发现那枚“叶芽”。作为社会中人和社会心理学研究者，刻板印象威胁这一美丽“叶芽”引起了我们的极大兴趣和研究热情，眨眼间，已在此领域沁润十余年。

从“女生数学不如男”到网络热搜“女司机”等无不潜藏着刻板印象威胁的身影。不仅限于“女生”群体，“男生的阅读和语文不如女生”“流动儿童的学业成绩差”等都对人们产生着潜在微妙的影响。刻板印象威胁充斥于我们日常生活的各个角度，可谓无处不在。出于好奇心，我们对这一广泛和深远的研究领域进行了初步探索，形成了此书稿。怀抱着“Done is better than perfect”的心态，只愿此书作为我们团队用心采摘的小小叶芽，见证一起耕耘与共同成长。

卡莱尔曾言：“找到性情相契工作的人有福了，这是人生在世所能祈求的最大福佑。”很幸运，在我们辛勤耕耘之旅中，遇见了一群性情相契的最可爱的人。确切地说，这本书是我们社会心理研究团队集体智慧的结晶，在此列出主要参与研究和做出贡献者的姓名：孙山、吴漾、代涛涛、戴月娥、张业丹、潘文静、金茜、胡霞、董轩昊、杨健、张全、马书瀚、郝玉、高洪尧、王琰、袁野、田雪娇、史佳萍、余涛等。我们的学生谢志杰、严磊、宋静静、谭潇、魏谨、游之悦、刘国琪、叶姝槿、刘晨、张天然、王阳、何赛飞、朱佳佳、熊慧敏、李焱焱、张心一、刘雪莹、王晶、邢畅、张贝多、柳然、尤译和杨珂协助修改和校对文字，特别是戴月娥、宋仕婕、高佳、马书瀚、乔亚兰和王琦协助做了许多协调工作，在此表达诚挚的谢意！感谢“佐派”所有兄弟姐妹们，砥砺前行路上因为你们而温暖如春！感谢我们“文化与社会心理桂人组”洪建中、刘思耘、李晔、周治金、王伟、赵庆柏、贺金波、范炤、程晓荣、定险峰、黄飞、李静、李玉杰和于全磊等老师的给力帮助！同时，感谢华中师范大学心理学院胡祥恩、周宗奎和马红宇老师的支持以及许多国内外心理学同行的帮助！

终点也是新的起点。本书是我们承担的国家社会科学基金重大项目(18ZDA331)和国家自然科学基金项目（31400903，31571147）的成果之一，对于刻板印象这一社会心理学的美妙而神奇领域，我们会继续去关注去思考、去探索、去发现。欢迎和期盼更多性情相契、志同道合的同仁朋友们加入我们，一起去发现那一片片美好灵动的“叶芽”，为心理学这棵生机勃勃的大树添光增彩。

“支撑一个人走完漫长一生的，是喜爱、擅长与心甘情愿。”因为热爱，一切值得！相信怀抱这份对社会心理学发自真心的热爱与笃定，坚持与专注。我们一直在路上，以梦为马，大家携手前行！

温芳芳

2019年6月12日于桂子山